콜롬비아의 딸 잉그리드 베탕쿠르

마약 카르텔과 부패에 맞서 싸우는 산소 같은 정치인

La Rage au cœur
by Ingrid Betancourt
International rights management for XO Editions: Susanna Lea Associates
Copyright © XO Editions, 2001. All rights reserved.
Translation rights © Puriwa Ipari Pub. Co., 2002.
This Korean edition published by arrangement with XO Publishing Inc. through THE agency, Seoul.

2002년 5월 10일 초판 1쇄 찍음
2002년 5월 20일 초판 1쇄 펴냄

지은이 잉그리드 베탄쿠르 / **옮긴이** 이은진 / **펴낸이** 정종주

펴낸곳 도서출판 뿌리와 이파리 / **등록번호** 10-2201호(2001년 8월 21일) / **주소** 서울시 마포구 신수동
85-20 / **전화** (02)713-1328 **팩시밀리** (02)713-4471 / **전자우편** puripari@hanmail.net

디자인 달·리 / **종이** 한서지업 / **인쇄** 한영문화사 / **제본** 영신사

값 12,000원
ISBN 89-90024-03-X 03340

콜롬비아의 딸 잉그리드 베탄쿠르

마약 카르텔과 부패에 맞서 싸우는 산소 같은 정치인

잉그리드 베탄쿠르(리오넬 뒤루아와 공동작업)
이은진 옮김

뿌리와
이파리

사랑하는 멜라니와 로렌소에게

카리브 해

마이카오

바랑키야
카르타헤나

파나마

우라바 만

마그달레나 강

베네수엘라

쿠쿠타

카우카 강

메데인

안 데 스 산 맥

부에나벤투라

보고타

칼리

콜 롬 비 아

포파얀

태평양

투마코

에콰도르

콜롬비아

페루

브라질

0   400 km

Cartographie : Noël Meunier

1

1996년 12월. 긴 휴가를 며칠 앞 두고 의회 회기가 끝나가고 있었다. 나는 약속이 줄지어 있는 의원 사무실과 발언 일정이 잡힌 의사당 사이를 평소보다 더 분주히 뛰어다니고 있었다. 내 나이 서른다섯, 하원의원이 된 지는 2년이 지났다.

오후 3시 반경, 한창 면담 중에 비서관이 내 방문을 살그머니 열었다.

"의원님, 급히 만나뵈어야 한다는 분이 있습니다. 남자분인데요……."

"면담 약속이 있었나요?"

"아닙니다. 그런데 꼭 만나야 한다고 우기고 있습니다."

의회 토의는 4시에 시작될 참이었다. 잠깐 따져 본 뒤 대답했다.

"좋아요. 이 손님 다음에 맞는다고 얘기하세요. 하지만 딱 15분만이에요."

시간이 되자 중키의 세련된 40대 남자가 들어왔다. 딱히 미남도 추남도 아니어서 나중에 그의 특징을 묘사할 수도, 신원을 확인할 수도 없을 그런 사람이었다.

"앉으시죠."

"고맙습니다. 의원님, 우리는 의원님을 주의 깊게 지켜보고 있습니다. 그리고 하시는 일에 대해서 깊은 존경심을 갖고 있습니다."

우리는 서로를 쳐다보고는 겸연쩍게 웃었다. 나는 사무용 책상을 사이에 두고 상체를 꼿꼿이 세운 채 팔꿈치를 괴었다. 분명히 무언가 청탁하러 온 사람일 거야, 나를 만나려는 사람들 대부분처럼.

"그래서 의원님을 만나려 했던 겁니다. 우리는 의원님의 안전을 매우 염려하고 있습니다. 콜롬비아는 지금 엄청난 폭력과 긴장 상태에 놓여 있습니다. 신중을 기하셔야 하고, 각별히 조심하셔야만 합니다."

그가 눈살을 찌푸리더니 어두운 표정으로 시선을 돌리는 것이 보였다.

이런 식의 면담에 나는 익숙해져 있었다. 내가 만나는 지지자들은 대부분 내가 처할 위험에 대해 강박관념을 갖고 있었고, 특히 여성 지지자들은 내게 아무 일도 생기지 않도록, 신의 가호가 있도록 늘 기도한다고 너무나 애정 어린 염려를 보여주곤 했다. 그럴 때마다 난, 내가 빈틈없는 경호를 받고 있으며 또 내겐 어떠한 위험도 있을 수 없다고 그들을 애써 안심시켜야 했다. 국민들의 불안한 심리를 이용하는 건 바로 콜롬비아의 정치권력이었다. 그들은, 감히 진실을 말하고 부

8

정을 고발하는 자는 가차없이 제거된다고 세뇌시키는 것이 민중의 희망을 무산시키는 가장 확실한 방법이라고 생각하고 있었으니까.

"그 문제에 대해선 걱정하지 않으셔도 됩니다. 저는 완벽하게 보호받고 있고, 은밀하고 효율적인 경호체계도 갖추고 있습니다. 그러니 염려 놓으세요. 이렇게 관심을 가져주셔서 고맙습니다. 제가 뭐 도와드릴 일이라도 있을까요?"

그러나 놀랍게도 남자는 더 심각한 표정이 되더니, 내가 그저 인사말쯤으로 여겼던 얘기를 다시 꺼냈다.

"의원님을 무척 만나뵙고 싶었습니다. 하지만, 오늘 제가 여기 온 것은 무엇보다도 의원님께 사전에 조심하실 것을 당부하기 위해섭니다. 우리는 의원님의 신변에 대해서 대단히 우려하고 있습니다."

"신경 써주셔서 정말 고맙습니다. 그런데 비서가 이미 말씀드렸겠지만 제가 시간이 없어서요."

그리고는 노골적으로 손목시계를 보았다.

"아직 제 말씀을 이해하지 못하시는군요. 저는 지금 의원님이 정말로 위험하다고, 그러니까 정말로 조심해야 한다고 알려드리는 중입니다."

이제 그의 얼굴에서 상냥한 표정이 가셨다. 그는 굳어진 얼굴로 나를 뚫어져라 바라보았다. 갑자기 나는 이 사람이 도움을 요청하러 온, 기댈 곳 없는 시민이 아니고, 또 내가 상상했던 소심한 지지자도 아닌 무언가 구체적인 것을 내게 전달하러 온 '메신저'임을 깨달았다.

"그럼 무슨 메시지라도 갖고 오셨단 말씀인가요?"

내가 가볍게 웃으면서 물었다.

"저한테 메시지를 전하시려는 거 같은데 어떤 거죠? 지금 저를 협박하시는 건가요?"

"아닙니다. 협박이 아닙니다. 지금 겁주려고 여기 온 게 아닙니다. 위험을 미리 알려드리는 겁니다. 의원님과 의원님 가족들이 위험에 처해 있다는 걸 아셔야만 합니다. 저는 의원님을 살해하려고 이미 계약을 마친 사람들을 대신해 얘기하고 있습니다. 그들은 의원님더러 이 땅을 떠나라고 충고하고 있습니다. 이미 '결정'을 내렸기 때문입니다. 솔직히 말씀드리죠. 우린 이미 '시카리오'를 고용했습니다."

그 말에 난 창백해질 수밖에 없었다. 그제서야 그가 '진실'을 말하고 있음을 깨달았다. '시카리오', 우리에겐 의미심장한 단어기 때문이었다.

시카리오란 콜롬비아의 가장 빈한한 변두리에서 매수된 오토바이 족들로, 몇 푼 안 되는 돈을 받고 일상적으로 살인을 일삼는 살인청부업자들이었다.

말하자면 나는 적색 신호선, 경계를 넘어서 있던 셈이었고, 이제 단순한 겁주기의 시간은 완전히 끝나버린 상태였다. 이미 여섯 달 전, 얼어붙은 듯한 7월의 어느 날 밤, 의회를 떠난 나와 내 경호원들의 차량이 총잡이들의 과녁이 된 적이 있었다. 다행히 아무도 다치지는 않았고, 그때는 그냥 우연히 우리가 때와 장소를 잘못 고른 것으로 믿으려고 했다.

나는 그의 눈을 똑바로 보면서 자르듯 분명히 말했다.

"그러니까, 당신들이 날 죽이려 한다는 걸 알려주시는 거군요."

"이미 그런 조처가 취해졌으니 이 땅을 떠나실 것을 경고해드리는 겁니다."

말을 마치자 남자는 일어섰고, 악수를 청하면서 아주 공손하게 인사하고는 사라졌다.

내가 그와 악수를 했던가? 그의 미소에 대답했던가? 그랬던 것 같기도 하다. 하지만 어떻게 돌아가는 일인지 더 이상은 알 수가 없었다. 사무실에 혼자 남겨진 나는 완전히 넋을 잃은 채 멍하니 요동치는 심장 박동만을 느끼고 있었다. 몇 초나 지났을까? 다시 정신을 차리고 나서야 비서관을 부를 힘이 생겼다.

"마리나, 지금 그 사람 대체 누구죠? 어떻게 여기까지 들어왔나요?"

"저도 모르겠어요. 인기척도 없이 들어와 있었습니다……."

"이름이 뭐였죠? 최소한 이름은 적어두었겠죠?"

"죄송합니다. 의원님을 잘 아는 친구분인 줄로만 알고……."

의원의 초청 없이는 의사당 내에 들어올 수 없다. 그리고 신분증을 제시해야 하고, 신원을 밝혀야만 한다. 그런데 그 남자는 마치 제 집처럼 들어왔고, 단 한 차례도 질문받지 않고 나한테까지 곧장 온 것이었다.

이 일을 어디에다 신고해야 할까? 경찰? 하지만 경찰은 정부에 매수되어 있고, 바로 그 정부가 내 입을 막으려고 하는데? 더군다나 몇 달 전부터 삼페르 대통령의 부정부패를 고발하는 사람은 나 혼자밖에 없는데? 더욱이 이 방문객은 정보부 직원일지도 몰라. 느긋하게 의사당을 가로질러 내 사무실에 들어올 수 있었던 걸 보면……. 얼마 동안 가장 끔찍한 악몽 속에서 허우적대는 것처럼 느껴졌다. 우리를 보호해줄 사람은 아무도 없어. 어쩌면 그들은 잠시 후, 오늘 저녁이나 오늘 밤에 우리를 죽일지도 몰라. 그 남잔 분명 '의원님 가족이 위험에 처해 있습니다'라고 했어. 우리 아이들인 멜라니와 로렌소, 남자친구인 후안 카를로스. 이들을 위해 도대체 누구한테 도움을 청한단 말인가? 위협 속에서 그들을 구해낼 아무런 방법도, 그들에게 도움이 되어줄 어떤 손길도 없었다. 하지만 보고타 어디에선가 돈에 매수된 살인청부업자들은 아무때고 우리에게 들이닥칠 수 있었다.

아이들을 찾아와야 해. 지금 당장! 멜라니는 겨우 열한 살, 로렌소는 일곱 살이었다. 예쁜 내 아가 롤리(로렌소의 애칭)……. 아이들이 프랑스 학교에 다닌다는 건 비밀이 아니었다. 우리 집 경비원이나 이웃들에게 물어보면 누구든지 알 수 있는 사실이었다. 누구든지. 기사가 아이들을 아침, 저녁으로 아이들을 등하교시키고, 시간이 되면 내가 직접 할 때도 있었다. 내 곁에는 늘 경호원이 붙어 있었지만, 아이들에게는 아무런 보호책도 없었다. 그래, 우선 아이들을 찾아와야 해. 흐르는 매 시간, 아니 흐르는 매 순간이 형언할 수도, 상상할 수도 없는 불길한 예감으로 나를 무겁게 내리누르고 있었다.

"마리나, 나 지금 나가야 해. 긴급 상황이 벌어졌어. 뒷일을 부탁해요. 내일 전화할게."

나는 숨을 고를 새도 없이 모든 걸 팽개치고 끝없이 이어지는 듯한 의사당 복도를 뛰어 경비 초소와 무거운 철문을 넘어섰다. 제발 아무 일도 없으면 좋으련만……. 아, 저기 기사가 있구나. 그는 사람들의 눈에 잘 띄지 않는 볼리바르 광장 한 모퉁이에 주차해놓고 있었다.

나를 본 기사 알렉스가 시동을 걸었다. 공포의 순간들을 함께 겪어왔던 만큼 나는 알렉스에게 전적인 신뢰를 갖고 있었다. 그의 능숙함과 기민한 판단력 덕분에 여섯 달 전 총격에서도 살아날 수 있었다.

"알렉스, 아이들요! 밟아요! 무조건 밟아요! 나중에 설명할게요. 학교에서 아이들을 찾아서 집으로 데려가야 해요!"

가엾은 알렉스! 때는 마침, 600만 보고타 시민들이 문도 창도 없는, 숨막히게 하는 시커먼 연기를 내뿜는 끔찍한 버스에 뒤엉켜 올라타는 퇴근 무렵이라 시내가 꽉꽉 막히는 시간이었다. 이름값도 못하는 정치인들이 20세기 말에 대중 교통수단이라고 내놓은 게 고작 이 정도였다! 전철도 전차도 없는 보고타에는 여기저기 움푹 패여나간 대로들만이 횡하니 나 있고, 퇴근 시간이면 이마저도 미친 듯한 발작 상태에 들어가곤 했다. 알렉스는 빵빵대는 경적과 운전자들의 욕지거리를 무시하면서 머리를 써서 요리조리 빠져나갔고, 그 뒤로 내 경호차량이 따라왔다.

차 안에서 난 후안 카를로스에게 연락해서 우리와 합류하도록 해야 했다. 후안 카를로스는 나보다 겨우 몇 살 위지만 강건하고 침착한 사람이었다. 지난 한 해 동안 내가 최악의 순간을 겪을 때마다 그는 항상 내 곁에서 조언을 해주었고, 보호해주면서 내 힘을 북돋아주곤 했다.

"후안 카를로스? 아주 심각한 일이 생겼어. 빨리 의논해야 하는데, 올 수 있지?"

"지금 어딘데?"

"차 안이야, 아이들을 찾아서 집에 들어갈 거야."

"30분 내로 갈게. 조심하구."

차량 소통이 훨씬 원활해졌다. 프랑스 대사관 옆에 위치한 프랑스 학교는 보고타 상류층이 모여 사는 북부 구역 한복판에 있었다. 극도로 호사스러운 이 동네 저택들 담장에는 감시 카메라가 여러 대 돌아가고 있었고, 심지어는 방탄조끼를 입은 무장 경호원들이 경비를 서기도 했다.

롤리! 드디어 아들 롤리를 교실에서 불러냈다. 영문도 모르는 채 불려나온 아이의 머리는 헝클어져 있었고, 채 잠그지 못한 책가방에서는 책과 공책이 삐져나와 있었다.

"롤리야!"

"엄마, 괜찮아요?"

"그럼, 괜찮아. 그냥 너랑 함께 저녁시간을 보내고 싶어서 왔어. 용케 일에서 빠져나올 수 있었단다."

그리고 내 딸 멜라니! 내 판박이지만 물론 나보다 더 곱게 빛나는 해맑은 아이였다.

"엄마, 무슨 일이에요? 오늘 저녁엔 못 볼 줄 알았는데……"

"엄마 생각이 바뀌었어. 우리 휴가 떠날 준비를 하자. 뽀뽀해줄래, 멜라니야. 롤리야, 책가방 이리 주렴."

롤리가 크리스마스와 만화영화, 반 친구들과 함께 준비하는 학예회에 대해 얘기했지만 내 귀에는 아무것도 들리지 않았다. 알렉스가 다정한 모습으로 아이들을 서둘러 차에 태우는 것을 지켜보면서도 내 시선은 본능적으로 거리를 훑고 있었다. 하느님, 제발 아무 오토바이도 나타나지 않게 해주세요! 차들은 상관없었다. 시카리오는 차를 몰고 다니진 않았으니까.

"알렉스, 오토바이 탄 사람들 조심해요, 알았죠? 얼른 집으로 가요."

알렉스가 처음으로 웃었다.

"무슨 오토바이요? 후안 카를로스 선생도 오토바이를 타고 다니는데요!"

"정말 그렇네. 내가 정신이 없네요. 미안해요."

알렉스 말대로 후안 카를로스는 오토바이만 타고 다녔다. 그러니오토바이족이라고 다 살인청부업자인 건 아니었다.

부엌에서 아이들이 간식을 먹으며 웃는 소리가 들렸다. 나는 옆방에서 후안 카를로스에게 낮에 찾아온 낯선 남자의 말을 들려주었다. 그 말은 너무나 명확하게 내 머릿속에 각인되어 말하는 속도와 억양마저도 기억날 것 같았다. 돌이켜 생각해보면 이리저리 얽힌 채 잊혀지지 않는, 엄청난 여파를 몰고 오는 그런 말들······.

"잉그리드, 아이들을 출국시켜야 해. 그것도 되도록 빨리."

"그래."

"뉴질랜드에 있는 애들 아빠한테 전화해서 첫 비행기로 애들을 보낸다고 말해."

그렇다. 후안 카를로스는 이미 내가 알고 있는 것, 의사당에서 프랑스 학교까지 그 끝날 것 같지 않던 '여정' 동안 결심했던 것을 내게 분명하게 말하고 있는 중이었다. 그리고 내가 가장 두려워하는 것을 그의 말로 듣는 것이 얼마나 내게 큰 힘이 되는지 후안 카를로스는 짐작조차 못 하고 있을 거였다. 아이들의 출국. 그것도 오랫동안이될 것임을 나는 잘 알고 있었다. 어쩌면 몇 년이 될지도 모르는 일이었다. 마치, 후안 카를로스가 이 출국의 정당성을 단번에 부여함으로써 내게서 고통의 일부를 덜어주기라도 한 것처럼 힘이 났다. 그는 말없이 눈빛으로, 그렇게 해야 한다고 말하고 있었다. 아이들의 부재, 허전함, 앞으로 내가 겪어내야 할 심연, 그 막막한 무게를 견디어낼 수 있도록 나와 함께 하겠다고 말하고 있었다. 제발 그가 내 곁에 있어주기를!

후안 카를로스는 지금까지 단 한순간도 정부의 부패에 맞선 나의 투쟁을 포기해야 한다고 나한테 내비친 적이 없었다. 내 투쟁이 아직은 가증스러운 톱니바퀴, 겁 없이 항거해 일어났던 소수의 바른 정치인들을 짓눌러버린 톱니바퀴에 낀 한줌의 모래처럼 미약할 뿐, 그 이상은 아니었지만. 나는 루이스 카를로스 갈란을 떠올렸다. 어머니의 측근으로 대통령 후보였던 그는 1989년 유세장에서 암살되었다. 마흔여섯 나이로 죽어가는 그의 모습을 우리 어머니가 지켜보았다. 나는 그가 이루고자 했던 임무를 이어가고자 했고, 콜롬비아 국민들은 내 염원을 들어주었다. 1994년 우리 국민들은 갈란이 창당한 자유당의 최다득표 기록과 함께 나를 하원의원으로 뽑아주었던 것이다. 세대를 거듭하면서 정치 권력자들에게 무시당하고 기본 권리들을 강탈당한 국민들을 위해 나는 끝까지 싸울 것이고, 어떤 대가를 치르더라도 물러서지 않을 생각이었다. 그날 저녁, 후안 카를로스가 이것저것 따져 묻지 않고, 내 결심을 알아준 것에 대해 고마운 마음을 품고 있었다.

아이들 아버지는 프랑스 사람으로 당시 뉴질랜드 오클랜드에서 외교관으로 근무하고 있었다. 1990년에 우리는 이혼했고, 콜롬비아로 돌아가려는 내 열망이 이혼의 주된 이유였다. 그러나 우리를 뒤흔들었던 폭풍이 일단 가라앉자 우리 사이에는 특별하고도 강력한 우정이 생겨났고, 예전과 같이 서로에 대한 존중심도 온전히 되살아났다.

"무슨 일이 생긴 거요? 아이들이 협박이라도 당했소?"

"맞아요, 말한 그대로예요. 하지만 아직은 그냥 그뿐이에요. 아이들은 다 잘 있으니까 걱정 말아요. 그런데 불안해서 아이들을 다른 곳으로 피신시켜야만 하겠어요."

"아주 말이요?"

"아주는 아니더라도, 어쨌든 오랫동안이 될 거예요. 지금 전화로는 다 설명할 수가 없어요. 당신 도움이 필요해요."

"무슨 말인지 알겠소. 첫 비행기로 오도록 해요. 잉그리드, 괜찮겠소? 혼자서 아이들을 데려오는 건 아닌가?"

"후안 카를로스가 같이 갈 거예요."

후안 카를로스가 국제선 비행기 좌석을 알아보는 동안 아이들에게 알려주는 일이 남아 있었다. 도착지는 아무데라도 상관없었다. 콜롬비아를 벗어나는 것이 급선무였으니까. 그때 가서 오클랜드로 가는 비행기 편을 알아보면 되는 일이었다.

"멜라니, 롤리, 할 얘기가 있어. 아주 중요한 거야. 우리 오클랜드에서 크리스마스를 보내자."

"아빠 집에서?"

"그래, 아빠 집에서."

"와, 신난다!"

"그래, 신나지? 근데 말이야, 예정보다 일찍 떠나야 해."

"방학도 하기 전에요?"

"사실은 내일 아침에 떠날 거야."

"그럴 순 없어요, 엄마! 학교에다 내 물건을 다 놓고 왔는 걸?"

"학교에 연락해서 다 가져오게 할 거야, 멜라니. 걱정 마."

"친구들한테 작별 인사도 하지 않고 떠나는 거예요? 왜요?"

"그냥. 지금은 다 설명해줄 수가 없구나. 나중에 다 얘기해줄게, 괜찮지? 상황을 있는 그대로 받아들이자꾸나. 사실 좀 뒤죽박죽이긴 하지만 그래도 좋지?"

"그럼요, 너무 좋아요."

"그리고 롤리야, 학예회는 걱정하지 마. 엄마가 학교에 전화할게. 자, 이제 여행가방 싸자, 우리."

다행히 다음 날 아침 로스앤젤레스행 비행기 좌석 네 자리를 구했다. 후안 카를로스와 나는 밤새 거의 한숨도 자지 못했다. 불도 끄지 않은 채 있으면서, 조금이라도 낯선 소리가 들리면 신경을 곤두세워야 했다. 그 사람들은 살인을 감행한다는 걸 난 잘 알고 있었다. 올 한 해 동안 에르네스토 피사노 삼페르 대통령에 대한 수사가 진행되고, 그의 유죄를 공개적으로 입증할 이 수사가 결실을 맺도록 나 혼자서 싸우고 있는 동안에도, 검찰 측 증인들이 한 사람씩 살해되었다. 나는 이 증인들이 실린 신문들과 경찰 측의 사진들을 보관하고 있었다. 어두운 표정의 사진 속 얼굴들은 이제 영원히 사라져버린 것이었다. 이들 가운데 몇몇을 만났던 나는 그들의 죽음으로 죄책감에 시달려야 했다. 그들을 위해서라도 나는 삼페르 대통령의 유죄를 입증할 증거들을 꼭 찾아내고 싶었고, 그러기 위해서는 살아야만 한다고 생각했다. 하지만 이상하게도 평소에는 그렇게도 강건하던 나 자신이 이 길고 긴 시간 동안에는 한없이 약하게만 느껴졌다. 이번에는 나만 과녁이 된 것이 아니었고, 또 아이들 위로 떠도는 무시무시한 죽음의 그림자가 내 힘을 다 빼앗고, 내 가슴을 부수어놓았기 때문이었다. 나는 산 중턱, 게다가 막다른 골목 끝에 있는 이 집을 고른 것을 후회했다. 시카리오들이 잠복하기에는 이상적인 장소였고, 우리가 도망칠 곳이라곤 찾을래야 찾아볼 수 없는 골목이었다. 얼마 전, 바로 이 동네에서 겉으로 아무 문제 없어 보이던 소녀가 납치된 사건이 불현듯 떠올랐다. 게다가 설상가상으로, 우리 아파트는 맨 꼭대기 층이었다. 시카리오들이 지붕을 타고 들어올 수 있는…….

오클랜드는 아비규환이자 카오스인 보고타에 비하면 천국이었다. 오랫동안 영국령이었던 이 도시의 휴양 항구지역은 서식스의 옥스퍼드와 브라이턴을 섞어놓은 듯, 잔디와 아담한 별장으로 꾸며져 있었다. 그러나 아무리 이런 천국이 존재한다는 것을 안들 무슨 소용이겠는가. 수십 년 전부터 콜롬비아 수도 보고타를 들끓게 하는 소리 없는 내전으로 매 순간순간 가슴이 타 들어가고 분노에 떨 때, 더 이상 이런 천국을 믿을 수 없게 되는 걸.

남반구는 한여름이었다. 남방 차림에 까맣게 그을린 아이들 아빠 파브리스가 공항에서 우리를 맞았다. 그가 환한 얼굴로 팔을 내밀자 아이들이 그의 품 안으로 달려들었다. 바로 24시간 전, 우리는 공항까지 20분 거리의 짧은 이동에도 불안에 떨며 무장 경호차량 깊숙이 몸을 숨긴 채 집에서 빠져나와야 했다. 그때만 해도 뉴질랜드는 먼 꿈만 같았다. 후안 카를로스와 나는 아이들과 파브리스가 맘껏 회포를 풀도록 물러서 있었다. 이제 위험은 끝났어. 아이들한텐 아무 일도 없을 거야. 우리는 안도감과 피로로 얼이 다 빠진 것 같았다.

파브리스는 우리들을 위해 최선을 다했다. 우리에게 자기 집을 내주고 자기는 친구 집으로 옮겨갔던 것이다. 우리가 일상의 리듬을 되찾고, 조금씩 정상적인 생활에 익숙해지도록 말이다. 꽃이 만발한 정원을 향해 나 있는 그의 집은 널찍했고, 어딘지 모르게 현실 같지가 않았다. 게다가 처음 얼마 동안 우리는 웃고 싶은 건지, 울고 싶은 건지 알 수 없는 희열에 들떠 이방저방 헤매다니면서 다음에는 무얼 해야 하는 지 아무것도 결정할 수가 없었다. 그러다가 깊은 잠 속으로 빠져들었다.

부모님이 노심초사하실 것 같아, 콜롬비아를 빠져나오면서도 연락을 드리지 않았다. 두 분 모두 보고타에 계시지만, 20년 전부터 따로 살고 계셨다. 먼저 어머니에게 전화를 드렸다. 이제 아이들과 떨어져 살아야 한다고 설명을 드리자, 어머니는 잠잠히 듣고 계시더니 말씀하셨다.

"아직 모르는 모양이구나? 나 너희들이랑 함께 크리스마스 보내러 가기로 했단다."

"정말이세요?"

"그럼. 멋진 휴가가 될 거야, 두고보렴."

우리는 보고타에서 모두 함께 크리스마스를 보낼 예정이었다. 보고타가 아니라 유감이었지만, 어쨌든 축제는 열리게 된 셈이었다. 어머니는 평생 그러셨던 것처럼 현명하고 너그러운 마음으로 단 한마디도 묻지 않고 날 이해해주셨다.

어머니와 통화가 끝나자마자 아버지에게 전화를 드렸다.

"한번 한다면 하는 거다, 애야. 크리스마스 함께 보내자꾸나. 방이나 하나 마련해놓거라, 나는 비행기표 예약하마."

어머니도, 아버지도 내 정치활동과 그 때문에 치러야 할 엄청난 대가에 대해 아무런 언급도 하지 않으셨다. 두 분은 내 고통을 함께 나누려 했고, 말없이 나를 지지해주셨다. 두 분이 기꺼이 감행한 이 멀고 긴 여행보다 나에 대한 사랑을 더 잘 보여줄 수 있는 다른 증거가 또 있을까?

꿈 같은 날들이 이어지면서 우리는 완전히 새로운 가족생활에 빠져들었다. 풀밭 위의 식사, 해변가에서 보내는 오후, 별빛 아래 태평양의 훈풍을 음미하며 지새는 밤들,……. 밤이 되면 대문도, 창문도 닫지 않고 잠자리에 들곤 했다. 열쇠도, 쇠창살도, 감시 카메라도, 경호원도 없다는 사실은 비현실적인 느낌을 자아냈고, 이 느낌은 내 뇌리를 떠나지 않았다. 이건 내 삶이 아니야, 단지 괄호 속에 묶인 5, 6주간의 소중한 유예기간일 뿐이야. 나는 이 사실을 얼마나 예민하게 의식하고 있었는지, 며칠 뒤부터는 새벽 6시가 되기 전에는 잠을 이룰 수가 없었다. 겉으로는 태연했지만, 그 아래에는 말 못 할 불안이 웅크리고 있던 탓이었다. 침대머리에 등을 기대고 앉아 흘러가는 대로 몸을 맡기지 못하던 나는 침묵의 소리를 듣곤 했다. 어느 날 밤, 후안 카를로스가 침대 위에 앉아 있는 나를 보았고, 우리는 서로 이야기를 나누기 시작했다. 오클랜드를 떠나는 마지막 날까지 그는 이렇게 내 벗이 되어주었다. 우리는 모든 것, 우리의 희망과 꿈과 두려움에 대해 서로 얘기하면서 어스름 새벽빛이 터올 때서야 잠이 들곤 했다.

그러면서도 나는 이 몇 주간의 귀중한 시간을 충분히 활용해야 했다. 여러 달을 떨어져 있어야 하는 엄마가 의당 가져야 할 관심을 기울여 아이들의 '망명' 생활에 불편함이 없게 최단시일 내에 필요한 걸 준비해주는 것이 가장 중요한 일이었으니까. 선생님들을 모두 만나고, 책과 공책과 교복을 구입하고, 아이들 방을 함께 꾸미고, 아이들 옷을 사러 이리저리 뛰어다녔다. 그리고 나서, 내 아이들이 길에서 자는 아이도 없고, 경찰은 시민을 보호하기 위해 있고, '시카리오'의 동의어가 존재하지 않는 이 평화로운 마을에 살고 있다는 것을 내가 나중에 떠올릴 수 있도록 이곳의 모든 것에 젖어들려고 했다. 오클랜드의 아이들 학교는 바로 내가 조국으로 가져가고 싶은 그런 그림이었다. 공원 안에 자리잡은 예쁜 초록색 학교. 이 목가적인 에덴 동산을 드나드는 아이들에겐 어떤 나쁜 일도 생기지 않을 거라는 생각이 들었다.

우리는 작별 인사를 나누었다. 공항에서 아이들을 포옹하다가 불현듯 어머니의 모습과 겹쳐지는 내 모습을 보았다. 지난 날, 다른 대륙으로 날아가기 전에 언니와 나를 마지막으로 가슴에 품던 어머니. 그녀 역시, 인생의 한순간에 우리를 아버지에게 맡기고 멀리 떠나야만 했다. 앞으로 멜라니와 로렌소가 체험하게 될 것들, 다른 세계, 다른 문화, 다른 언어의 발견, 떨어져 있음의 고통, 출발과 회귀, 이 모든 것을 언니와 나는 오래 전에 체험했다. 그리고 이것은 우리가 세상을 배워가는 데 큰 힘이 되었다.

2 내 첫 기억은 프랑스 파리 외곽 뇌이로 거슬러올라 간다. 나는 불론뉴 숲 가장자리에 있는 우리 집 마당에서 무당벌레를 찾아다니고 있다. 1960년대 초반, 내가 두세 살 때의 일이다.

나는 유치원에서는 프랑스어로 말하고, 집에서는 그날의 초대 손님에 따라 세상의 온갖 언어를 들으며 자랐다. 당시 아버지는 유네스코 사무부총장이어서 초대객들은 늘 넘쳐났다.

아스트리드 언니와 나는 사랑과 귀여움을 가득 받으며 자랐다. 우리는 파리의 모든 문화계인사들과 교류하고, 또 파리에 들른 여러 나라의 예술가 대부분이 만나보고 가는 세련된 커플의 자녀였다. 마흔을 훌쩍 넘긴 아버지는 이미 콜롬비아에서 교육장관을 지낸 적이 있었고, 당시 정가에서는 아버지가 언젠가는 대통령이 될 것이라고 점치기도 했다. 스물다섯밖에 안 된 어머니는 우리가 태어나기 전, 보고타에서 여러 번 미의 여왕으로 뽑힌 경력이 있었다. 그러나 어머니는 콜롬비아에서 거리의 아이들을 위한 구호사업으로 더 널리 알려져 있었다. 미모로 얻은 약간의 유명세 덕분에 어머니는 법무장관을 거의 강요하다시피 설득해서 보고타 중심부에 있는 폐쇄된 교도소를 빌려내기에 이르렀고, 다리 밑에 사는 아이들을 그 건물에 유숙시키기 시작했다.

부모님을 맺어준 것은 어린이와 청소년 문제에 대해 품고 있던 공통된 열정이라고 할 수 있었다. 독신의 열정적인 교육장관 가브리엘 베탄쿠르는 우연히 욜란다 풀레시오를 만나게 되었는데, 당시 그녀는 많은 사람들의 화젯거리였다. 어머니가 그 유명한 옛 교도소에 첫 번째 알베르게(Albergue: '숙소'라는 뜻)를 연 이후에 다른 수용장소를 한창 물색하고 있었기 때문이었다. 아버지는 당시 전 세계의 젊은이들이 외국 유학을 떠날 수 있는 최초의 교육대출 시스템을 만들어낸 직후였다. 어머니가 극빈자들을 위해 전력투구하는 동안, 아버지는 일생의 역작이 될 사업에 매달려 있었다. 바로 콜롬비아 청년들이 문화와 나라 밖에서 연구되고 창작되는 모든 것에 접근할 수 있도록 하는 계획이었다.

1950년대 말에 결혼한 부모님은 1960년에 언니 아스트리드를, 이듬해에 나를 보았다. 내가 태어난 직후, 우리 식구는 미국 워싱턴에 가서 몇 달을 보내야 했다. 라틴 아메리카 개발 동맹을 출범시키기 위해 존 F. 케네디 미국 대통령이 구성한 팀에 아버지가 교육위원회 의장으로 임명되어서였다. 그러나 이 일은 케네디 암살사건으로 중단되었고, 아버지는 이를 두고 크게 슬퍼했다. 곧이어 아버지가 유네스코 일을 맡게 되어서 우리는 프랑스 뇌이에 정착하게 되었다.

내가 기억하는 부모님은 극도로 분주한 와중에서도 이따금씩 시간을 내 우리를 무릎 위에 앉히고는, 우리 질문에 대답하거나 이야기책을 읽어줄 줄 아는 그런 분들이었다. 아버지는 우리 얘기에 미소를 지어주고, 이것저것 자상하게 설명해주었지만 같이 놀아주지는 않았다.

"아빠는 뛰어놀기엔 너무 나이가 많단다. 하지만 책은 읽어줄 수 있지. 어디 한 권 골라보렴."

기골이 장대한 아버지는 시원한 이마와 근엄하게 포마드로 정리한 갈색 머리에, 커다란 뿔테 안경을 끼고 있었다. 하지만 신기하게도 아버지가 미소를 지으면 그 근엄한 얼굴도 사라지고 마는 것이었다. 아빠의 미소. 그것은 우리들 꼬마에겐 머리 위로 쏟아지는 세상의 모든 따뜻한 호의였다. 어머니는 기꺼이 같이 놀아주었다. 소피아 로렌에 오드리 헵번을 섞어놓은 듯한 어머니는 자발적이고, 섬세하고, 활동적인 분이었다. 엄마에겐 태양 같은 것, 삶의 의욕, 무언가를 나누고 싶어하는 열기가 있었다. 아마 이탈리아 조상의 피를 감출 수가 없었던 모양이다.

어머니는 남편을 따르려니, 알베르게를 자신이 보고타에서 만든 단체에 맡겨둘 수밖에 없었지만, 파리에 머무는 기간을 이용해 프랑스의 어린이 구호사업 시스템을 연구할 수 있었다. 어머니는 엄청난 양의 자료를 수집하고 현장조사를 실시했다. 아버지의 직위 덕택에 어머니의 연구작업이 좀 더 수월하게 이루어질 수 있었다. 당시 프랑스는 알제리의 독립으로 그곳에서 쫓겨난 피에-느와르(알제리에서 태어나 자란 프랑스인)의 대량 귀환 문제에 직면해 있었다. 어머니는 여기에서 가난과 폭력 때문에 농촌에서 쫓겨난 농민 가정이 대책 없이 보고타에 몰려드는 콜롬비아의 참상과 유사한 모습을 발견했다. 어머니가 길거리에서 거두어들인, 굶주림으로 반쯤 죽어가던 아이들은, 바로 이런 식으로 쫓겨나야 했던 가정 출신이었다. 어머니는 주택, 교육, 취업, 여러 가지 보조금 부문에서 프랑스가 피에-느와르들의 동화 문제를 어떻게 풀어나가는지에 관심을 쏟았다. 어머니는 알베르게를 오늘날의 위치, 콜롬비아 수도 보고타의 가장 유명한 아동 구호기구로 끌어올리기 위해 귀국할 날을 기다리면서, 프랑스인들의 견해를 청취하고 정책들을 관찰하면서 수천 장의 노트를 기록하고, 많은 계획을 세웠다.

1966년 내가 다섯 살이 되던 해에 우리 식구들은 보고타로 돌아가게 되었다. 카를로스 예라스 신임 콜롬비아 대통령이 아버지에게 교육장관직을 맡기려고 했기 때문이었다. 아버지는 두 번째로 교육부의 수장직을 맡게 되는 셈이었다. 콜롬비아를 모르던 언니와 나에게는 조국을 발견할 수 있는 기회가 찾아온 셈이었다. 프랑스어와 스페인어를 모국어로 구사하는 우리는 프랑스 학교에 입학하게 되었다. 25년 후 내 아이들이 다닌 학교기도 했다. 어머니에게도 새로운 인생이 펼쳐졌다. 갓 서른을 넘긴 어머니가 정치에 발을 들여놓게 된 것이었다.

어머니는 당연히 어린이 구호사업에 가장 적합한 자리를 선택했고, 사회문제 담당 보고타 부시장이 되었다. 어머니는 수도의 최고책임자 자리에 오른 최초의 여성들 가운데 한 사람이었다. 이 점은 어머니의 영향력에 무게를 더했지만, 한편으로는 너무나도 오랫동안 정치인들에게 기만당해온 콜롬비아 국민들은 쉽사리 어머니를 믿으려 들지 않았다. 국민들은 미모와 관대한 선행으로 유명한 이 젊은 부르주아 여성이 거의 모든 정치인들처럼 권력을 이용해 부를 축적하고, 초심을 버리지 않을지 지켜보고 있었다. 머지않아 어머니는 사회복지원 창설이라는 중요한 계획을 구상했다. 어머니는 극빈자들에게 단 한 번도 진지한 관심을 기울이지 않았던 콜롬비아를 위해 프랑스에서 배운 모든 것을 이 계획에 쏟아부었고, 그것은 그야말로 혁명이라 할 수 있었다. 얼마나 혁신적인 계획이었는지, 예라스 대통령 부인은 어머니의 계획이 자신에게도 '이익'이 되겠다 싶은 생각에 신속히 손을 써서 어머니의 위대한 개혁 사업을 자신의 공으로 만들어버렸다. 그래도 그녀는 이에 개의치 않았다. 자신이 주도한 개혁에 자신의 이름이 결부되도록 관철하려는 아버지와는 달리, 어머니는 사람들이 자신의 발상을 번번이 가로채가도 전혀 개의치 않았다. 그러나 국민들이 이 사실을 알게 되었고, 어떤 점에서 보면 그래서 더욱 그녀를 좋아하게 되었다.

1960년대 말, 어머니의 명성은 점점 높아갔다. 민중, 특히 극빈자층에서 그녀에 대한 신뢰도는 커져만 갔다. 머지않아 정부의 요직을 맡게 되리라는 것을 쉽게 짐작할 수 있었다. 반면, 아버지의 행로는 조금 복잡했다. 정부 수반자리까지 근접했던 아버지는 갑자기 실추하게 되었고, 이로 말미암아 부모님 사이가 점차 악화되어 두 분은 결국 이혼에 이르게 되었다.

공명정대함 때문에 콜롬비아에서 이례적으로 좋은 평판을 누리는 정치인이었던 아버지에게 기업가들과 미국에서 공부한 전문직 고위 관리들이 접근해왔다. 그들은 아버지가 콜롬비아의 고질병인 부패로 부터 국가를 구출하고, 위대한 민주주의의 문을 열어줄 수 있는 인물 이라고 믿고 있었기 때문에 아버지에게 대통령 후보로 나서주기를 요청했다. 아버지는 심사숙고한 다음 요청을 거절했다. 아직 때가 아 니라고 판단해서였다. 어머니는 반면에 이 요청을 수락하도록 재촉 했다. 어머니는 콜롬비아 민중이 아버지와 같은 인물을 필요로 하는 절박한 순간이 바로 지금이기 때문에 아버지에겐 이런 책임을 회피 할 권리가 없으며, 또한 극빈자 층의 생존과 어린이들의 장래가 아버 지의 선택에 걸려 있다고 확신하고 있었다.

심적인 갈등을 겪으면서도 아버지는 자신만의 방식으로 교육부를 운영해나갔다. 타협과 임시변통식의 조치, 그리고 낙하산 인사에 속 하는 모든 것을 거부하는 단호하고 전문적인 운영 방식이었다. 장관 마다 차기 선거에서 온 가족의 표를 몰아줄 것을 교환조건으로 심복 에게 부서직을 배분하는 나라에서 아버지는 '표의 두께' 가 아니라 각자의 전문능력을 기준으로 직접 협조자를 선발한다는 것을 입각조 건으로 제시했던 분이었다. 그는 온갖 종류의 청탁자들에게 문을 닫 아걸었다. 더 심각했던 것은 면담을 원하는 의원들에게조차 서면으 로 면담사유를 밝히도록 요구한 일이었다. 비열한 물밑 거래를 좌초 시키기 위해선 불가피한 방법이었다. 이 모든 것들로 인해 아버지는 미움을 사게 되었고, 1968년 말 굽힐 줄 모르는 거만한 장관을 참을 수 없게 된 정치권의 압력에 굴복한 예라스 대통령은 그를 파리 주재 유네스코 콜롬비아 대표부 대사로 임명함으로써 장관직에서 물러나게 했다. 너무나 골치 아픈 인사를 유배보내는 '점잖은' 방법이었다.

1969년 1월 우리는 다시 파리로 향했다. 하지만 아버지의 이번 부임은 어머니에겐 가슴이 무너지는 일이었다. 보고타 시청에서 시도했던 모든 것을 포기해야만 했기 때문이었다. 대통령직에 대한 열망을 거부함으로써 자기를 근본적으로 실망시킨—물론 어머니는 이런 식으로 말한 적도 없고, 아버지의 선택을 이해하는 데 많은 시간을 필요로 했지만—남자를 따라가는 것의 반대급부는 무엇이었을까? 아버지의 선택은 그녀가 꿈꾸었던 위대한 투쟁을 거부하는 것이었다. 그녀가 보기에 아버지의 명예로운 대사직은 허울 좋은 '은퇴'나 다름없었다. 어머니는 겨우 서른셋이었고, 콜롬비아가 필요로 하는 일들이 산적해 있고, 특히나 자신이 어린이들을 위해서 어느 정도 기여할 능력이 있다고 믿었던 만큼 아버지의 은퇴란 더욱 끔찍한 일이었다.

어쨌든 우리는 파리 포슈 가에 호사스레 꾸며진 170평짜리 고풍스러운 아파트에 살게 되었다. 18세기 명장들의 가구, 거장들의 그림—특히 밤마다 우리를 무섭게 하던 알브레히트 뒤러(독일 르네상스 시대의 화가·판화가)의 〈성 히에로니무스〉가 기억난다—과 중국산 도자기들, 페르시아 양탄자들, 고층 아파트에 꾸며진 정원,……. 부모님은 화려한 사교생활을 했다. 부모님은 프랑스의 모든 관저—조르주 퐁피두가 대통령 관저인 엘리제 궁에 입성한 직후였다—에 초청받았고, 1주일에 한 번 우리 집에서도 200~300명을 초대하는 파티를 열었다. 이런 소용돌이 속에서 부모님은 우리들 일상생활의 세

세한 부분까지 신경 쓸 겨를이 없어서 아니타를 고용했다. 아니타 보모는 포르투갈 사람으로 1900년에 태어나 20세기의 격동을 모두 겪은 할머니였다. 나는 한없이 다정하고 현명한 아니타 할머니와 처음으로 '철학적' 대화를 나누게 되었다.

"잉그리드야, 절대로 잊으면 안 된다. 세상은 네가 지금 누리고 있는 그런 세상이 아니란다. 현실은 고통스러운 거고, 인생은 험난한 거란다. 아마 언젠가는 너의 인생도 그렇게 될지 모르지. 그 사실을 알아두어야 하고, 미리 준비해야 하는 거란다."

고작 열 살이었지만, 폭력이 난무하는 콜롬비아의 고통스러운 이미지와 어머니가 구해낸 보고타 어린이들을 뚜렷이 기억하고 있던 나는 할머니의 말씀을 이해했고, 그래서 할머니를 더욱 좋아했다. 왜냐하면 할머니의 그 말씀은 나를 믿고, 또 나를 진지하게 대한다는 증거기 때문이었다. 그리고 내가 1968년 8월 교황 바오로 6세가 콜롬비아를 방문했을 때 성하(聖下)로부터 첫 영성체를 받은 특권층의 아이라 할지라도, 할머니는 나를 그저 혜택받은 아이 그 이상으로 여기고 있다는 증거기 때문이었다.

그리고 호사스러운 우리 집 꼭대기 다락방에는 콘스탄틴 아저씨가 팻이라는 강아지와 함께 살고 있었다. 연회가 열릴 때마다, 우리 집은 콘스탄틴 아저씨를 임시로 고용했고, 동물을 좋아하는 나에게는 아저씨가 팻을 데려오는 것이 선물이었다. 팻에 대한 공통의 애정은 콘스탄틴 아저씨와 나를 결속시켰고, 우린 곧 친구가 되었다. 이 몰락한 러시아 귀족의 인생은 아니타 할머니가 오래 산 사람의 어진 눈으로 들려준 인생철학을 완벽하게 입증해주었다. 옛날, 권세와 좋은 평판을 누리던 콘스탄틴 아저씨는 볼셰비키 혁명 이후 러시아를 도망쳐 나와야 했다. 가족 모두가 몰살당하고, 전 재산을 잃어버린 아저씨는 그를 하인 취급하는 사람들에게 양과자를 나르는 신세로 전락해버렸다. 그렇지만 아저씨는 해박한 지식과 광범한 교양의 소유자였다. 나는 겸허하고 세련된 아저씨 친구를 마음속 깊이 좋아했다.

아스트리드 언니와 나는, 유복한 집안의 프랑스 아이들처럼 파리 16구 한복판 뤼베크 거리에 있는 아송시용 사립학교에 들어갔다. 우리는 늘 집 앞에서 출발해서 학교 앞에 서는 82번 버스를 타고 다녔는데, 아주 드물게 우리 앞집에 사는 부모님 친구이자 콜롬비아 부동산업계 거물인 페르난도 마주에라의 기사가 우리들을 태워다주기도 했다. 그것도 롤스로이스로. 그런 날이면 언니와 나는 이 순간의 사치를 뽐내며 우쭐거렸다. 하지만 다행히도 아니타 할머니가 우리를 지켜보고 계셨다. 덕분에 우리가 이런 겉치레뿐인 허장성세에 완전히 속아 넘어가는 일은 결코 없었다.

부모님도 우리를 지켜주었다. 그들을 둘러싼 호화로운 생활 아래로는 콜롬비아의 현실이 하나씩 드러나고 있었던 것이다. 부모님은 사적인 만찬에는 가까운 콜롬비아 정치인들을 많이 초대했다. 특별히 생각나는 인물은 예라스 전 대통령으로, 아버지를 교육장관직에서 해임했지만 아버지는 그분에게 여전히 우정과 존경심을 갖고 있었다.

또한 당시 콜롬비아 대통령이자 1998년 대통령에 당선된 안드레스 파스트라나의 부친인 미사엘 파스트라나. 그리고 콜롬비아 출신의 세계적인 화가 페르난도 안굴로 보테로. 그는 장차 국방장관이 될

페르난도 보테로의 부친이었다. 후일 나는 페르난도 보테로와 심각하게 대립하게 되고, 그는 25년 뒤 결국 수감된다. 역시 나중에 대통령이 된 비르힐리오 바르코. 1967년 노벨 문학상을 받은 과테말라의 시인이자 소설가, 외교관인 미겔 앙헬 아스투리아스 등 많은 인물들이 있었다. 이 지성인들은 모두 콜롬비아의 장래를 위해 끔찍이도 걱정하는 것처럼 보였다. 어느 날 밤, 자리에 남아 어른들의 얘기를 듣던 나는 그 대화 내용에 얼마나 동요되었는지, 침대로 쫓겨나고 나서도 다시 일어나 거실 한 귀퉁이에 놓인 그랜드 피아노 밑으로 숨어들어가 대화를 엿듣게 되었다. 물론 나중에야 제대로 이해하게 되었지만, 내가 그때 느낀 동요는 어른들의 일상적인 표현을 문자 그대로 받아들인 데서 비롯된 것이었다. 어른들이 말하기를, 투르바이 선거(몇 년 후 1978년 훌리오 세사르 투르바이 아얄라가 콜롬비아 대통령에 당선됨)는 국가에 '재앙'이 될 것이며, 이런저런 경제 조치는 결국 콜롬비아를 '유례 없는 난파'로 몰아갈 것이라고들 했다. 어린 나는 우리나라가 말 그대로 물에 빠져서 사람들이 다 죽을 것이라고 상상했던 것이다. 그 일이 있고 나서 나는 자주 피아노 밑으로 기어들어갔고, 어떨 때는 관자놀이가 불끈거리고 속이 울렁거리는 통곡 직전의 상태가 되어서야 나오곤 했다. 어린 내게도 우리나라에 닥치게 될 미래가 끔찍할 만큼 험난하고 불안스럽게 여겨졌던 것이다. 어른이 된 지금 생각해보면, 내 정치적 소명은 1970년대 초, 이 그랜드 피아노 밑에서 싹트기 시작한 게 아닌가 싶다.

　이 모든 초대객들 가운데서도 나와 형언할 수 없이 따사로운 관계를 맺은 유일한 사람은 파블로 네루다였다. 당시 그는 자신의 조국인

칠레보다 파리에 더 오래 머물렀다. 우리 집 대문은 그에게 활짝 열려 있었고, 네루다 또한 예고도 없이 불쑥 들르곤 했다. 어린아이와 교감할 수 있는 언어를 찾아낼 줄 아는 어른은 드물다. 그런데 네루다는 그걸 알았고, 그건 은총이었다. 그가 얼마나 위대한 시인인지도, 물론 노벨 문학상을 갓 받은 것도 모르는 채, 그가 그저 시인이라는 것을 알게 된 어느 날, 내가 말했다.

"아저씨, 아세요? 나도 시 써요."

"정말이니? 그럼, 우리 서로 시 교환할래? 다음 번엔 말이다, 네가 쓴 시를 들려주렴. 나도 내 시를 들려줄게."

그렇게 해서 시 읽기는 우리 사이에 '의식' 이 되었다. 네루다가 들어오면 나는 그의 두 팔에 뛰어들었고, 각자 쓴 시 중에서 제일 잘 된 시를 서로 읽어주었다. 어쨌든, 나는 그랬다.

네루다는 아버지에게 말하곤 했다.

"그녀는 내 글벗이라네."

아직도 나는 그가 남긴 쪽지를 간직하고 있다.

"잉그리드에게, 여기 너를 위한 꽃 한 송이를 남긴다. 너의 아저씨 파블로 네루다로부터." 그는 1973년 칠레 산티아고에서 세상을 떠났다.

어머니는 남편 곁에서 모든 사람들에게 주의를 기울이고, 아주 작은 일에도 세심한 정성을 기울이면서 눈부신 내조를 했다. 그러나 어머니는 늘 공허감을 느꼈다. 마음은 보고타에 가 있었고, 커져만 가는 어린이들의 절망을 매일 확인해야 하는 콜롬비아 단원들이 보내오는 소식에 비하면 파리에서 일어나는 일들은 어머니에겐 너무나 사소하고 피상적인 것으로 보였다. 아주 자주, 어머니는 이런 심경을 무의식적으로 드러내곤 했다. 왜냐하면 프랑스 외무부 파티나 연극 관람 내용을 들려주는 대신 어머니는 우리에게 보고타에서 식당의 쓰레기통을 뒤져가며 연명하던 다섯 살배기가 어떻게 구조되었는지 자세하게 들려주곤 했기 때문이었다.

　우리가 콜롬비아로 귀국한다고 아버지가 알려주었을 때, 아스트리드 언니와 내가 기쁨에 넘쳤던 것은 어머니가 늘 귀국의 기대 속에 살고 있음을 우리가 느꼈기 때문이었을까? 분명 그랬을 것이다. 프랑스에서 5년을 보내고, 영어를 배우기 위해 영국 남부 시드머스 기숙학교에서 1년을 보내고 들어온 직후였다. 부모님은 중간에 붕 뜬 시간을 활용하기 위해 비행기 대신 선박 여행을 하기로 결정했다. 유럽에서 콜롬비아까지 한 달간의 항해를 위해, 우리는 이탈리아 제노바 항에서 배를 탔다. 그렇게도 오래 전부터 촌각을 다투며 생활하던 아버지가 갑자기 긴장을 풀고 모든 속박에서 풀려난 듯했다. 자상한 아버지를 내 맘대로 가질 수 있다는 것이 내게 감미로운 현기증을 불러일으켰다. 몇 시간 동안이고 우리는 함께 책을 읽었다. 지금도 기억나는 책은 『굴락의 다도해』다. 무엇보다도 우린 한 번도 대화를 나누지 않았던 사람들처럼 끝없이 많은 얘기들을 나누었다. 프랑스와 콜롬비아에 대해서, 그리고 우리나라에서 민주주의와 윤리, 타인에 대한 존중을 균형있게 정착시키기 위해 해야 할 일들에 대해서 얘기했고, 아버지는 그 뒤 내가 끊임없이 곱씹게 될 이런 얘기를 해주었다.

"잉그리드야, 콜롬비아는 우리한테 많은 것을 주었단다. 네가 유럽을 알게 되고, 최고의 학교들을 다니고, 어떤 콜롬비아 꼬마도 평생 누리지 못할 문화적인 호사를 누릴 수 있었던 것도 다 콜롬비아 덕택이지. 네가 누리는 이 모든 혜택은 조국 콜롬비아에 갚아야 할 빚이란다. 잊지 마라."

15년 후, 행복한 아내와 엄마로서의 삶을 돌연히 떨치고, 콜롬비아에 내 정열을 바치기 위해 귀국하는 로스엔젤레스 공항에서 나는 이 말을 다시 떠올렸다.

열세 살에 접어든 나는 우리가 이 유람선에서 단란한 가정의 마지막 순간을 보내고 있다는 것을 알아차리지 못했다. 콜롬비아에 닿자마자 부모님은 우리가 계속 공부하게 될 프랑스 학교에서 10분밖에 걸리지 않는 곳에 보고타 시내가 내려다보이는 아주 멋진 집을 사셨다. 모든 것이 더할 나위 없이 순조롭게 진행되는 것처럼 보였다. 그러나 언니와 나는 몰랐지만 엄마와 아빠는 점점 멀어져가고 있었다. 문화교류에 열정을 가진 아빠는 많은 강연 요청을 받았고, 유네스코 일로, 이런저런 국제회의 강연으로 쉴 새 없이 여행했다. 하지만 엄마는 이제 아빠를 따라다니지 않았다. 더 이상 미소를 머금은 헌신적인 동반자가 아니었고, 독립적으로 생활하면서 보고타에서 다시 사회사업을 펼치고자 했다. 엄마는 아마도 자신이 보고타의 현실과 참상에서 너무나 동떨어진 외교관 생활에 이미 너무 많은 것을 희생했다고 판단했던 것 같았고, 늘 비행기 안에 있던 아빠는 엄마의 생각을 듣지도, 이해하려들지도 않았다.

어느 날, 엄마가 집을 나가버렸고, 아빠는 그런 연후에야 자신이 얼마나 아내에게 의지하고 있는지를 가늠할 수 있었다. 엄마는 아주 집을 나간다고 말했던 것일까? 아니, 그런 것은 아니었다. 나중에 알게 되었지만, 엄마는 단지 혼자 조용히 생각하고 싶었던 것이다. 그러나 아버지에겐 날벼락이었다. 아버지는 어머니에게 굽히지 않으려고 더 강력한 맞불을 놓기로 작정했다.

어느 토요일 아침이었다. 언니와 나는 아버지와 함께 있었고, 우리는 각각 열다섯, 열넷이었다.

"오늘은 집에서 일할 거다."

아빠가 말했다.

"내가 주말 야외클럽에 데려다줄 테니, 오늘은 거기서 보내거라. 저녁이 되기 전에 너희들을 데리러 가마."

아빠는 무언가에 긴장된 듯했고, 나는 그 속을 알 수 없었다. 아빠는 우리를 내려놓고 떠나갔고, 우리는 우울한 하루를 보냈다. 부모님한테 무슨 일이 생긴 걸까? 오랫동안 그들의 행복은 너무나 자명하게 빛나서 주변을 함께 행복하게 만드는 것처럼 보였는데, 갑자기 두 분 다 자폐증 환자라도 되어버린 것 같았다.

오후 여섯 시쯤에 아빠가 우리를 데리러 왔다. 안색은 창백했고, 기진맥진한 모습이었다.

"아스트리드, 잉그리드야, 잘 들어라. 오늘 우리 집을 팔았다. 엄마가 떠나버렸으니 이제 우리 가족은 더 이상 함께 살 수 없게 되었구나. 너희는 우선 할아버지 댁에 머물게 될 거다."

"집을 팔았다구요? 하루 만에요? 그럴 순 없어요, 아빠! 거짓말이죠?"

"정말이야, 다 팔아버렸다. 몽땅 다."

"아빠, 도대체 무슨 말씀이세요? 지금 장난치시는 거죠? 하루도 안 가서 집에 있는 모든 걸 다 팔 수는 없어요. 그럼 내 개들은요? 개들은 팔지 않았죠?"

"안 팔았어. 남은 건 개들뿐이다. 당장 찾으러 가자."

아버지가 앞장섰다. 집에 도착해 현관문을 여니 그건 말 그대로 충격이었다. 엄마가 사라졌지만 아침까지만 해도 우리 가족이 영원히 함께 살리라고 믿고 있었다. 그런데 바로 그 집이 방마다 텅텅 비어 황량해진 광경을 보고는 언니와 난 아무말도 떠오르지 않았다. 군데군데 벽에 그림들이 걸렸던 자리만이 우리가 이 집에 살았음을 알려주는 유일한 흔적이었다. 아버지는 정말 모든 걸, 프랑스에서 가져왔던 가구들뿐만 아니라, 침대들, 책들, 자질구레한 장식품들, 사진첩들, 기념품들 할 것 없이 기억을 만들어내고 시간과 맞서 견디게 해주는 모든 걸 다 없애버린 것이었다. 정말이지 그건 우리들의 과거에 대한 사형선고나 마찬가지였다. 함께 했던 시간을 부정하고, 우리 네 사람을 묶어왔던 끈과 엄마를 없애버리는 극단적인 방법이었다. 언니와 나는 이 사건을 치유할 길 없는 절대적인 정신적 파산으로 받아들였다. 앞으로는 우리 집이 사라지기 전의 삶과 그 이후의 삶이 있을 뿐이라 생각했다. 우리는 이 인정사정없는 파괴 행위로 받은 상처에서 결국 치유되지 못했고. 이 일을 언급하게 될 때마다 정수리를 후려맞는 듯한 고통을 겪어야만 했다.

엄마가 다시 집에 돌아오기를 꿈꾸었다 치더라도, 이젠 있을 수 없는 일이었다. 아버지는 모든 것을 없애버리면서 자신의 불행을 재촉

했고, 10년간 지속되면서 우리 모두를 뿌리째 뒤흔들어 놓을 전쟁에 들어선 것이었다.

아빠는 곧장 이혼수속을 밟기 시작했고, 자녀 양육권을 주장하고 우리에게 엄마를 보지 못하도록 금지함으로써—당연히 우리는 이 금지사항을 무시했다—자신의 적대감을 드러냈다. 엄마에겐 이혼이 악몽이 되었다. 부모님이 너무나 유명한 탓에 언론이 이 사건을 가만 내버려두지 않았고, 더욱이 당시 1970년대 보고타 상류사회에서 이혼이란 있을 수 없는 일이었다. 신문은 전직 장관이자 대사인 아버지는 두둔하면서 그의 부인에겐 돌팔매질을 해댔다. '남편 덕에 모든 것을 얻어낸 뒤 그를 버린 여자' 등등 앞다투어 악의적인 기사를 써댔다. 어머니는 순식간에 '스캔들을 몰고 다니는 여자'가 되었고, 그녀의 미모를 질시하던 여자들은 이 기회를 놓칠세라 어머니가 경박하고, 거만하고, 이기적이라는 오명을 씌우기에 바빴다. 엄마에겐 모두 다 어울리지 않는 낯선 단어들이었다. 자신의 주체적인 사회적 지위를 되찾기 위해 남편과 헤어진 여성이 바로 그 사회에 의해 따돌림을 받은 것이었다. 손가락질당하고, 누명을 쓰고, 배척당한 여성! 법원이 결국 그녀에게서 자녀 양육권을 빼앗았을 때, 잔인한 형벌은 극에 달했다. 한때 모든 보고타 사람들에게 어머니는 알베르게를 창설한 여성, 가난한 어린이들의 어머니였는데 말이다.

언니와 나는 법원의 결정에 격분하고 충격을 받았다. 아버지에게 큰 사랑을 품고 있었지만, 아버지는 언제나 일로 바빴기 때문에 언니와 난 자라오면서 종종 아버지의 부재감을 느끼곤 했다. 반면에 어머니는 늘 우리 곁에 있었다. 따라서 우리에게서 엄마를 빼앗아가는 것은 부당하고 비열한 짓이었다. 나는 아빠에게 내가 느낀 감정을 토로했고, 이것 때문에 난 태어나서 처음으로 뺨따귀를 맞게 되었다.

"잉그리드야, 다시 다짐해두는데 너희는 엄마를 만날 권리가 없어."

어느 날, 아버지가 내게 말했다.

"엄마는 너한테 부정적인 영향만 미칠 거다. 게다가, 신문에 난 기사를 보렴. 내가 지어낸 말이 아니다."

"신문이 뭐라고 떠들든, 아빠가 엄마를 어떻게 생각하든 난 상관 안 해!"

찰싹! 가엾은 우리 아빠!

아스트리드 언니와 나에겐 아무 희망도 없는 우울한 시기였다. 그렇게도 강건하던 아버지가 이제는 툭하면 화를 내고, 신랄한 말을 내뱉는 상처받은 사람처럼 보였다. 아버지를 용서하기 위해서는, 그를 아주 많이 사랑하고 그가 겪는 고통이 얼마나 큰지 헤아려야만 했다. 한편에서는 어머니 역시 무한한 고통을, 그러나 소리 없이 겪고 있었다. 그건 더 가혹한 일이었다. 금지령에도 엄마는 우리를 만나기 위해 프랑스 학교 운동장 쪽으로 창문이 난 작은 아파트를 빌렸다. 쉬는 시간이면 나는 적당한 각도에 자리잡고 앉아, 엄마와 다정한 포옹을 나누곤 했다. 그리고 어떤 날 밤에는, 아빠도 역시 프랑스 학교 바로 옆에 집을 구했기 때문에, 아빠가 집을 비우는 틈을 타서 잠옷 바람으로 엄마 집까지 달려가곤 했다.

그 즈음, 엄마는 나의 경탄을 자아내게 한, 내게 세상에서 가장 아름다운 '용기'를 가르쳐주었다. 언론에 매도당하고, 부르주아 층의 야유를 받으며, 모권을 박탈당한 최악의 상황에서 어머니는 대담하게도 시의원 재선에 도전한 것이었다. 한 푼도 없이, 한 사람의 지원자도 없이, 어머니는 선거전에 뛰어들었다. 부도덕한 어머니라고 비난하는 사람들을 겨냥해 "여러분의 아이들을 위해 일할 수 있게 날 뽑아주세요!"라는 구호를 내세우며 혈혈단신으로 선거전에 나섰다. 정말 대단한 일이었다. 감동하고 열광한 나는 학교에서 자유시간이 날 때마다 선거운동에 참여했다. 포스터를 붙이고, 전단을 나누어주고, 공식집회마다 어머니를 따라다녔다. 어머니에게 이 선거전은 '가슴에 솟는 분노'를 무기 삼아 벌인 투쟁이었고, 무엇보다도 자신이 사람들이 주장하는 그런 사람이 아니라, 그와 정반대임을 스스로에게 입증하려는 여성의 투쟁이었다. 북부 구역 부촌에 사는 옛 친구들, 특히 그녀가 파리에서 자주 초대했던 지인들은 그녀의 호소에 문을 닫아걸었지만, 그녀의 원조로 아이들을 키우는 가정들이 근근이 연명하던 남부 구역에서는 믿을 수 없이 열렬한 환영을 받았다. 어머니는 가진 것을 모두 팔아야 했다. 어느 날 저녁, 이젠 어른이 된, 과거에 어머니가 거두어들였던 두 아이가 두 팔 가득 식료품을 안고 어머니 집으로 들어와서는 "욜란다 엄마, 냉장고에 넣고 드세요." 하던 모습이 아직도 기억에 생생하다. 그때, 욜란다 엄마는 울지 않으려고 애써 웃어보였다.

석 달 후 선거에서 어머니는 당선되었다. 남부 구역의 지지 덕택이었다. 그날, 내 생애 처음으로 모든 투쟁의 끝에는 정의가 기다리고 있고, 어떤 투쟁도 헛된 것은 없음을 깨달았다.

그러나 어머니는 보고타 시의회에서 오래 버틸 수가 없었다. 시의원들은 그녀에게 등을 돌렸고, 그들이 보기엔 부도덕한 이혼녀라는 사실을 끊임없이 문제 삼았다. 몇 달이 지나면서 어머니가 용기를 잃고 사람들의 비방에 굴복해가는 것이 눈에 보였다. 엄마의 사기를 북돋아주려고, 나는 사춘기 소녀다운 분노를 터뜨렸다.

"엄마, 그런 추잡한 인간들은 아예 무시해버려요! 엄마를 놓고 떠든다니 더 잘된 거죠. 엄마가 그들 모두를 동요시킨다는 증거라구요. 그 사람들은 질투하는 거예요. 그래서 엄마가 좌절하기를 바라는 거고, 엄마가 계속 싸워나가는 걸 견딜 수가 없는 거라구요. 난 엄마를 존경해요. 진짜 중요한 건 그거예요!"

그러나 이것만으로는 충분치 않았나 보다. 내가 열여섯 되던 해, 엄마는 파리 주재 콜롬비아 대사관 근무 제의를 받게 되자 안도감 속에 이를 수락했고, 짐가방을 챙기고 콜롬비아를 떠났다. 엄마는 근 10여 년 뒤에야 귀국하게 된다.

엄마의 출발은 내게 가슴 아린 고통을 하나 더 안겨준 셈이었다. 파리의 아송시옹 학교—그 얼마나 화기애애한 분위기였던가!—에서 전학온 나는 보고타 프랑스 학교의 거친 분위기에 적응하기가 힘들었다. 처음 몇 주 동안은 난폭한 급우들을 피하려고 쉬는 시간 대부분을 화장실에서 보내기까지 했다. 그러나 나는 곧 단련되었다. 부모님이 벌인 냉혹한 전쟁을 언론이 얼마나 보도해댔는지 학교 전체가 나에 대해 알게 되었다. 이 과정을 거치면서 나는 반항적이고, 전투적인, 보통 이상의 고집 센 소녀로 변하게 되었다. 나를 데리고 있던 아빠는 그 대가를 치러야 했다. 우리 관계는 충돌 직전의 긴장 상태였다.

"아니?"

우리가 함께 웃을 수 있었던 드문 순간에 아빠가 말했다.

"아빠가 백발이 된 건 다 너 때문이라구."

열여덜 살이 된 아스트리드 언니는 더 이상 양육권 대상자가 아니었기 때문에 엄마와 함께 살러 프랑스로 떠났다. 나는 그저 엄마와 여름 방학 한 달을 보낼 수 있도록만 해달라고 요구했지만, 아빠는 못 들은 척하셨다.

그러던 어느 날, 아빠 사무실로 불쑥 쳐들어갔다.

"아빠, 동의를 하시든 안 하시든, 난 엄마를 보러갈 거예요. 그런 줄 아시구요, 비행기표 한 장만 사주세요."

아빠는 고개를 들어 날 보더니 잠깐 침묵한 다음 냉랭하게 말했다.

"잉그리드, 표는 사주마. 하지만 내 동의는 얻지 못할 거다. 정말 떠나려고 한다면 나한테 네 양육권을 부여했던 판사의 허락이 필요할 거다."

"알았어요. 판사 이름과 주소를 주세요. 곧장 만날 거예요."

아빠는 충격받은 표정이 역력했다. 일어서서 서류뭉치를 뒤지더니 판사 이름과 주소를 적어주셨다.

판사 사무실은 보고타 남부에 있었고 따라서 보고타를 온통 가로질러 가야만 했지만, 당연히 아빠는 날 데려다주겠다고 태도를 누그러뜨릴 분이 아니었다. 한마디도 없이 내가 일어서는 것을 묵묵히 지켜보았고, 불안한 기색이라곤 조금도 내보이지 않았다. 콜롬비아에서는 나처럼 어린 소녀가 혼자서 그렇게 멀리, 그것도 위험한 구역으로 무모하게 나서는 일은 없었는데도.

버스를 탄 나는 길을 잃고 헤매다가, 또 수중에 있던 약간의 돈을 소매치기당하기도 하면서 결국 제 주소를 찾아갔다. 지저분한 복도에서 낙담하고 좌절한 사람들이 줄을 서서 기다리고 있는 음산한 건물이었다. 어두운 복도 끝에 있는 판사의 사무실을 찾아서 다른 사람들과 함께 앉았다. 그곳은 모든 것이 더럽고 실망스러웠다. 마침내 판사가 나를 맞았다. 눈빛에 피로가 가득 쓰여 있었지만 친절해 보이는 대머리 아저씨였다. 반면에 나는 용수철처럼 다시 기운이 솟았다.

내가 곧장 쏘아댔다.

"한 소녀가 엄마한테 뽀뽀하러 갈 허락을 얻기 위해서 강도를 만날 위험을 감수하면서 온 보고타 시내를 가로지르도록 법으로 만드는 것은 있을 수 없는 일이에요. 대체 우리가 지금 어떤 사회에 살고 있는지 알기나 하세요? 그리고 아저씬 판사죠? 판사가 이런 빌어먹을 짓을 법으로 보증하고 있다구요! 내가 여기 와서 판사 아저씨한테 눈물로 호소하기 위해 두 시간이나 버스를 타는 게 너무나 당연한 일이라고 생각하시는 거죠, 그렇죠?"

내가 온 나라와 그를 싸잡아 난도질하면서 울화통을 터뜨리는 바람에 판사는 내가 분을 삭일 때까지 기다려야 했다. 마침내 내가 잠잠해지자 그가 말했다.

"좀 진정이 되었나요? 원하는 게 뭐죠, 학생? 엄마를 만나러 갈 수 있도록 내가 서명한 서류가 필요해요? 문제없어요, 곧장 써주지. 자, 아빠한테 이걸 보여드려요. 어때, 그렇게 복잡한 일이 아니지요? 아무튼, 그렇게 흥분할 필요는 없을 것 같은데……."

아버지에게 서류를 보여주자, 껄껄 웃으면서 아주 재미있어 하셨다. 그 순간에야 아빠가 내게 한 방 먹였다는 것을 알아차렸다. 그 판사의 허락을 받으러 갈 필요가 없었던 것이다.

"예쁜아, 이제 다 잘 되었구나. 언제 떠날 거니?"

여름이 한창일 때 프랑스로 간 나는 얼마나 행복했는지! 엄마한테 미리 알리지 않았던 나는 파리 샤를 드골 공항에서 택시를 타고 콜롬비아 대사관으로 직행했다.

"욜란다 풀레시오 부인을 만나고 싶습니다."

"약속을 하셨나요?"

"딸인데요."

"어머, 미안해요. 어서 들어와요. 왼쪽에서 세 번째 사무실이에요."

문은 열려 있었고, 아무도 없었다. 나는 방에 들어가서 열려 있는 문 뒤에 숨었다.

엄마가 서류 더미를 들고 사무실을 활기차게 오가는 것이 보였다.

그때 내가 문을 탁 닫았다. 엄마가 뒤를 돌아보았고, 나를 보시자마자 눈물을 펑펑 흘렸다.

"엄마……."

엄마는 생제르맹 대로에 있는 아담한 아파트에 살고 있었다. 하지만 포슈 가의 대저택 시절은 이제 아니었다. 직장에서 일하는 엄마는 더 이상 대사부인이 아니었으니까. 그러나 엄마는 심신이 완벽하게 조화로운, 활짝 피어난 삶을 누리고 있었다. 포슈 가 시절 드나들던 사람들 중에서 변함없는 친구들 몇몇이 그때까지도 남아 있었다. 노벨 문학상을 받은 콜롬비아 작가 가브리엘 가르시아 마르케스와 그의 부인 메르세데스—엄마가 유난히 좋아했다—, 화가 보테로 등이 그 일원이었다. 나는 파리에서 머무는 그 한 달 동안 엄마 발뒤꿈치에서 한 발자국도 떨어지지 않았다. 서로 어루만지고, 잃어버린 시간을 만회하면서 보냈다. 나는 하루하루 세어나갔다. 앞으로 우리가 떨어져 있을 1년에 비하면 한 달은 너무 짧았다. 이제 나는 고등학교 졸업반이 될 것이었다.

오늘의 나라는 여성은 보고타에서 보낸 이 고등학교 졸업반 기간 동안 형성되었다. 내 인생에서 가장 아름다운 시절이었고, 고갈되지 않는 지적, 감각적 발견의 한 해였으며, 자유를 배운 1년이었다. 철학에 입문하게 되었고, 문학에 대한 내 열정은 철학으로 해서 더욱 튼실해졌다. 학교 측의 후원으로 알베르 카뮈의 『오해』를 무대에 올렸고, 연극은 나를 사로잡았다. 하얗게 지샌 밤들, 담배연기 자욱한 바의 구석자리에서 포도주 한 병을 놓고 끝없이 이어지는 토론들, 오랫동안 그렇게 착실했던 내가 이 모든 것을 체험한 것이었다. 그리고 첫사랑을 알게 되었다.

너무나 활기 넘치고 급격한 변화를 겪은 이 한 해 동안 나는 거짓말을 하거나 나 자신을 속이는 것을 거부했다. 특히 탈선의 자유를, 그것이 어떤 것이라 할 지라도 내 자신의 모든 행동을 책임진다는 필연성에 병치하기로 나는 결심했다. 따라서 내가 모든 것을 다 얘기하던 아버지에게 절대적으로 진실하고자 했다. 내 생활, 뜬 눈으로 지샌 밤들, 두 시간 뒤에 볼 시험을 준비하기 위해 새벽에 귀가하던 일들, 사랑의 감정 앞에서 내가 느낀 경이로움들까지도 모두 얘기했다. 중대한 모든 일, 금지된 모든 것을 나는 그 한 해에 다 경험했고, 아버지에게 아무것도 감추지 않았다. 안다. 아버지로서는 내 말을 듣기가 아주 곤란했을 것이며, 거의 예순 살의 나이로 나와는 완전히 다른 세대에 속하는 만큼 더욱 더 곤란했을 것임을. 하지만 나는 아버지가 억지로라도 내 말을 들어주기를 바랐고, 어떻게 해서든지 아버지와 교류를 유지하고 싶었다. 아버지의 늘어가는 흰머리에는 죄송했지만.

동갑내기 남자친구와 처음으로 사랑을 나누었다고 내 입으로 밝혔을 때, 아버지는 엄청난 충격을 받았다. 창백해지며 완전히 맥을 놓을 정도였다. 아버지가 보기에 열여덟 살짜리 소녀가 결혼도 안하고……. 생각조차 할 수 없는 일이었다. 하지만 나는 아버지가 내 말을 들어주고, 아버지의 생각을 들려주고, 충고해주기를 기대했다. 삶과 땅이 꺼지는 듯한 부모님의 이혼을 내가 감수했으니, 이번에는 아버지가 내게 생긴 일들을 받아들여 주기를 바랐다. 그러나 아버지는 이런 나의 희망사항을 곧장 받아들일 수가 없었고, 소름끼치게 하는 침묵으로 일관하셨다. 우리는 식사를 하면서도 한마디 말도, 아니 눈길조차 나누지 않았다. 아빠가 스스로 벌을 받겠다면 받으시라지. 나랑 말 안 하시겠다고? 그럼 나도 아빠랑 말 안 할 거야!

그러던 어느 날, 내 남자친구의 누나가 결혼한다면서 내게 정식으로 초대장을 보내왔다. 그런데 나는 우아한 드레스가 없었고, 장신구도 없었다. 그래서 아버지에게 쪽지를 썼다. 언제부터인가 우리는 쪽지로만 의사소통을 하고 있었다.

"아빠, 마우리치오 M.의 누나 결혼식에 초대받았어요. 내 옷장이 텅 비어 있네요. 잉그리드."

아빠는 쪽지를 읽더니 환한 표정을 지었다.

"그럼, 우리 같이 옷 사러 가자꾸나."

아버지는 다시 살기 시작했고, 나도 마찬가지였다. 나에게로 오는 먼 길을 아빠는 침묵 속에 혼자 걸어왔고, 마침내 우리는 길벗이 된 것이었다. 가게에서 아빠는 내게 하나, 둘, 세 벌의 드레스를 입어보게 했다. 아버지는 사랑하는 여인에게 옷을 입혀보는 기쁨을 단 한 번도 어머니와 나누어본 적이 없었다. 그러나 그날, 그 기쁨을 발견한 아버지의 눈에는 다사로운 애정이 넘쳐났다.

"어떤 게 맘에 드니?"

"글쎄요……. 이 옷요, 검정색이 나한테 잘 어울리니까요. 흰색 옷도 괜찮긴 한데, 결혼식에는 롱드레스가 더 우아하겠죠. 그렇죠?"

"네 말이 맞다. 그럼, 우리 세 벌 다 사자!"

마침내 아빠는 나에게로 온 것이었다! 나는 마우리치오에 대해서 얘기할 수 있었고, 아빠는 늘 그렇듯이 이지적인 자상함을 가지고 내 말을 들어주었다. 그런데 얼마 있지 않아, 마우리치오가 내게 결혼을 신청했다. 아직 고등학교 졸업반이었는데. 우리는 어렸고, 그 사실을 나는 잘 인식하고 있었다. 그러나 그 애를 사랑하는 마음도 있었다. 그 애와 결혼할 만큼 사랑하는 걸까? 글쎄……. 다른 한편으로 이 소식을 들으면 아빠가 기뻐할 거라고 생각했다. 마우리치오가 내게 청혼했다면, 그건 그 애가 나를 진심으로 깊이 사랑하기 때문이고, 아빠는 사랑이란 결혼을 통해서만 만개될 수 있고, 그래야 한다고 여기기 때문이었다.

아버지는 내 얘기를 들어주었다. 아빠는 정말이지 내가 상상하는 것보다 훨씬 더 대단한 분이었다. 무한히 내 의견을 존중하는, 나를 자유롭게 하는 아버지!

"잉그리드, 이 결정은 너한테 달렸다. 너 혼자만이 결정할 수 있어. 만일 그 친구랑 결혼하고 싶다면 결혼하거라. 하지만 아니라면 하지 마라. 네 선택에 아빠는 조금도 중요치 않아. 그래서도 안 되고. 네가 승낙하면 그 친구랑 사는 건 너고, 중요한 건 너야. 그러니 네 인생을 어떻게 살아갈 건지 잘 생각한 뒤에 결정을 내리거라. 하지만 예스든 노든 네 선택은 너한테 다 좋은 것이 될 거다."

그날, 아버지는 나에게 자유와 책임의 날개를 달아주었다.

몇 주 후 나는 마우리치오와 헤어졌고, 프랑스행 여행가방을 챙겼다.

3 1980년 성년이 된 나는 바칼로레아(대학입학 자격시험)에 합격하고 파리에 살면서 시앙스포(Sciences-Po: 프랑스 최고의 정치학교) 입학시험을 준비하고 있었다.

여전히 대사관에서 근무하던 어머니와는 좀 더 가까워졌고, 보고타에 혼자 있는 아버지와는 좀 더 멀어졌다. 그러나 다만 지리상으로만 그랬다는 뜻이다. 청소년기의 어려운 시기를 지나면서 아버지와 나는 엄청나게 견고한 유대를 형성하게 되었기 때문이다. 아빠는 이혼의 고통을 극복했고, 내 장래를 위해 자신의 모든 이해력과 사랑을 쏟아부었다.

우리는 시앙스포에 들어가겠다는 내 결정을 놓고 오랫동안 토론했다. 아버지는 정치에 관해서 상반된 두 입장을 지니고 있었다. 자신이 교육장관으로서 했던 것처럼 조국을 위해 봉사하는 것보다 더 숭고한 일은 없다고 확신하면서도, 아버지는 국민들의 혈세로 부를 쌓아가는 직업적 정치꾼들과 국가 재정을 약탈하는 콜롬비아 정치계에 대해서는 당연히 극도의 경멸감을 품고 있었다. 아버지는 내가 혼란스러운 현실에서 멀리 벗어나 철학을 좋아하는 사색적인 처녀라고 생각했고, 장관 시절 자신이 교류조차 거부했던 부패한 정치집단에 내가 발을 들여놓으리라고는 상상도 할 수 없었다. 사실, 나 역시 생각조차 하지 못한 일이긴 했다. 당시 나는 15년 후 오로지 부정부패 척결을 위해 철저하게 짜인 정치 프로그램을 가지고 내가 하원의원, 그리고 이어서 상원의원으로 뽑히리라고는 단 한순간도 상상해본 적이 없었다.

아니, 생각해보면 그건 아니었다. 내 기억 속에는, 포슈 가 시절, 그랜드 피아노 아래 숨어서 저명한 콜롬비아 정치인들이 이러저러한 조치를 제때 취하지 않을 경우 우리나라가 처하게 될 위험에 대해 염려하는 것을 들으면서 느꼈던 가슴 저미는 강렬한 감동이 늘 머물고 있었다. 이런 결정에 힘을 실어주고, 조국의 앞날에 기여하려는 욕망이 이미 그때 내 무의식 어딘가에 분명히 내재되어 있었다. 하지만 그 욕망을 표현할 단어를 못 찾던 나는 시앙스포가 내 간절한 열망에 정확히 부합한다고 아버지를 설득하려 했다. 그러다 갑자기 포슈 가 시절, 일요일마다 침대에서 보내던 아침이 떠올랐다. 아빠는 그런 아침이면 1주일에 한 번 소포로 보내온 콜롬비아 신문들을 샅샅이 훑었고, 나는 엄마 아빠 사이에 누워서 기사 제목들을 읽어치우곤 했다. 아빠가 근심스러운 기색이거나, 만평에 웃을 때면 나는 설명해달라고 했고, 아빠는 귀찮아할 때도 있었지만 마다 않고 설명해주었다.

"제가 어렸을 때 아빠랑 신문 읽는 걸 얼마나 좋아했는지 생각나세요?"

"물론이지, 네 엄마가 그런 우리를 아주 재미있어 했지."

"그때부터 전 세상 돌아가는 일에 관심이 많았죠. 시앙스포도 그래서 들어가려는 거예요. 철학을 좋아하긴 하지만, 현실 속에서 행동하며 살고 싶어요."

그사이 나는 도서관에서 많은 시간을 보내고 있었다. 행동과는 멀리 떨어진 시기였다. 지식에 대한 갈증은 채워지지 않았다. 국가가 어떻게 운영되는지, 행정부와 입법부가 어떻게 서로 조화를 이루는지 이해하고 싶었고, 이 모든 것 뒤에 숨어 있는 파행적 비리를 파내고, 그에 대한 방책을 구상해보고 싶었다. 어떤 이유로 프랑스와 같은 일부 민주주의 국가들은 부패를 건전하게 막을 수 있는 반면에, 콜롬비아와 같은 일부 국가들은 송두리째 부패로 붕괴해가는 것인가? 나는 시앙스포 도서관과 그곳에 배어 있는 성찰과 침묵의 분위기를 좋아했다.

당시 학업에 몰두하고픈 내 욕망은 너무나 강렬해서 엄마 곁을 떠나 혼자 살기로 결심했다. 다시 한 번 더 아버지가 나를 도와주었다.

"아파트를 구하거라, 잉그리드야. 나머지는 신경 쓰지 말고. 내가 알아서 하마."

이렇게 고적하면서도 흡족한 독립생활을 하던 어느 날, 식당에서 네 살배기가 내게 다가왔다. 너무나 사랑스러운 꼬마 천사가 나를 바라보았고, 우리는 몇 마디 얘기를 나누었다. 하지만 내가 본능적으로 고개를 돌려 꼬마의 엄마를 찾았을 때, 내 시선에 와 닿은 것은 어느 남자의 미소였다. 그는 꼬마와 단 둘이었고, 서른쯤 되어 보였다. 우리는 곧 친밀감을 느꼈다. 엄마는 출장 중인가 보죠? 아니요, 이혼했어요. 이 말 끝에 그는 베이비시터를 찾고 있다고 했다. 잘 되었네요, 마침 제가 돈이 필요했거든요. 우리는 웃었다.

이렇게 해서 파브리스와 세바스티앵이 내 인생으로 들어왔다. 파브리스는 나와 만나기 얼마 전부터 프랑스 외무부 상무관으로 일하고 있었다. 우리는 정치에 대한 관심과 나라 밖에서 벌어지는 일들에 대한 호기심을 공유하고 있었다. 그는 프랑스 사람이었다. 그가 콜롬비아에 대해 갖고 있는 이미지는 폭력이 난무하는 혼란스러운 나라였다. 그는 내가 그 이미지와 도무지 어울리지 않는다고 말했다. 적갈색 머리, 진주목걸이, 완벽한 프랑스어 때문에 내가 프랑스 사람인 줄 알았다고 했다. 나는 프랑스에 깊은 정서적 유대감을 갖고 있지만 동시에 내 조국 콜롬비아를 너무나 사랑한다고 말했다. 10년 뒤, 보고타로 돌아가려는 억누를 수 없는 욕망 때문에 지금 막 시작되고 있는 이 사랑의 관계가 말 그대로 깨져버리리라는 것을 이때는 상상조차 할 수 없었다.

파브리스는 총명하고, 교양 있고, 세상에 대해 열려 있고, 세련된 미남이었다. 말하자면 아버지가 내게 심어준 이상적 남성의 특성을 다 갖추고 있었다. 우리는 곧 서로의 사랑을 확인하고 영원히 함께 할 것을 약속했다. 그리고 우리 사이에는 한줄기 햇살 같은 세바스티앵이 있었다. 세바스티앵에게 모성애를 느끼는 나 자신에 놀랐고, 가정을 이루고 싶은 욕구가 생겨나는 것을 느낄 수 있었다. 그래, 우리는 결혼할 거야, 함께 여행할 거고 또 아이들도 가질 거야. 함께라면 우리의 모든 꿈이 가능할 것처럼 보였다. 사랑이라는 경이로움 속에서 우리는 서로를 신뢰했다. 무한한 신뢰감이었다.

머지않아 파브리스는 캐나다 몬트리올로 발령이 났다. 떨어져 있는 내 고통을 조금이나마 보상해준 것은 다시 혼자서 책에 둘러싸여 맛보는 독서의 즐거움이었다. 퀘벡 주에 잠깐씩 그를 만나러 갔고, 파리로 오면 다시 틀어박혀 책을 읽었다. 시앙스포에 입학한 나는 공부를 해나갈수록 더욱 더 국가 운영이라는 복잡한 메커니즘과 잘 들어맞는 나 자신을 발견할 수 있었다. 공공 업무는 나의 정열을 불러일으켰고, 이제는 국가라는 놀라운 기계의 톱니바퀴가 어떻게 맞물리는지, 의원과 공무원 각각의 개인적 윤리에 성패가 달려 있는 민주주의란 얼마나 부서지기 쉬운 것인가를 알게 되었다. 이 모든 지식을 실천에 옮길 꿈을 꾸면서도 동시에 아직 급한 것은 없다고 여겼다. 졸업장을 받은 뒤, 내게 제일 중요했던 것은 마침내 파브리스와 함께할 수 있다는 것이었다.

결혼 1년째인 1983년 그는 에콰도르의 키토로 발령났고, 나로서는 이 부임지가 말 그대로 선물이 되었다. 콜롬비아와 접한 나라에서 살게 된 것이었다! 나는 언젠가는 콜롬비아에 돌아가 살겠다는 소망을 밝혔고, 우리는 이에 대해 자주 대화를 나누었다. 그러나 파브리스는 그다지 긍정적인 반응을 보이지 않았다. 그는 막연히 콜롬비아를 두려워하고 있었다. 그러나 그와 세바스티앵은 콜롬비아의 공용어인 스페인어를 배우고 싶어했다. 얼마 가지 않아 그는 억양 없는 스페인어를 완벽히 구사하게 되었다. 키토는 내게 있어 조국으로 돌아가기 위한 첫걸음 같은 것이었다.

적어도 내 소망은 그런 것이었다. 그러나 실제로 벌어진 것은 정확히 그 반대였다. 에콰도르에서 보낸 3년간의 생활은 파브리스로 하여금 보고타 발령 신청을 포기하도록 만들어버렸다. 가까이에서 바라본 콜롬비아의 현실은 실망스러운 것이었고, 불행히도 그가 품고 있던 최악의 예감과 맞아떨어지는 것이었다. 경기는 침체되고, 1984년 법무장관 암살을 신호탄으로 해서 마약밀매단들이 정부를 상대로 전쟁을 선포하고, 반군(叛軍) 게릴라들은 무장활동을 재개하고 있었다. 나라는 분명히 재앙—1989년 한 해만도 2만 3,000명이 살해되었다—으로 치닫고 있었고, 파브리스는 이런 공포의 소용돌이 속에서 아이들을 키우고 싶지가 않았다.

바로 그때, 나는 임신했고, 1985년 9월 멜라니가 태어났다. 멜라니는 내가 바라던 보고타가 아니라 파브리스가 발령받은 지상낙원, 인도양의 햇빛 찬란한 세이셸에서 첫 걸음마를 떼었다.

멜라니를 얻고 엄마가 된 가눌 수 없는 행복감은 동시에 부모님의 이혼 뒤에 겪었던 유년기의 슬픔을 다시 떠올리게 했다. 날아가버린 행복에 대한 향수를 느꼈고, 놀랍게도 나는 세상을 배워가는 어린 딸을 중심으로 다시금 가족들간의 화해를 꿈꾸고 있었다. 12월 25일은 멜라니에겐 첫 크리스마스였고, 내겐 스물네 번째 생일이었으며, 12월 31일은 엄마의 생신이었다. 이 모든 것들로 해서 한 가지 발상이 떠올랐고, 난 너무나 잘 되기를 바란 나머지 그에 따를 위험을 미처 재어보지도 못했다.

어머니에게 우리와 함께 크리스마스를 보내러 오시라고 긴 편지를 썼다. 손녀딸을 위해서, 먼 땅에서 고립감을 느끼는 나를 위해서. 그리고 아빠가 자기는 초대받지 않았는데 엄마가 먼저 초대받은 것을 알게 되면 상처받을 테니 아무에게도 이 사실을 알리지 말라고 엄마에게 당부했다. 아버지에게도 똑같은 내용의 편지를 보냈다. 엄마가 이 사실을 알게 되면 무척 괴로워할 테니 절대 비밀로 해달라고. 며칠 후 두 분은 비밀을 지키겠다고 약속하면서 기쁜 마음으로 내 초대에 응한다는 답장을 보내왔다.

두 분은 정확히 10년 전에 대전쟁을 벌였는데, 한 지붕 아래서 지낼 수 있을 것인가? 화해시키려는 내 좋은 의도는 얼마든지 더 나쁜 상황으로 반전될 수 있었고, 멜라니의 첫 크리스마스는 악몽이 될 수도 있었다.

아빠가 엄마보다 1주일 먼저 도착했다. 엄마가 오는 것을 아빠가 알면 첫 비행기로 다시 떠날 분이기 때문에, 나는 파브리스, 시부모님, 다른 모든 사람들에게 이 사실을 비밀로 해달라고 말해두었다. 사건은 엄마가 도착하기 전날 터졌다. 누가 비밀을 발설했을까? 이 문제는 영원히 알 수 없는 수수께끼가 되었다.

"잉그리드, 넌 나한테 이럴 권리가 없어! 미리 알려주었다면 오지 않았을 거다."

"그래요, 아빠. 두 분께 알려드려야 했겠지만 그랬으면 아빠는 여기 안 오셨을 거예요. 나는 두 분이랑 같이 있고 싶었단 말이에요. 물론 내 입장만 고려한 이기적인 발상이었어요. 인정해요. 하지만, 제게 크리스마스 선물을 정말 주실 생각이라면 우리랑 크리스마스를 보낸 다음 아무때고 떠나세요. 엄마 아빠는 우리 집 양쪽 끝 방에 머무르실 거고, 원하지 않으면 서로 얘기 나누실 일도 없을 거예요. 다른 해결책은 엄마가 타고 오는 비행기로 떠나시는 거예요. 그러면 엄마를 안 볼 테니까요. 난 너무나 큰 슬픔을 맛보겠지만, 아빠를 이해할 거예요. 하긴 내가 너무 밀어붙였어요. 죄송해요."

아빠가 불평을 누그러뜨리지 않아, 나는 아빠가 정말 비행기를 타고 가버릴 거라고 생각했다. 하지만 이튿날 아침 일곱 시 내가 엄마를 맞으러 공항에 나가려고 차리는데 아빠가 고요히 잠들어 있고 여행가방도 챙기지 않은 것을 보았다.

"엄마, 아빠도 오셨어요. 지금 우리 집에 계세요."

"뭐라고? 잘 되었구나! 내가 오는 걸 아시니?"

"네."

"날 보겠대? 뭐라고 하셔?"

"가서 직접 보세요."

사실, 서로 만나보지 않고는 믿을 수 없는 일이었다. 두 분은 세상 만사를 잊고 얘기하고, 용서하고, 웃고, 울고, 그렇게도 격렬하게 끊어져버린 관계의 좋은 부분을 인내심 있게 다시 이어가면서 한 달 가량을 함께 보냈다. 나는 감동으로 벅차오르는 가슴을 안고 이 모든 과정을 지켜보았다. 지금도 멜라니는 제 외할아버지 외할머니가 믿기지 않을 만치 친밀한 사이라는 것밖에 모른다. 몇 년이 지나 멜라니가 외할아버지에게 물어보았다.

"할아버지는 왜 욜란다 할머니랑 같이 안 살아요?"

"아가야, 할아버지는 책이 하도 많아서 할머니가 앉을 자리가 없단다."

세이셸에서 보낸 잊을 수 없는 크리스마스 몇 달 전에 엄마는 대사관 일을 그만두었고 파리를 떠나 보고타에 영구 귀국했다. 어머니는 자신감과 힘을 되찾았고, 1986년 초 놀라운 의욕을 가지고 의원 선거에 뛰어들었다. 어머니는 애착을 가진 사회사업을 재개하고, 게릴라와 마약밀매단에 의해 도시로 쫓겨난 농촌 가정—그 아이들은 보고타 시내를 떠돌다 구호기관에 수용되곤 했다—을 대변하기 위해 의원이 되고자 했다.

그렇게 해서 어머니는 나와 콜롬비아를 이어주는 각별한 끈이 되었다. 거의 매일 우리는 전화로 대화를 나누었다. 현장에서 정통한 소식을 접하던 어머니는 드디어 의원으로 선출되면서 더욱 확실한 정보들을 얻게 되었다. 어머니가 들려주는 소식들은 나를 뒤흔들었다. 콜롬비아는 불행할 수밖에 없는 운명인 것 같았고, 소멸될 것만 같았다. 루이스 산의 화산 폭발로 2만 5,000명을 잃은 아르메로 지역처럼 천재가 닥치거나, 아니면 게릴라가 국가의 심장부를 강타하곤 했다. 1985년에는 좌익 게릴라 조직 중 하나인 M-19 (Movimiento 19 de Abril: 1970년 4월 19일 부정선거 이후 1973년 결성된 자생적 사회주의 게릴라 조직)가 최고법원 재판소를 접수했고, 군대가 이를 진압하는 과정에서 판사 50여 명을 포함한 100여 명이 사망한 일도 있었다.

조국이 고통을 받고 있는 동안, 그리고 어머니가 투쟁하고 있는 동안, 나는 지상낙원인 세이셸에 있었다. 프랑스 외교관의 아내로 호화찬란한 집에 살면서 멜라니를 산보시키고, 종종 열리는 만찬이나 파티를 위해 이것저것 지시하는 것 말고는 달리 할 일이 없었다. 꼭 남의 자리에 앉아 있는 것만 같았다. 동포들의 고통과 동떨어져서 누리는 내 행복은 점점 공허해져 갔고, 합당치 않은 것으로 느껴졌다. 세상의 어떤 행복도 콜롬비아에서 벌어지고 있는 것에 비하면 사소한 것으로 보였다. 하지만 내가 무엇을 할 수 있었겠는가? 남편 파브리스는 행복했고, 콜롬비아인이 아닌 그가 내 나라에서 일어나는 참상에 조금이라도 끼어들 이유가 무엇이었겠는가? 세월이 흐른 뒤 나는 엄마를 떠올렸다. 파리 포슈 가에 사는 대사님의 아름답고 헌신적인 아내, 그러나 남편에 대한 사랑과 자신에게 소중한 사람들이 있는 보고타에 더 이상 있을 수 없다는 절망감 사이에서 은밀히 번뇌하던 어머니를! 정말이지 사람의 역사는 이따금씩 잔인하게 반복되는구나, 라는 생각이 들었다.

1986년 여름, 더 이상 견딜 수 없게 된 나는 멜라니에게 조국을 보여준다는 핑계를 대고 콜롬비아에서 두 달을 보내기로 결심했다. 파브리스는 일 때문에 묶여 있어서 멜라니와 둘이서 날아갔다. 7년 전 시앙스포에 들어가기 위해 보고타를 떠난 후 이 이상야릇한 도시의 모든 것이 그리웠다. 가파른 산들—보고타는 해발 2,600미터가 넘는 고원에 자리잡고 있다—, 거리의 미친 듯한 소음, 때때로 무겁게 내려앉는 하늘, 모든 것을 쓸어가는 비, 그리고 언제나 우수에 차 있는 콜롬비아 사람들의 진지한 검은 눈동자. 모든 게 그리웠다. 이 짧은 '귀국'에서 나는 무엇을 기대했던 것일까? 아무것도 아닌 동시에 모든 것을 기대했다. 콜롬비아 사람들이 나를 형제로 인정해주기를, 멜라니를 받아들여 주기를, 우리도 그들과 같은 공기를 마시도록 해주기를 바랐다. 나는 콜롬비아의 현실 속에 있지 않았다. 떨어져 있다는 죄책감이 불러놓은 이상만 가득했고, 어쩔 수 없는 인생의 흐름 때문에 단 한 번도 고통을 함께 하지 못한 조국을 향한 순박하고 고집스러운 사랑만 가득했다. 그러나 이 몇 주간 내게 생긴 일들은 나를 잔인한 현실 속으로 뛰어들게 했다.

어머니가 거기 있었다. 끊임없이 의원 사무실과 현장을 뛰어다니면서 많은 사업을 활기차게 추진하고 있었다. 그분은 나의 열망과 또한 동요를 알아차렸고, 동북부 대서양 연안 마이카오 지역 출장에 동행하자고 제의했다. 그곳 주민들은 마약밀매에 의존해 살고 있었다. 일부는 엄청난 치부를 했고, 많은 이들은 죽임을 당했고, 소수의 주민들은 곤궁하게 연명하고 있는 무법지대였다. 어머니는 이 지역 주민들과 얘기를 나누고 해결책을 제시하기 위해 의원 20여 명과 함께 의욕적으로 나서는 것이라고 했다. 나는 어머니의 말을 믿었고, 사실 우리는 그런 현장 탐문이 최상의 활동방식이라고 믿었다. 그리고 우리는 함께 떠났다.

탐문작업을 하러 갔던 우리는 무엇보다 사태가 돌아가는 모양새에 놀랐다. 한 일이라고는 많이 웃고 마시는 게 전부인 이상한 여행이었다. 나중에야 이 여행이 얼마나 부적절한 것이었는지 이해하게 되었다. 도착하는 곳마다 유쾌한 향연과 민속공연, 재담으로 우리를 맞이하는 것이었다. 대체 민중은 어디 있는가? 지역의원들은 지역 주민들과 소상인들의 불만을 대변하는 대신 자신들을 부각시키는 데만 전념했다. 우리 일행 가운데 특별히 축제의 주인공으로 부각되어 다른 의원들보다 더 많은 박수를 받은 사람이 있었다. 이 기회에 알게 된 그의 이름은 바로 삼페르였다. 그는 어머니의 친구이자 같은 의원으로, 누구라도 웃지 않고는 못 배기는 유머를 구사하는 사람이었다. 그는 고삐 풀린 듯이 설쳐대면서 기회를 놓치지 않고 이 사람 저 사람을 조롱하고 모든 것을 농담거리로 삼았으며 술을 물처럼 마셔댔다. 이따금씩 주민의 탄원을 꼼꼼히 적는 척했지만 책상 한 귀퉁이에 적어놓은 종이를 내던지고 잊어버렸다.

마약밀매단 거물들과의 오찬 도중, 그가 순전히 선거를 의식한 선동적 발언을 하는 것을 듣고 나는 경악했다.

"여러분은 물론 세금을 내지 않는 상거래를 하고 있습니다. 하지만 콜롬비아 사람이라면 누가 그것을 마다하겠습니까? 조치를 취해야 하지만 만인에게 적용될 수 있는 조치라야 합니다. 그동안, 여러분들만이 깨진 항아리 값을 치러야 한다는 것을 저는 정말 이해할수가 없습니다."

그 일이 있은 뒤 어느 날 밤, 엄마와 나는 호텔 방에서 그에 대해 얘기를 나누었다.

"그 남자, 삼페르라는 사람 말이에요, 왜 다들 그 사람 발 아래 설설 기죠?"

"몰랐니? 대통령이 될 거니까 그렇지!"

"맙소사! 말도 안 되는 소리예요. 사람들에게 듣기 좋은 소리만 늘어놓고, 농담에 희롱만 일삼는 어릿광대가 설마 대통령이 되는 건 아니겠죠?"

"아니야, 그는 대통령이 될 절호의 기회를 잡고 있는 셈이지. 어쨌든 자유당 과반수가 그를 지지하고 있어."

8년 뒤, 실제로 마약밀매단의 뒷돈으로 대통령이 된 삼페르는, 확신컨대, 소송에서 자신에게 불리한 증언을 할 증인 대부분을 암살하도록 했고, 여러 차례 내 입을 막으려고 들었다.

그러나 1986년 순진했던 나는 콜롬비아 정치인들의 작태를 처음으로 관찰했고, 아버지가 왜 그들을 경계했는지 비로소 이해하게 되었다. 어머니는 아버지보다 좀 더 유연했다. 놀랍게도 그리고 혐오스럽게도 어머니는, 콜롬비아에서 부패는 고질병이고, 부패를 없애기 위해서는 의원들과 일정한 관계를 유지하면서 타개책을 모색할 수밖에 없다고 체념 섞인 대답을 했다. 그리고 아직 공식적으로 표명한 바는 없지만, 나 역시 내심으로는 어머니의 의견에 동의하고 있다. 어쨌든 호랑이를 잡으려면 호랑이 굴에 직접 뛰어들어 가서 싸워야만 하는 것이니까. 국민들의 참상에는 전혀 관심 없고, 국민들의 등을 쳐서 치부할 생각만 하는 사람들에게 나라의 운명을 내맡길 수는 없다고 생각한다. 여행에서 돌아온 지 며칠 후, 나는 어머니에게 정치에 입문하겠다고 밝혔다. 하지만 그것은 나도 모르게 툭 튀어나와 버린 일종의 신앙고백이었고, 나는 이 고백이 내 인생에 미칠 여파를 미처 다 헤아리지도 못했다.

의회는 한창 회기 중이었고, 어머니는 나에게 의원 업무 보조직을 제안했다. 나는 복도, 의원 사무실, 본회의장을 통해 의사당의 참모습을 발견하게 되었다. 또한 모든 직원들이 얼마나 엄마를 좋아하는지 알게 되어 너무나 기뻤다. 사람들은 엄마를 반가이 맞아주었고, 정겹게 포옹하고, 어머니에게 모든 얘기를 털어놓았다. 처음 며칠은 나를 방문객석에 앉히더니, 얼마 안 있어 엄마를 기쁘게 해주고 싶었던지 정리(廷吏)가 본회의장 엄마 의석 옆에 내가 앉을 수 있도록 해주었다. 마치 내가 의원이 된 것 같았다. 파리 학창 시절, 프랑스 의회에서 몇몇 토의를 지켜보았던 나는 이곳 콜롬비아에서는 의원들이 자료도 없이, 그저 주목받기 위해 끊임없이 즉흥적으로 발언하는 것을 보면서 충격을 받았다. 그들은 개인적인 성찰을 조금도 거치지 않은 듯했고, 의제와는 아무 상관도 없는 사람들처럼 보였다. 이를 목격한 뒤로 의원들 대부분이 국가의 요구에 부응하지 못한다는 내 인상이 조금씩 굳어져 갔다.

어느 날 오후 개회 중에 엄마와 나란히 앉았던 나는 엄마를 돌아보았다. 그리고 미처 생각도 못 하고 말했다.

"언젠가는 나도 여기 앉을 거예요."

이 말에 놀란 엄마의 얼굴이 환히 밝아졌다.

"그래, 꼭 그렇게 될 거야."

엄마와 나는 감동으로 두 손을 꼭 붙잡았다.

어떻게 내 꿈을 이룰 것인가? 아무 계획도 없었다. 나는 세이셸에 살고 있었고, 프랑스 외교관인 남편은 콜롬비아에 발도 들여놓으려 하지 않았다. 내 인생은 콜롬비아 의사당과는 완전히 등을 돌리고 있었다. 그렇지만 나는 엄숙하게 선서하듯이 엄마에게 내 뜻을 밝혔다. 말들이 그냥 저절로 나와버린 것이었다.

1986년 그해 여름 콜롬비아에서 보낸 내 삶에는 또한 심장이 쇠약해져 가는 아버지도 있었다.

어느 날 밤 늦게, 아버지가 전화했다.

"잉그리드야, 내일 병원에 진찰받으러 갈 건데, 나랑 같이 가줄 수 있겠니?"

그 말을 듣자마자 나는 심각한 상황임을 알아차렸다. 그렇지 않다면 속내 얘기를 하실 분이 아니었다. 그만큼 과묵하고 신중한 아버지였다.

"당연하죠, 아빠. 갈게요."

진찰 결과 하루라도 빨리 수술을 해야만 했다. 동맥이 완전히 막혀버렸다고 했다. 70대 노인에게는 위험 부담이 많은 심각한 수술이었다.

수술 전날, 나는 병원을 한발자국도 떠나지 않았다. 우린 많은 얘기를 나누었다. 아버지는 모든 문서를 정리해두었다면서 지금이 마지막 순간이 될지도 모른다는 것을 자신이 잘 알고 있음을 내비쳤다. 간호사들이 데리러 왔을 때, 아버지는 명랑하면서도 끔찍한 농담을 던졌다.

"얘야, 우리 다리 저편에서 다시 만나자."

무슨 다리? 인생의 다리? 혈관 잇는 수술을 빗대어 말한 걸까?

수술 후, 아버지는 호스로 뒤범벅이 되어 돌아왔다. 가슴에 압박대를 두르고, 마취 때문에 삶과 죽음의 경계에서 혼곤히 잠들어 있었다. 나는 아버지가 마취에서 빨리 깨어나도록 서두르지 않았다. 앞으로 그분이 견뎌야 할 고통을 짐작하고 있었기에. 아버지의 손을 붙잡고 마취가 깨기를 기다렸다. 마침내 살며시 눈을 뜨더니 다시 감고, 이렇게 몇 차례 반복했다. 그리고 나를 보고는 희미한 미소를 지었다. 무언가 말하려기에 내 귀를 가까이 가져갔다.

"의사들이 내 심장에서 무얼 발견했는지 아니?"

"아니요. 무얼 발견했는데요?"

"네 이름."

"아빠!"

나는 아빠 얼굴을 감싸안고 내 볼에 비벼댔다. 아빠를 안은 채로 나는 기쁨의 눈물을 흘렸다. 아빠는 이제 살아나신 거야, 그 위험한 다리를 건너신 거야.

3일 뒤 아버지가 침대에 앉아 있는 모습을 볼 수 있었다. 하지만 아버지는 창백했고, 가쁜 호흡을 몰아쉬고 있었다.

"아프세요? 어떻게 해드릴까요?"

"다시 침대에 눕혀다오. 괜찮을 거야."

두 팔로 아버지를 안는데 갑자기 천근만근 무겁게 느껴지더니 나까지 함께 침대에 나동그라졌다. 순식간에 심전도가 경보를 울렸고, 아버지는 호흡을 멈추었다. 돌아가셨다는 끔찍한 느낌을 받은 순간, 나는 벼랑 끝에서 떠밀린 사람처럼 울부짖었다. 숨이 막히도록 울부짖는데 건장한 남자 보조사 10여 명이 우르르 몰려오는 것이 보였다. 그들은 순식간에 아버지를 침대에 바로 누이고 아버지 위에 격렬하게 올라탔다. 마치 작은 인형에 생명을 불어넣기 위해 씨름꾼들이 무지막지한 힘을 쏟아붓는 황당한 게임을 보는 느낌이었다. 그 무기력한 잿빛 인형은 바로 우리 아버지였다. 보조사들이 돌아가며 심장 소생술을 실시했고 조금씩 아버지의 심장은 뛰기 시작하더니, 몇 차례 박동이 있고 나서 천천히 생명의 리듬을 찾아갔다. 시계 바늘과 일치해 움직이기 시작한 것이다.

한 시간 후, 나를 내보냈던 의사들이 들어와도 된다고 했다. 아빠는 내 손을 다정하게 잡더니 장난치듯 물었다.

"어떠냐, 놀랐지?"

이 순간부터, 내가 멀리 떨어져 없는 사이에 아버지가 돌아가실지도 모른다는 불안이 내 안에 자리잡게 되었다. 사실, 엄마를 찾아 파리로 떠나기로 결정해서 아버지를 보고타에 홀로 남겨둔 일을 후회하고 있었다. 그런 고독한 상황에서 돌아가실지 모른다는 생각은 견디기 어려운 것이었다. 이 사건은 장차 나의 행로에 큰 영향을 미치게 된다.

다시 세이셸에서 여유있고 편안한 가정생활이 시작되었지만 내겐 점점 불만이 쌓여가는 갑갑한 생활일 뿐이었다. 다시 어머니와 거의 매일 전화 통화를 시작했다. 당시, 어머니는 1986년에 뽑힌 신임 대통령 비르힐리오 바르코에게 모든 희망을 걸고 있었다. 어머니는 그가 보고타 시장으로 재직할 때 사회문제 담당 부시장이었기 때문에 그를 잘 알고 있었다. 그는 뛰어난 지성인으로, 최고위직 임무에 완벽하게 들어맞는 대단히 도덕적인 인물이었다. 그는 콜롬비아 경제를 개방하고, 게릴라와 평화협상을 벌이는 동시에 콜롬비아를 넘어서서 미국까지도 불안케 하는 막강한 재정력을 가진 범죄 집단인 마약 카르텔과 가차없는 전쟁을 벌일 수 있는 자질을 갖고 있다고 어머니는 평가했다.

그러나 몇 달이 지나면서 어머니의 희망은 사그라졌다. 임기 4년의 대통령직을 순로롭게 시작한 바르코 대통령은 권력의 고삐를 하나씩 놓치게 되면서 동요하는 기색을 보였다. 나중에 알게 되었지만, 그는 알츠하이머 병에 걸려 있었다. 나라로선 불행이 아닐 수 없었다. 이렇게 해서 마약밀매단이 활개치게 되고, 특히 메데인(콜롬비아 북서부 안티오키아 주의 주도로 콜롬비아산 코카인을 각국에 불법으로 판매하는 중심지로 알려져 있음)을 중심으로 한 마약 카르텔의 두목 파블로 에스코바르는 나라 전체를 공포에 떨게 했다. 메데인과 보고타 시내 한복판 슈퍼마켓에서 무자비한 폭탄 테러전이 대상을 가리지 않고 벌어져 여자와 아이들이 죽어갔다. 공포에 질린 국민들은 마피아로 인해 서서히 부패해가는 정부에 더 이상 미래를 걸 수 없었고, 무기력하게 국가조직의 와해를 지켜볼 수밖에 없었다.

이어서 어머니가 묘하게도 다시 용기를 되찾는 것을 전화 통화로 느낄 수 있었다. 바르코의 후임자들 가운데 한 사람인 갈란이 어머니에게 다시 희망을 불어넣은 것이었다. 갈란은 갓 마흔을 넘긴 자유당 의원으로, 몇 년 전, 보선으로 뽑힌 메데인 카르텔의 두목 에스코바르를 탈당시키고 의사당에서 쫓아낼 것을 강력히 요구하면서 부상한 인물이었다. 엄격한 도덕성을 갖춘 그는 폭탄 테러전이 난무하는 그 상황 속에서도, 미국이 요구하는 마약밀매 범죄자들을 인도하는 조약에 콜롬비아가 서명해야 한다고 겁도 없이 주장했다. 마피아들은 콜롬비아 교도소 수감 따위는 콧방귀도 뀌지 않았다. 뇌물만 먹이면 그대로 풀려날 수 있었으니까. 반면, 미국으로 인도되는 것은 다시는 돌아올 수 없는 길이었기 때문에 두려워했다.

범죄자 인도 주장의 첨병으로서 갈란이 자신의 목숨이 위태롭다는 것과 마피아가 자기를 살해하리라는 것을 의식하고 있었던 만큼 그의 용기와 정의감은 진가를 발휘하는 것이었다. 어머니는 시간이 흐르면서 자유당 대통령 후보 제1순위로 부상하기에 이른 이 정치인에게 매료되었다.

1989년 초 선거전에 접어들자 어머니는 갈란의 선거캠프를 맡게 되었다. 두 사람 사이에 강력한 유대관계가 형성되었고, 갈란보다 나이가 많은 어머니는 다소 모성애적인 우정을 품고 있었다. 나와 전화 통화를 할 때 어머니는 이따금씩 마치 자기 아들인 양 얘기하곤 했다. 다른 정치 지도자들을 한 번도 신뢰할 수 없었던 까닭에 어머니는 그를 전적으로 신뢰했고, 그를 위해 모든 에너지를 쏟아부었다.

어머니는 내게 종종 얘기하곤 했다.

"잉그리드, 갈란은 콜롬비아의 마지막 희망이야. 반드시 그가 뽑혀야 해."

이렇게 해서 나는 어머니를 통해 콜롬비아의 극적 사건들을 접하게 되었다. 그러나 콜롬비아는 우리 부부에게 갈등의 원인이 되어 갔다. 나는 이제 그곳으로 돌아가고 싶다는 생각만 했고, 남편 파브리스는 계속해서 결단을 내리지 못하고 있었다. 그러나 그는 콜롬비아와 비교적 근접한 지역의 근무를 수락했다. 로스앤젤레스였다. 세이셸을 떠나 미국에 정착했지만 나는 여전히 고향에서 멀리 떨어진 절망감에 빠져 있었다.

그해 1988년 로렌소가 태어났고, 1989년 여름, 로렌소를 시부모님께 보여준다는 명목으로 로렌소와 단둘이 프랑스로 떠났다. 실상은 멀리 떨어져서 생각을 정리할 필요에서였다. 중대한 결정의 문턱에서 있던 나는 여유를 가지고 숙고하고 싶었다.

프랑스에서는 포슈 가와 시앙스포 시절의 옛 지인들을 다시 만났다. 여름이 한창인 프랑스를 향수에 잠겨 여행하면서 친구들 집에서 한적한 오후를 보내거나 오렌지빛 석양을 바라보며 저녁 식사를 하곤 했다.

1989년 8월 18일 성들이 줄지어 있는 루아르 강 근처에 사는 친구 집에서였다. 로렌소와 다정한 시간을 보낸 나는 긴장이 풀린 평온함을 맛보고 있었다. 한 번도 불면증에 시달린 적이 없는 나는 아무데서나 잘 잤고, 특히 그날 저녁은 푹 고꾸라져 잘 것만 같았다. 그런데 이상하게도 잠이 오지 않았고, 시간이 흐를수록 알 수 없는 불안감이 가슴을 죄어오기 시작했다. 엄마가 떠올랐고, 두려운 생각이 들었다. 바보 같은 생각이야, 갈란과 함께 일한 다음부터 엄마는 그 어느 때보다 활기차고 당당해, 라고 아무리 되뇌어도 소용이 없었고 불안감이 가시질 않았다. 침대에 걸터앉아 불편한 마음으로 흐르는 시간을 세고 있었다. 내가 지금 우울증에 빠진 걸까? 공포에 사로잡혀 말문이 막힌 채 세상에 태어나서 가장 낯선 밤을 보내고 있었다. 갑자기 엄마 품에 따뜻이 안기고픈 욕구가 생겨났고, 엄마만이 나를 달래줄 거라는 생각이 치솟았다.

다음 날 아침 여덟 시, 부스럭거리며 사람들이 깨어나는 소리가 들려왔고, 마침내 다른 사람을 방해하지 않을 만큼 시간이 되자 엄마에게 전화했다. 그곳은 자정쯤일 테니 엄마를 깨우긴 하겠지만 어쩔 수가 없었다.

"엄마, 이렇게 밤늦게 전화해서 죄송해요. 하지만, 어쩔 수 없었어요."

곧이어 엄마의 울음소리가 들렸다. 영원 같던 한순간, 엄마는 슬픔에 잠겨 말을 잇지 못했다.

"잉그리드! 잉그리드……. 갈란 후보가 암살되었어."

"맙소사! 정말이에요? 아니 언제요? 언제냐구요?"

"오늘 저녁에……. 내가 그 옆에 있었어. 바로 세 시간 전에……."

우리는 함께 울었다. 엄마와 콜롬비아 국민들 곁에서 이 비극을 함께 하지 못한다는, 달랠 길 없는 깊은 상처가 내 고통을 가중시켰다. 콜롬비아 국민들이 지금까지도 그 대가를 치르고 있는 갈란의 죽음은 내 인생에 돌이킬 수 없는 단절을 불러왔다.

엄마는 사건 즉시 로스앤젤레스로 전화를 했지만 나와 통화하지 못했다며, 내 전화를 너무나 기다렸노라고 했다.

그리고는 조금 진정하고는 자초지종을 들려주었다.

갈란은 보고타 변두리 서민지역 소아카에서 야외 집회를 열려는 찰나에 암살되었다. 그날 아침, 엄마는 갈란이 이 집회에 참석하지 못하도록 거의 언성을 높여가며 말렸지만 결국 그렇게 되었다는 것이다.

"내가 그 장소를 사전답사했는데, 이 집회는 완전히 미친 짓이에요. 나무로 둘러싸인 뻥 뚫린 광장 한가운데서 연설하게 될 텐데, 머리 위에서 총을 쏘아대기엔 아주 이상적인 장소더군요."

그 말과 함께 어머니는 이미 1주일 전, 갈란이 메데인에서 가까스로 암살 위기를 모면했던 일을 상기시켰다. 다행히 타이머가 잘못 조정되는 바람에 폭탄은 갈란이 탄 차량이 지나간 직후에 터졌던 것이다.

"내가 소아카에 안 간다는 건 있을 수 없어요."

갈란은 딱 잘라 대답했다.

"그들이 내 목을 노리고 있다는 핑계로 선거기간 내내 숨어다닐 수는 없습니다. 내 입을 막고, 날 약화시키는 것이 바로 그들이 원하는 겁니다. 난 거기 갈 겁니다."

"입을 막는 게 아니에요. 특별히 이번 집회가 너무 위험하다는 거지요."

"우기지 마세요, 난 갈 겁니다."

"제 말을 듣지 않으시는군요. 전 그 장소가 어쩐지 맘에 안 들어요, 무서운 느낌이 드네요."

"욜란다! 다음 지시가 있을 때까지, 앞으로 집회 참석 여부는 제가 결정하겠습니다. 나는 이번 집회에 특별히 애착이 가고, 무슨 일이 있어도 갈 겁니다."

그러자 그를 아끼던 어머니가 말했다.

"화내지 마세요. 어쨌든 가고 말리라는 것, 잘 알고 있어요. 그럼, 사태를 냉정하게 고려해보죠. 우리가 어떻게 경호해야 할까요?"

갈란은 진정하고 대답했다.

"나도 사실은 불안해요. 아시죠? 그래서 내무장관에게 전화했더니 건장한 경호원 열 사람과 사이드 카를 추가로 보내주기로 했습니다. 방탄 차량하고요. 또 오늘 아침부터 광장 경계태세에 들어간다고 확언했습니다."

"좋아요. 하지만, 연설할 때는 차 안에 있지 않을 텐데요."

"알아요. 하지만 이보다 더 잘 준비할 수는 없습니다. 욜란다, 괜찮을 겁니다. 자, 이제 각자 일터로 돌아갑시다!"

집회는 저녁 여덟 시로 예정되어 있었다. 어머니는 한 시간 일찍 현장에 도착했다. 기사에게 눈에 잘 띄지 않는 곳에 주차하도록 이르고 차 안에서 거리의 동태를 주시했다. 지지자들이 이마에 띠를 두르고 모여 있었고, 군중도 속속 모여들었다. 건물 유리창에는 많은 인파가 모인 광경에 들뜬 구경꾼들이 거리를 내려다보고 있었다. 어머니는 가벼운 현기증을 느꼈다. 마치 투우가 입장하기 직전의 투우장 같았다.

이윽고 갈란이 탄 차량이 도착했고, 어머니 차 옆에 주차했다. 방탄 차량이긴 했지만 약속받았던 사이드 카는 없었다. 어머니가 차에서 내린 후 갈란도 차에서 내리는 것을 보고 어머니는 경악했다. 사람들이 그에게 몰려들어 에워쌌다.

"지금 뭐 하시는 거예요! 얼른 차 안에 들어가세요! 얼른요, 얼른!"

"욜란다, 제발……. 다른 계획이 있어요. 군중들은 나를 보아야만 합니다. 저기 픽업에 올라타서 광장을 한 바퀴 돌 겁니다."

"완전히 무책임한 짓이에요!"

"그만해요! 이제 나를 따라오세요. 경호원들이 같이 탈 겁니다."

사람들이 그를 픽업에 올려태웠고, 어머니는 그를 따라 뒤쪽 승강대에 올라탔다. 경호원들도 뒤에 올라탔다. 지지자들이 꽃을 던지자 갈란은 기뻐했다. 어머니는 여전히 위험을 느끼고 있었다. 갈란과 수행원들은 완전히 노출되어 시카리오라면 누구나 손쉽게 겨냥할 수 있는 무방비 상태가 되었다. 갈란은 무리에서 떨어져 나무 발판 위에 올라서서는 팔을 쫙 벌리고 군중을 향해 인사했다. 어머니는 제 정신이 아니었다. 바로 그때, 경호원 한 사람이 어머니의 팔을 잡았다.

"걱정 마십시오. 여기 한번 만져보세요."

어머니는 갈란이 방탄 조끼를 입은 것을 확인하고 조금 마음을 놓았다.

갈란이 돌아서더니 말했다.

"걱정 마세요, 다 잘 될 겁니다."

그는 의기양양, 행복한 표정이었다. 픽업이 시동을 걸더니 천천히 군중을 향해 움직였다. 그는 열화 같이 환호하는 군중에 답례했고, 분위기는 점점 더 고양되었다. 카리스마가 있는 갈란은 대중의 사랑을 받았다. 이제 어머니는 주변을 에워싼 열기에 조금씩 고무되어 더 이상 떨리지 않았다.

이 극도로 위험한 노출은 결국 성공리에 끝났다. 다시 자신감을 얻은 갈란은 픽업에서 뛰어내렸다. 연단에 올라가 마이크 앞에 서야 할 차례였다. 어머니는 그를 따라갔다. 어머니는 몇몇 다른 의원들과 함께 그의 뒤에 서기로 되어 있었다.

그가 '운명의 계단'에 올라서는 순간 어머니가 비틀거리면서 넘어졌다. 바로 그 순간 폭죽이 터지는 것 같은—어머니는 그 순간에 그렇게 믿었다—소리가 터져나왔다. 다시 일어서려고 하는데, 경호원들이 어머니를 땅에 격렬하게 밀어부쳤다. 누군가가 외쳤다.

"위에서 총을 쏜다!"

어머니가 눈을 들어 보니 갈란이 쓰러져 있었다. 이미 여러 발을 맞은 그의 개인 경호원이 갈란의 다리에 뒤엉켜 있었다.

급히 갈란을 실어갔고, 어머니는 경호원에 둘러싸여 이웃 구청건물 벽 뒤로 몸을 숨겨야 했다. 라디오에서 즉각 암살사건을 보도했다. 갈란은 사망하지 않았으며 O 마이너스형 피를 구한다고 덧붙였다. 어머니와 같은 혈액형이었다. 어머니는 현장에 있던 구급차를 타고, 갈란이 호송되었으리라 짐작되는 제일 가까운 병원으로 달려갔으나 그곳에 없었다. 수소문 끝에 사이렌을 울리면서 갈란이 실려온 병원에 도착했다.

차들이 아무데나 세워져 있었고, 병원은 완전히 공황상태였다. 방금 도착한 갈란은 아직도 들것에 뉘여 있었고, 어머니는 기겁한 간호사가 외치는 소리를 들었다.

"이게 무슨 일이죠? 이 사람 누구죠?"

"갈란 후보예요. 대통령 후보 루이스 카를로스 갈란. 제발 서둘러요. 지금 죽어가고 있단 말이에요."

사방을 뛰어다닌 끝에 갈란에게 수혈을 할 수 있었다. 어머니는 그의 죽음을 지켜본 유일한 측근이었다. 갈란의 가족들이 미처 도착하기 전이었다. 그는 의식을 차리지 못하고 잠시 후 숨을 거두었다. 모든 것이 끝나버린 것이었다.

내가 프랑스에서 엄마에게 전화했을 때, 엄마는 막 병원에서 돌아온 뒤였다. 갈란의 죽음은 어머니에겐 콜롬비아의 죽음이나 마찬가지였다. 슬픔에 빠진 어머니는 좌절할 수밖에 없었다. 그는 국가의 모든 조직을 잠식해가는 마피아에 저항할 수 있는 최후의 방파제였다. 어머니와 나는 두 시간이 넘게 통화했다. 내 입에서는 나도 모르게 같은 말이 연거푸 새어나왔다.

"제가 거기 있어야 했어요, 엄마. 제가 거기 있어야 했어요."

마치 숨길 수 없는 죄를 고백하듯이.

넉 달 후 난 마음을 정했다. 파브리스와 헤어진 나는 가방을 챙겨 보고타행 비행기에 혼자 올라탔다. 앞으로 나를 기다리고 있을 고통들, 즉 아이들과 떨어져 있어야 할 고통, 가정을 지키지 못하는 데 따르는 자책감—운명의 장난일까, 엄마도 15년 전에 자신의 가정을 파괴해야만 하지 않았던가—을 떠안게 될 것임을 철저히 인식하고 있었다. 하지만 그것은 내 나라 사람들 가운데 자리잡기 위해 치러야 할 대가라는 확신이 있었다.

4 1990년 1월 보고타에 도착하니 어머니는 상원의원직에 도전하기로 결심한 직후였다. 갈란의 죽음으로 낙담한 어머니는 너무나도 실망했지만, 갈란에 대한 충직한 연대감의 표시로 이 도전에 나선 것이었다. 돌연 이전의 삶과 단절한 나에게는 어머니의 선택이 콜롬비아의 끔찍한 상황 속에서도 미래를 향한 약속으로 받아들여졌다. 그것은 초라하지만 활활 타오르는 횃불이었고, 또 감당해낼 수 있다면 내가 다시 이어가야 할 횃불이기도 했다.

스물아홉에 직장도, 돈도 없는 나는 어머니 집으로 들어갔다. 당시는 어머니가 나를 조국 콜롬비아와 이어주는 유일한 끈이었다. 10여 년 전에 콜롬비아를 떠났던 나는 프랑스 학교 동창들과도 연락이 끊긴 상태였고, 그렇다고 개인적으로 아는 정치 스타도 없었다. 그런데 이상하게도 이런 아무것도 없는 상태가 오히려 나를 자극했다. 모든 것을 새로 시작하고 처음부터 배워야 했지만, 10년간의 기다림과 불만족으로 증폭된 욕망이 내 안에 있었다. 더욱 강인해진 나를 보면서, 난 자신감에 넘쳤다. 물론 멜라니와 로렌소가 보고 싶어 견디기 힘든 날도 있었지만, 그럴 때마다 파브리스는 아이들을 내게 보내 몇 달간 보고타에서 함께 머물도록 해주었다.

파브리스와 나는 이혼 가정 대부분이 겪는 고통스럽고 격렬한 갈등을 피해갈 수는 없었다. 하지만 곧바로 그는 대단히 너그러운 입장을 보여주었다. 또한 내가 귀국한 지 1년 뒤에는 아이들을 위해 보고타에 자리를 얻어 부임하게 되었다. 나를 잃어가면서까지 이 도시, 이 나라를 피하려고 그렇게도 발버둥쳤던 그가 말이다.

내 나라에서 산다는 기쁨은 이루 말할 수 없었다. 엄마는, 나와 함께 있으니 더 이상 거짓 시늉을 할 필요가 없고, 맘껏 자신의 심경을 토로할 수 있고 아무것도 감출 것이 없다고 했다. 그리고 나는 어머니가 들려주는 상황을 통해, 콜롬비아가 얼마나 잘못 되어 가고 있는지 파악할 수 있었다. 매일 아침 신문에서 얼굴을 익히게 되는 정치 지도자들이 내게는 이상도 없고 필요한 능력도 갖추지 못한, 그저 권력과 돈에 눈이 먼 사람들로 보였다. 결정적인 선거가 다가오고 있었다. 3월에 의회가 재개되고, 봄이 가기 전에 대통령 선거가 예정되어 있었다. 갈란이 암살되고 나서 사람들은 그를 대체할 수 있는 인물을 찾고 있었다. 삼페르의 이름이 거론되었다. 4년 전, 대서양 연안 지방 출장에서 우리를 그토록 웃겼던 신랄하고 입담 좋은 바로 그 사람이었다. 그러나 자유당은 결국 삼페르 대신 갈란의 선거 책임자로서 그의 정치적 유산을 더 잘 활용할 수 있는 세사르 가비리아를 선택했다.

어머니는 심각한 딜레마에 빠졌다. 가비리아를 전혀 신뢰하지 않았던 어머니는 그가 대단히 똑똑하긴 하지만, 원칙의 문제에 있어서 '너무 유연하다'는 이유로 견제하고 있었다. 그러나 그를 지지하는 것 외에는 다른 대안이 없었다. 그는 어머니가 속한 자유당의 후보였고, 갈란 가(家)가 공식 추대한 후보였다. 그리고 발군의 능력을 갖춘 다른 후보도 없었다.

어머니는 한탄했다.

"콜롬비아에선 종종 있는 일이지만, 우린 결국 덜 나쁜 후보를 미는 수밖에 없어."

어머니는 곧 양대 선거에 전력을 다해 뛰어들었다. 자신의 상원의원 재선과 가비리아 후보의 대통령 당선을 위한 것이었다. 어머니의 동반자이자 속내 이야기 상대였던 나는 차차 자문 역을 맡게 되었다. 시앙스포에서 배운 모든 것과 지금까지 열정을 갖고 키워 온 정부 운영에 대한 모든 구상들이 떠올랐다. 우리는 함께 선거포스터를 구상하고, 연설에서 펼쳐나가야 할 주제와 가장 설득력 있는 단어를 함께 연구했다. 콜롬비아의 상원의원은 상원에 진입하기 위해 하원의원보다 훨씬 많은 표를 얻어야 하고, 또 그만큼 더 큰 권위를 누린다. 어려운 선거였지만, 어머니는 결국 재선에 성공했고, 늘 그런 것처럼, 그것은 빈곤층의 지지 덕분이었다.

두 달 후, 가비리아 역시 대통령으로 선출되었다. 그러나 대권에 오르기도 전에 그는 이미 자신의 본색을 드러냈다. 어머니가 두려워했던 것처럼, 그는 마약밀매단 인도협정을 체결하겠다는 갈란의 대국민 약속을 부인함으로써 갈란을 배신해버렸다. 너무나 환멸을 느낀 어머니는 있는 힘을 다해 당 지도부에 격렬하게 항의했지만, 얻은 것은 적대감뿐이었다. 그 뒤 얼마 되지 않아 어머니는 갈란의 옛 노선을 따르는 당원이 자기뿐이라는 걸 알게 되었다.

선거가 끝나자 나는 실직 상태에 놓이게 되었다. 그러나 선거 집회, 유세 등으로 옮겨 다니다 보니 옛 지인들을 다시 만날 수 있었다. 그 중에는 고등학교 친구인 마우리시오 바르가스도 끼여 있었다. 여전히 명민한—그는 늘 반에서 일등이었다—마우리시오는 젊은 나이에 콜롬비아의 유력 주간지 『세마나』의 발행인이 되어 있었다. 가비리아 정부가 구성되자마자 마우리시오는 신임 재무장관에게 나를 추천했다면서 곧 면담이 있을 것이라고 전화로 알려주었다. 사실 난 내 앞길을 이미 선택해놓고 있었다. 나는 사업을 벌여서 돈을 많이 버는 것에는 애초에 관심이 없었고, 국가 운영에 참여하고 싶었다. 프랑스에서 귀국하던 대형 여객선 갑판에서 아버지가 했던 얘기를 언제나 간직하고 있었다.

"잉그리드야, 너가 어려서 받은 모든 혜택은 결국 콜롬비아에 갚아야 할 빚이라는 걸 잊지 마라."

재무장관 로돌포 오메스는 다행히도 무능하고 부패한 콜롬비아 정치집단 출신이 아니었다. 재무 분야에서 널리 알려져 있었고, 또 존경받는 대학교수 출신의 전문관료였다. 유능하고 엄정하다는 점에서, 그의 평판은 장관 시절의 우리 아버지와 비견할 만했다. 우연의 일치였을까? 재무부가 옛 교육부 건물로 이전해 오메스 장관은 아버지의 옛 집무실에서 나를 맞았다.

우리는 첫눈에 서로 친근감을 느꼈다. 날카로운 파란 눈을 가진, 작달막한 키의 장관은 내 유럽 유학 시절에 대해 물어보았다. 그는 내가 다른 곳이 아닌 유럽에서 유학한 점이 오히려 좋은 전조고, 또 다소 낭만적이라고 판단한 것 같았다. 나중에 알고 보니, 장관은 전원 모두 미국에서 공부한 영민한 청년 전문관료들에게 둘러싸여 있었다. 나만 유일하게 프랑스 대학 출신이었다.

면담 끝에 그가 물었다.

"좋아요. 더하기, 빼기를 잊어버리진 않았겠지요?"

"할 수 있을 겁니다."

"잘되었군. 같이 일해 봅시다. 내일부터 근무하는 겁니다."

"정확히 어느 부서인가요?"

"내일 알게 될 겁니다."

이튿날 아침 출근해 보니 장관 집무실 바로 옆에 있는 작은 방이 내 사무실이었다. 나는 장관의 기술고문 중 한 사람이었고, 비서 한 사람이 배정되었다.

내 비서는 정부의 세밀한 짜임새를 훤히 꿰뚫고 있는 소중한 보배였다. 출근하자마자 장관이 나를 불렀다.

"이 문건에 대해서 DNP와 접촉하고 보고하세요."

DNP라니? 나는 그것이 무엇인지조차 몰랐다. 비서가 웃음을 터뜨렸다.

"그건 국가기획청이에요. 제가 전화 연결해드릴게요."

행여나 내가 잘난 척했더라면, 얼마나 우스운 꼴이 되었을까. 그 순간 갑자기 나는 10년간의 외국생활이 얼마나 큰 핸디캡인가를 깨달았다. 나는 아무런 교분도 없었을 뿐만 아니라, 가장 평범한 콜롬비아 대학생도 알고 있을 사회 코드에도 반응할 줄 몰랐다. 내 나라 안에서 나는 이방인이나 마찬가지였다.

다음 날부터 장관 면담객들이 줄을 이으면서 내 이질감은 한층 더해갔다. 이 유명인사들은 장관 집무실에서 나오면서 내 사무실에 불쑥 들러서는 내게 인사를 건넸다.

"아니, 욜란다 딸 아니야! 엄마한테 안부 전해주세요, 보고 싶다고."

"세상에, 가브리엘 딸이잖아! 아버님을 내가 아주 존경하지. 자주 뵙지 못해서 너무나 섭섭하다고 전해주세요."

이 친절하고 상냥한 사람들은 물론 내가 그들을 잘 알 거라고 확신했지만, 나는 그들이 누군지, 틀림없이 높은 자리였겠지만 그 사람들의 직책이 어떤 건지 전혀 몰랐다. 나는 길고 긴 기억상실증에서 깨어나는 듯한 잔혹한 느낌을 받았고, 때때로 기억의 공백 때문에 현기증이 나를 엄습했다. 이들이 지금 내가 얼마나 막막한 느낌이고, 자신들을 콜롬비아에 공통적으로 결속시키는 관계를 내가 얼마나 모르는지 알게 된다면, 집안 모임에 낀 이방인을 대하듯이 당황해서 고개를 돌릴 것이라는 생각이 들었다.

그러나 나는 일이 좋았고, 이 업무 영역에서는 기획력과 추진력이 능란한 사교술보다 중요했다. 특히 나는, 앞으로 나아가는 유일한 방법은 각 문제에 해결책을 제시하는 것이라고 확신하고 있었다. 외면상 해결 불가능하다는 핑계로 사안 하나라도 결코 덮어두거나 지연시키지 말 것, 수수께끼를 풀고 매듭을 풀기 위해 필요하다면 천지를 뒤흔들어서라도 파고들어 갈 것. 나는 이러한 원칙을 갖고 내 작은 사무실에서 고집스레 일을 해나갔다. 행정상의 압박에도 포기하지 않고 일에 끝까지 매달려서 해결책을 찾으려는 내 열성에 장관도 큰 관심을 보였다.

그렇게 해서 오메스 장관과 나 사이에는 서로 존중해주면서도 한 편으로는 견제하는, 그렇지만 상당히 우호적인 관계가 형성되었다. 장관이 나를 견제했던 것은, 내가 너무 독립적이어서 그가 책임질 수 없는 방향으로 일을 추진할 수도 있다고 판단했기 때문이었다. 아무도 원치 않는 사안을 내게 맡긴 것은 이런 나를 시험해보기 위한 것이었을까?

"잉그리드, 방금 의회에서 태평양 연안지역 개발계획안을 제출하겠다고 확언하고 들어왔어요."

어느 날 아침, 장관이 말했다.

"이해관계가 상충되는 아주 복잡한 사안이 될 거요. 그러니 정책을 구상해본 다음, 정확한 수치가 들어간 계획안을 여섯 달 안에 제출하도록 하세요."

태평양 연안지역은 부에나벤투라에서 에콰도르 접경 투마코까지를 이른다. 나는 콜롬비아의 항구 도시인 그 두 곳에 한 번도 발을 들인 적이 없었고, 장관도 마찬가지였다. 사실, 그 지역을 아는 사람이 거의 없었던 것은 그곳에 이르는 진입로가 하나도 나 있지 않다는 단순한 이유 때문이었다. 많은 사람들이 그 지역을 탐내기 시작한 것은 칠레, 페루, 에콰도르 등 라틴 아메리카 이웃나라들뿐만 아니라 미국, 일본, 중국과 맺는 상호어업협정에 따라서 앞으로 개발의 소지가 충분했기 때문이었다. 그러나 개발을 기다리는 동안 자연 그대로 방치된 우리나라 태평양 연안지역은 값을 매길 수 없는 생태환경의 보고인 열대 밀림으로 콜롬비아의 '허파' 라 할 수 있었다. 경제적 이윤을 내걸고 이 밀림을 일부 파괴해야 할 것인가? 아니면, 우리나라 생태계 보호를 위해 탐욕스러운 정치꾼들과 기업주들의 압력에 맞서야 할 것인가?

곧이어 나는, 국가기획청, 그 유명한 DNP 내에 청년 전문가 두 사람이 이미 이 지역 개발 프로그램 가능성을 놓고 연구하고 있음을 알게 되었다. 우리는 함께 협력하기로 결정했다. 머지않아 소문이 나돌기 시작했고, 우리 팀에 압력이 가해지기 시작했다. 거창한 새우 수출 계획을 갖고 있다는 모 회사는 우리를 그곳으로 모셔가겠다고 제안했고, 또 다른 회사는 파인애플, 바나나 사업으로 일확천금할 수 있다며 현장을 안내하겠다고 나서기도 했다. 자신의 지역구가 태평양의 주요 수송항이 되기를 꿈꾸던 칼리와 메데인의 지방의원들도 앞다투어 우리의 관심을 끌려 했다. 단 하루도 초청이나 제안이 들어오지 않는 날이 없었다.

다가오는 위험을 감지한 우리 세 사람은 어느 날 아침, 정말이지 너무나 극성스러운 청탁인들을 피해 배낭을 짊어지고 부에나벤투라로 향했다. 현지 안내는 그곳에 사는 어느 촌로의 협조를 얻기로 했다. 그는 세상을 뜨기 전에 고향에 이바지하겠다는 소박한 욕심밖에 없는 노인이었다. 칼리에서 부에나벤투라까지는 차가 다닐 수 없는 코스였다. 그러나 이 코스가 태평양에 이르는 유일한 진입로였기 때문에 어쩔 수 없이 우리는 소형 비행기를 빌려 타야만 했다.

안내인은 약속장소에 미리 나와 있었다. 열흘간의 탐사일정 동안 이 노인은 우리를 어디에 태워 다닐 생각일까? 안내인은 선외 엔진이 달리긴 했지만 프랑스 파리의 불로뉴 숲 유원지에서 빌려주는 것과 같은 종류의, 바닥이 평평한 간이식 모터보트를 미리 준비해두고 있었다. 그러나 날씨는 우리 편이 아니었다. 태평양 연안에서 자주 볼 수 있는 것처럼, 어두운 바다에는 거센 파도가 일었고, 하늘은 무겁게 가라앉아 있었다. 보트에 올라타자 바닥으로 물이 스며들었고 구명조끼는 없었다. 그 순간에는 정말 살아날 수 있으리라고는 기대할 수 없었다. 그러나 잠시 후 우리는 공해(公海)를 벗어났고, 복잡한 강줄기를 따라가다가 맹그로브 숲에 들어섰다. 이제부터는 계속 밀림 속으로 들어가는 것이었다. 물은 그리 깊지 않았고, 신비한 생명체들로 가득했다. 게, 잔새우, 물고기, 열대 동물들이 거기 살고 있었다. 크지 않은 모터 소리에 새떼가 놀라 달아났다. 그런데 대체 주민들은 어디 있는 걸까? 그들은 모든 것에서 동떨어진 이 미지근한 늪지대에서 어떻게 살아남을 수 있는 걸까?

세 시간쯤 항해했을 때, 나뭇잎과 칡덩굴로 뒤덮인 깊숙한 곳에 오두막 몇 채가 드러났다. 초라하기 짝이 없는 오두막들은 사람이 살지 않는 것처럼 보였다. 우리가 탄 보트가 진흙투성이의 시커먼 반도를 향해 접어들자 아이들 열댓 명이 뛰쳐나왔다. 우리는 아이들이 던져준 통나무를 밟고 배에서 내렸다. 남자 두 사람이 멀리서 이 광경을 지켜보고 있었다.

그들은 키가 아주 큰 흑인들로, 반바지 하나만을 걸치고 있었다. 아이들의 환호성에 휩싸여 우리가 그들을 향해 걸어갈 때 어느 오두

막집 문이 열리면서 도저히 이 장소에 있을 것 같지 않은 여성이 나타났다. 순백의 티셔츠에 바지를 입고 하이힐을 신은, 초록빛 눈동자에 갈색 머리를 가진 너무나 아름다운 여성이었다.

아이들이 외쳤다.

"우리 선생님이에요."

우리를 기다리고 있었음에 틀림없었다. 여교사는 미소를 지으며 들어오라고 했다. 얼기설기 만든 책상들과 지도가 있었다. 세상에! 이라크와 이란 지도였다. 1991년 1월 그곳에선 사실 전쟁이 한창이었다. 열대 밀림 한가운데서 대체 여교사 혼자서 어떻게?

그녀가 대답했다.

"세상과 떨어져 있다거나 여러 불리한 조건들은 중요하지 않아요. 아이들은 세계를 배워야만 하죠."

얘기를 하다 보니, 이 여성이 남편과 아이들을 칼리에 남겨두고 어떻게 이곳에 오게 되었는지 알게 되었다. 칼리에서 교사 자리를 얻기 위해서는 두 가지 방법이 있었다. 부임 자리를 얻게 해준 지역 정치가에게 월급 일부를 상납하거나 여의치 않을 경우에는 그와 자는 것. 이 여교사는 둘 다 거부했기 때문에 1년간 이 '진흙 감옥'으로 쫓겨나는 벌을 받은 것이었다. 그러나 그녀는 이에 좌절하는 대신, 불가능한 도전에 나서기로 결심했다. 학교를 유지하고, 오래 전부터 교사라고는 본 적이 없는 마을 주민들에게 최소한의 문화라도 전해주는 것이었다.

"내가 여기 도착했을 때, 아이들은 강물을 그대로 마셨고 설사로 죽는 아이들도 많았지요. 그래서 주전자를 항상 불 위에 올려놓도록 각 가정을 설득했습니다."

여교사는 자신이 먼저 모범을 보였다. 그리고 화장실을 만들기 위해 구덩이를 파고, 모기에 물리지 않도록 하고, 다른 사람의 사생활을 존중하는 등 규칙을 부과해야만 했다. 부임 초기에는 어른, 아이 할 것 없이 선생이 강물에 목욕하는 것을 구경하러 달려오곤 했다는 얘기도 덧붙였다. 콜롬비아 정부가 한 일이라고는 이 오지마을에 여교사를 쫓아보낸 게 다였고, 그런 정부를 증오해야 할 여교사는 오히려 정부를 대신해 일하고 있는 것이었다. 나라 곳곳에서 만났던 이렇게 정직하고 강인한 사람들의 묵묵한 노력 덕택에 콜롬비아가 언젠가 다시 일어설 것임을 나는 알고 있다. 그들의 눈빛은 마치 지켜야 할 서약처럼 끊임없이 나를 따라다닌다. 그들이 나를 지켜보고 있다는 것, 그들이 내게서 바라는 것을 결코 잊을 수 없을 것이다.

이어서 로페스 데 미카이를 향해 보트를 돌렸다. 지붕들과 맹그로브 사이로 첨탑이 하나 솟아 있는 촌락이었다. 아, 여기는 그래도 정부에서 보건소를 지어놓았구나! 우리는 보건소를 먼저 방문했다. 의대 졸업반 학생 두 사람이 배치되어 있었지만 아무 진료도구도, 약도, 심지어 약솜 하나 없었다.

"한번 보시겠어요?"

의대생 한 사람이 우리들 관료들을 향해 다소 경멸적인 어투로 물었다.

"예, 그럴까요."

그는 알루미늄 상자를 열었고, 그 안에는 바늘이 녹슨 주사기가 달랑 하나 들어 있었다.

"이게 답니다."

그때, 우연의 일치로, 많은 것을 시사하는 비극적 장면이 연출되었다. 어느 일가족이 우리가 대화를 나누던 방으로 우르르 몰려오더니, 산모가 이제 곧 해산할 텐데, 제왕절개를 해야만 한다는 것이었다. 그러나 보건소에는 산모를 부에나벤투라까지 이송할 보트 한 척도 없어서 우리 것을 빌려주어야만 했다. 부에나벤투라에 가면 산모와 아기를 구해낼 의료장비들과 의사가 있기를 바라면서 우리가 할 수 있는 일은 그것밖에 없었다. 국민들이 이렇게 죽어가도록 내버려두는 자칭 민주국가 콜롬비아는 대체 어떻게 된 나라인가?

게다가 보건소 건물 자체도 완공된 것이 아니었다. 정부 예산을 얻어낸 지역의원이 자신과 심복들 몫으로 반을 챙겼기 때문이었다. 이 보건소는 무용지물이었지만, 그 의원은 자기가 보건소를 지었노라고 허풍을 떨 게 분명했다. 잔인한 아이러니는 어느 치과에서도 마찬가지였다. 치과 진료용 전기 의자는 어찌어찌 해서 할당받았으나, 전선 연결공사 자금이 부족해서 전기가 들어오지 않는다는 것이었다.

주민들에게는 이중의 고통이었다. 주민들은 정부의 도움을 받지 못하는 물적 피해뿐만 아니라, 정부가 가진 것 없는 그들에게는 너무나 소중하게 쓰일 예산을 허비함으로써 자신들이 기만당하고 농락당하고 있다는 심적 고통인 허탈감도 느껴야 했다.

얼마 후 도착한 촌마을 엘차르코는 완전히 아수라장이었다. 가옥 대부분에 불이 나서 주민들은 숨막히는 연기 속에서 사방으로 뛰어다니면서 양동이로 물을 쏟아 붓고 있었다. 제대로 된 다리가 놓여진 상당히 큰 마을이었고 평탄한 비포장도로도 나 있었다. 경황없는 와

중이라 아무도 우리에게 관심을 보이지 못했다. 다시 평정을 되찾자, 온전하게 남아 있는 건물 앞에 아이들이 줄을 섰다. 식료품 가게였다. 가게 주인은 공짜로 먹을 것을 나누어주었다. 다른 나라에서라면 정부가 해야 할 일이었다. 잠시 후, 집집마다 저녁을 준비했다. 집은 잃어버렸지만, 희망을 잃은 것처럼 보이지는 않았다. 사람들은 밥을 먹었고, 조용히 대화했고, 아이들은 웃었다. 정부 부처에서 왔다는 우리가 빈손으로 나타난 것이 부끄러울 지경이었다. 그러나 마을사람들은 친절했고, 재가 되어버린 집들을 모두 다시 지을 것이라고 말했다. 말할 것도 없이, 그들은 우리에게서 아무것도 기대하지 않았다. 콜롬비아 정부가 그들을 최소한이나마 원조해야 한다고 우리가 설명했을 때, 그들이 요구한 것은 단 하나, 부에나벤투라 병원에 신속하게 갈 수 있는 소형 모터보트가 전부였다. 이 운송수단이 없어서 아이들, 임산부, 노인들이 죽어가고 있었던 것이다.

우리는 마지막 여정인 투마코에서 하선했다. 그곳에는 '돈'이 있었다. 손으로 느낄 수 있는 추잡한 돈이. 『천일야화』의 궁전들처럼 요란한 저택들이 아스팔트도 깔리지 않은 길에 세워져 있었고, 입이 다물어지지 않을 만큼 호화스러운 승용차와 개인 요트들과 거대한 수출입 기업들이 있었다. 특히 지역의원들을 포함한 일부는 밀수입에 깊숙이 빠져 있었다. 보란 듯이 돈을 쳐 바른 구역 바로 옆에는 바닷물에 말뚝을 박아 세운 비참한 수중가옥 구역이 있었다. 바로 이곳에서 기업가들에게 그렇게 많은 이익을 가져다주는 노동자와 그 가족들이 살고 있었다. 주민 3,000여 명이 습기로 썩어들어 가는 가건물에 북적대며 살았고, 그 아래로는 파도에 끝없이 떠다니는 쓰레기

더미가 떠 있었다.

　계속해서 정부는 그들을 재입주시키겠다고 공약했지만, 아무런 조치도 없었다. 투마코에서 시행되는 모든 것에서 뒷돈을 챙기는 한패거리 상원의원과 하원의원은 하루 속히 이들을 마른 땅 육지로 이주시켜야 할 필요성을 느끼지 않았다. 버림받고 모욕당한 주민들을 위해 홀로 싸우고 있는 사제를 만났을 때, 우리는 투마코 의원들의 무관심이 얼마나 가증스럽고 엄청난 해악인지 알게 되었다. 그곳은 해일이 빈번했고, 허술한 가건물들은 그 충격을 견디지 못했다. 10년에 한 번 꼴로 어른, 아이들과 함께 수중가옥이 휩쓸려가는 처참한 재해가 반복되고 있었다. 생존자와 또 가난 때문에 떠밀려온 새 입주자들은 같은 자리에 다시 집을 지으면서, '자연보다 더 잔인한 인간' 들보다 차라리 '잔인한 자연' 을 택하는 것이었다.

　무엇인가 해야만 했다. 우리는 편지를 써서 정부에 경종을 울리려 했지만 헛일이었다. 아무도 움직이지 않았다. 수년 후, 내가 의원이 되었을 때, 투마코에 해일이 일어 2,000명 이상이 떼죽음을 당했다. 그날, 오열을 삼키면서 나는 콜롬비아에서 가장 시급하고 정당한 투쟁은 진정한 의미의 지도자들을 배출하는 일이라는 걸 뼈저리게 느낄 수 있었다.

　지역적 특성을 보전하는 데 관심이 컸던 우리는 의원들의 사기와 체계적인 공금횡령을 확인하게 되면서, 본질적으로 환경친화적인 개발안과 함께 해당 지역 주민들이 그 개발안에 대해 의사결정을 할 수 있도록 하는 안건을 만들기 시작했다. 정치꾼과 모리배들이 주장하는 황당무계한 대공사가 아니라, 그 지역산 재료를 사용하는 공동체 자체 공사, 특히 상하수도 공사를 권장했다. 또한 학교와 의료체계의 개발을 강조했다. 곧이어, 이 프로그램을 혼자 맡게 된 나는 보고타 와 칼리를 여러 차례 왕복했다. 장관은 나를 지지했고, 지역의원들과 너무나 깊게 밀착된 일부 관료들은 설득할 수 없었지만, 상당수 언론 과 국민들의 동의를 얻어낼 수 있었다.

하루는 칼리 지역이 어느 서민주택 준공식에 나를 초대했다. 거기 서 만난 경제개발장관은 다름아닌 삼페르였다.

"잉그리드, 반갑군요! 잘 지내시오? 멋있어, 점점 엄마를 닮아가 는군."

변함없는 넉살에 태평스러운 농담도 그대로였다.

"그런데, 여기서 뭐 하는 게요?"

나는 태평양 연안지역 개발안을 마무리했다고 설명했다. 그는 갑 자기 내가 하는 이야기에 큰 관심을 보였다. 평소에 농담만 떠벌리는 그로서는 퍽 놀라운 일이었다.

"개발안 사본을 보여주겠소?"

그가 물었다.

"잠깐만요! 벌써 두 달 전에 장관님 책상에 갖다놓았는데요! 경제 개발장관으로서 맨 첫 번째 수신인이라는 건 알고 계시죠?"

"그래요, 그래. 들어가서 한번 읽어보지. 그런데, 계속 얘기해요. 그러니까, 주거문제에 대해서는……."

그에게 개발안의 세부사항과 추정 예산을 낱낱이 설명해주고 나서 우리는 헤어졌다. 그는 오후에 발표문을 낭독해야 했고, 나는 회의가 여럿 잡혀 있었다.

　이튿날 아침 신문을 펼쳐보고 얼마나 놀랐는지! 1면에 이런 근사한 제목이 실려 있었다. '삼페르 장관, 태평양 개발계획 착수 수백만 달러 투자 예정.'

　그 전날 내가 얘기한 모든 것이 요약되어 실려 있었다. 당연히, 내가 보인 첫 반응은 믿을 수 없이 뻔뻔스러운 그 작자에게 웃음을 터뜨리는 것이었다. 15분간 대화한 내용을 추려내서, 단 한 차례 숙고도 없이, 최소한의 협의도 없이 수만 명의 삶이 걸려 있는 엄청난 사안을 발표해버렸다. 그러나 웃음은 곧 멎었고, 분노가 치밀었다. 삼페르 장관의 행동은 재무장관의 업적을 가로챔으로써 용인할 수 없는 파렴치함을 입증하는 것이었고, 오로지 자유당의 내분을 피하기 위해서 그를 묵인하고 있던 정부를 비웃는 것이었다. 신념도, 확신도 전무한 그의 권력쟁취 전략은 전적으로 허풍과 호언장담에 근거한 것이었다.

　이 일은 처음부터 개발안을 추진했던 내 상관인 오메스 장관에게는 치욕이었다. 보고타에 돌아가자마자 나는 심한 질책을 당했다. 하지만 정말 심각한 것은 우리가 곧 잊어버리게 될 이 입싸움이 아니었다. 정말 심각한 것은 삼페르 장관의 돌발 행동으로 인해 태평양 계획이 싹이 트기도 전에 죽어버린 것이었다. 그 이유는 간단했다. 대통령 선거 때부터 삼페르 장관을 증오했던 가비리아 대통령은 자신의 라이벌인 삼페르 장관이 이 개발안으로 다음 선거에서 유리한 고지를 차지하는 것을 절대로 원치 않았기 때문이었다. 그 이유로 해서 가비리아 대통령은 지역 주민들이 희망하던 이 모든 조치들을 서둘러 축소시키다가 결국 매장해버렸다.

그 다음에 나는 '뜨거운 감자' 라 할 수 있는 밀수입과 관련된 업무를 넘겨받게 되었다. 이 사안은 시급한 것이었다. 세금도 없이 밀수입되어 국내시장에서 국산제품보다 훨씬 싼 가격에 팔리는 외국제품들의 홍수로 콜롬비아 산업은 죽어가고 있었다. 특히 밀수입된 미국담배에 숨통이 막힌 국내 담배산업의 경우가 가장 심했다. 직물, 신발, 주류 제품 역시 위협당하고 있었다. 그러나 한편으로는 상당수 국민들이 이런 불법 상거래로 생계를 꾸리고 있었기 때문에 하루 아침에 당장 사태를 변화시키려는 것도 무책임한 일이 될 터였다. 그래서 우리는 소위 '자유상거래지대' 를 지역에 따라 제한해 실시하는 방안을 고려했다. 그 지대 내에서는 밀수품과 경쟁할 수 있도록 국산품에 세금을 면제하자는 것이었다. 국산담배가 같은 값이라면, 더 싸다면, 무엇 때문에 미국담배를 밀수입하겠는가?

이 과도기 정책이 시행되면 우리가 밀수와 그에 따른 부패의 고리를 없애는 동안 지역 주민들은 상거래를 계속할 수 있었다.

이 방안의 존폐 여부는 시민들이 동조하느냐에 달려 있었다. 그래서 우리들 '전문관료' 세 사람은 대서양 연안의 밀수입 거점인 마이카오로 떠났다. 1986년 여름에 어머니를 수행해 의원들과 '초현실주의적인' 출장을 갔던 바로 그곳이었다. 마이카오는 더 이상 신나는 선술집 분위기가 아니었다. 공항에는 도요타 소형트럭이 대기해 있었는데, 트럭엔 마치 벌집처럼 뚫린 총탄 구멍들이 나 있었다.

"대체 이 차에 무슨 일이 있었죠?"

우리가 물었다.

기사는 침울한 얼굴로 대답했다.

"이곳은 아주 위험한 뎁니다. 조심하셔야 합니다. 사람들이 아주 난폭하거든요."

마치 우리가 이 경고를 이해하지 못했다는 듯이, 마이카오 진입로에는 "정부 파견인들 물러가라!"라는 대형 현수막이 걸려 있었다. 상인들은 환영 인사로 상점 문을 모두 닫아걸었다. 말하자면, 철시 작전이었다. 사방에는 "물러가라!"라는 전단이 흩어져 있었다.

공개집회는 오후 다섯 시에 상인클럽에서 열릴 예정이었다. 집회 장소는 500여 명을 수용할 수 있는 대형 방갈로였다. 우리가 들어섰을 때, 장내는 감전될 것 같은 분위기였다. 성난 눈빛의 남자 군중들 틈에 그 지역 인디언 복장을 한 여성이 유일하게 끼어 있었다. 더욱 염려스러웠던 것은 위스키 병들이 돌아다니는 것이었다. 대기는 무겁게 가라앉았고, 우리 모두는 진땀을 흘렸다.

우리 셋 가운데 청일점인 레오나르도가 군중의 말 없는 빈정거림을 받아가며 기술적인 관점에서 계획안을 설명하기 시작했다. 곧이어 사람들이 손을 들어 의사 표시를 하기 시작하더니 여섯 시부터 무려 네 시간 동안이나 마이크를 잡고 놓아주지 않았다. 군중들은 술과 분노, 더위에 자극받아 조금씩 어조가 높아졌고, 마침내는 증오에 가득 찬 욕설을 내뱉기에 이르렀다.

"정부가 우리한테 덫을 놓는 거라고!"

"이게 다 세금을 더 걷어 가려는 짓이야!"

"정부관리가 납시면 골칫거리만 생긴다니까!"

레오나르도가 다시 사태를 수습하려는 찰나, 만취한 사람들이 다가오더니 주먹을 불끈 쥐고 침을 튀겨가며 위협했다.

"거짓말쟁이들! 쩨쩨한 공무원 놈들! 너희가 이 지역 사정을 알긴 무얼 알아! 썩 꺼져!"

동료가 내 귀에다 대고 소곤댔다.

"우리 도망쳐요. 안 그러면 맞아 죽을 거 같아요."

그러나 내 생각엔 도망치는 것은 이미 신통치 않은 정부의 이미지에 먹칠을 하는 것밖에 되지 않았다. 나는 우리에게 남은 마지막 카드를 꺼내기로 했다. 바로 콜롬비아인들의 가슴에 언제나 살아 있는 '여성에 대한 정중함'이었다. 나는 일어서서 마이크를 잡았다.

"여기 보니 남성분들밖에 계시지 않는군요."

나는 정중하게 말했다.

"몇 시간 전부터 우리는 함께 하고 있습니다. 전 이 긴 시간 동안 여러분 가운데 단 한 분만이라도 저희에게 말할 기회를 주시겠지 하고 기대했답니다. 그런데 어느 분도 그런 우아한 예절을 베푸시지 않네요."

이 말에 술이 깨기라도 한 듯, 장내는 고요해졌다. 좌중은 쭈그리고 앉아 투덜대더니 곧 잠잠해졌다. 나는 이때다 싶어 말을 이어나갔다.

"여러분이 지키려는 것은 무엇인가요? 장사하기 위해 서로 죽여야만 하는 그런 고장인가요? 저희는 여기까지 총탄으로 벌집이 된 차를 타고 왔습니다. 이런 환경에서 여러분의 자녀들을 키우고 또 아내들을 살게 하실 건가요? 그렇다면, 가정과 행복, 그리고 인생에 대해서는 어떤 생각들을 갖고 계신지요? 여러분들 가운데 가장 부유한 사람들은 철조망을 둘러친 담장과 쇠창살, 감시 카메라 뒤에 숨어 살고 있고, 밤이 되면 집에 들어가 잘 수 있을지 결코 안심할 수 없습니다. 이런 공포 속에 살아야 한다면 부자라는 것이 무슨 소용이 있을까요? 여러분 모두는 부패와 밀수에 발목 잡힌 포로들입니다. 여러분의 아내와 아이들이 평범하고 정직한 상인들과 함께 사는 가정을 더 원하지 않는지 한번 생각해보셨나요? 성공이 곧 총구의 과녁이 되지 않는 그런 상인 말입니다. 제가 한 가지 좋은 소식을 알려드리지요. 지금 우리는 어떻게 해서든 물건을 팔아보려고 온 것이 아닙니다. 자유상거래지대는 우리 모두의 이익을 위한 것입니다. 그렇지만 여러분의 뜻에 반해서 시행하지는 않을 것입니다. 절대로 그런 일은 없을 것입니다. 여러분이 원하신다면 다행이고, 원하지 않으신다면 여러분은 해마다 여러분 가운데 수십 명이 죽어나가는 무법 천지에 남게 될 것입니다. 저는 개인적으로 이 계획이 여러분 자녀들의 안위를 위한 것이라고 봅니다."

좌중은 서로 쳐다보고 웅얼거리더니 다시 고요해졌다. 조금 전보다는 덜 경계하는 눈빛이 역력했다. 그러나 시각이 너무 늦어 우리는 내일 다시 만나기로 했다. 하지만 오늘처럼 500명 군중이 아니라 그들의 대표단과 만나기로 했다. 여섯 달 후, 마이카오, 우라바, 투마코에서 자유상거래지대법이 발효되었다.

그 즈음, 젊은 후안 마누엘 산토스 대외교역장관이 나를 불렀다.

이 부처는 여러 가지 시장개방 요구에 부응하기 위해 갓 창설된 부처였고, 하버드 대학 출신으로 세계화에 적극 찬동하는 산토스 장관은 최첨단 경제활동에 정통한, 미래의 정치 세대를 상징하는 인물이었다. 콜롬비아 명가의 후계자인 그는 이 부처를 통솔하기 위해 콜롬비아 최대 일간지 『엘 티엠포』의 경영주 자리까지 포기했다. 그는 콜롬비아가 더 이상 외국과의 교역을 피해 우물 안 개구리처럼 살 수는 없으며, 대외 교류에 적극 나서기 위해서는 지체하지 말고 국제법규들을 채택해야 한다고 확신하고 있었다. 산토스는 그 중에서도 특히 산업재산권의 준수, 즉 특허권이 시급한 문제라고 생각했다. 산토스가 나를 부른 것은 바로 특허법을 엄정하게 시행하기 위해서였다.

그렇게 해서 나는 콜롬비아 경제가 후진성을 벗어나지 못하는 주요 이유들 가운데 하나를 알게 되었다. 우리나라는 특허권 준수에 관한 모든 것에서 조약 체결을 거부해왔기 때문에 연구 및 개발 분야에서 국제 산업계는 우리에게 등을 돌리고 있었다. 설상가상으로 콜롬비아는 불법 복제품과 표절의 국가라는 오명을 쓰고 있었다. 의약 신제품이 세계시장에 출시되면, 우리는 그 약품을 합법적으로 수입하는 대신 복제품을 만들었다. 내가 탐문했던 지저분한 창고들에서 최소한의 위생시설도 없이, 아무런 검사도 거치지 않고 유럽이나 북미 의약연구소와 자칭 '완전히 똑같은' 약품이 만들어지고 있었다. 그러나 그 복제 약품들이 병을 고치는 게 아니라 오히려 악화시키거나 심지어는 사람을 죽음에 이르게 할 수 있다는 것은 쉽사리 짐작할 수 있는 일이었다. 우리는 임시방편으로 대충 짜맞추는 국민성을 갖고 있다. 우리는 우리가 제일 약은 체하지만, 그것은 불법과 체계화된 부정행위 때문에 우리가 산업 연구개발의 모든 성과를 다 놓쳤다는 점을 간과하는 것밖에는 안 되는 일이었다. 그 결과, '메이드 인 콜롬비아' 제품은 다른 나라 제품과 비교할 때 낙후할 수밖에 없고, 따라서 수출도 할 수 없었다.

내친 김에 나는 일본, 홍콩, 타이완, 한국 등 태평양 지역 국가들을 순회하면서 그들이 어떻게 국제 교역을 발전시켰는지 보게 되었다. 나는 원칙을 지키고, 국제 상윤리를 따르려 애쓰는 콜롬비아의 새로운 이미지를 보여주었다. 이런 내 노력을 뒷받침한 것은 우리나라 최고의 기업가들, 특히 화훼업자들이었다. 화훼업자들이 미국과 네덜란드 등에서 신품종을 수입하기 위해서는 새로운 특허법 시행이 절대적으로 필요했고, 세계시장을 정복하기 위해서도 마찬가지였다.

이렇게 2년여를 열정적으로 일하던 어느 날, 산토스 장관이 각료회의에 자신을 수행하도록 요청했다. 직장동료이자 친구인 클라라도 우리와 동행했다. 산토스 장관은 그날 발표를 할 예정이었고, 은밀하게 그를 보좌하는 것이 나와 클라라의 임무였다. 그곳에서 나는 각료회의의 운영방식을 알게 되었고, 또한 가비리아 대통령의 지성과 신속한 대응력, 각 사안에 대한 탁월한 지식에 완전히 매료되었다. 그는 세계 경제 메커니즘에 대한 정확한 이해와 방대한 교양을 입증하면서 해결해야 할 문제 각각의 쟁점을 완벽하게 집어냈다. 그런데 이상하게도 결정을 내려야 할 순간이 되면 그는 야심적인 추론에서 갑자기 선회해 신통치 않아보이는 타협안으로 낙착을 보는 것이었다. 클라라도 나와 같은 인상을 받았다고 했다. 대통령과 각료들은 정말 해야만 할 일을 뚜렷이 알고 있었다. 하지만 나는 우리가 꿈꾸는 현

대화와는 양립될 수 없는 해결책들로 번번이 할 수 없이 물러서게끔 하는 무언가 보이지 않는 압력, 비밀스러운 충성서약에 복종하고 있다는 느낌을 받게 되었다.

매우 혼란스러워진 클라라와 나는 대통령 관저에서 나와, 대외교역부로 들어가기 전에 카페에 들어가 간단한 식사를 했다. 오전의 각료회의 과정을 되짚어 보니, 비중 있는 막후인물들의 이익을 만족시키기 위해 국익이 항상 뒷자리로 밀려나고 있음이 명백했다.

"정말 끔찍해."

클라라가 말했다.

"우리가 아무리 새로운 것을 제안해보아야 다 결국은 이런 압력단체들에 부딪혀 좌초될 거야. 그들은 아무것도 변하지 않아야 득을 보는 거니까."

"우리가 '전격적'으로 뛰어들지 않는 한은 그럴 거야."

"무슨 얘기야? 전격적이라니?"

"우린 단지 전문공무원일 뿐이야, 클라라. 해결책을 제시할 권리와 의무가 있다고. 하지만, 우린 그 해결책들을 시행할 수 있는 힘이 없어. 실제로는 아무런 권한도 없는 거지. 진짜 권력은 정치인들 손아귀에 들어 있어."

그쯤 해서 대화를 멈추고 우리는 일어섰다. 1주일 후, 함께 점심을 하면서 지난 번 대화를 이어갔다.

"클라라, 곰곰 생각해보았는데, 이런 조건에서 뼈 빠지게 일해보아야 아무 소득이 없는 거 같아."

"사기업으로 옮길 생각이야? 하긴, 그쪽이 더 많이 벌긴 할 거야."

"알면서 그러니? 우리가 돈 때문에 이 일을 하는 게 아니잖아! 그게 아니라구. 클라라, 우리 뛰어들면 어떨까?"

"뛰어들다니, 어디에? 지금 무슨 얘기를 하는 거야?"

"당연히, 정치에 뛰어든단 얘기지!"

"그래? 사실 나도 그런 생각을 한 적이 있었어. 하지만 공무원한테 금지되어 있어. 정부공무원으로 일하면서 의원직을 노릴 수는 없어."

"확실해?"

"그럴 걸."

"우리 한번 같이 알아보자. 그럴 거지?"

그날 오후, 우리는 선거위원회에 장문의 편지를 보냈다. 그때 클라라는 대외교역부의 부서장이었고, 나는 장관의 기술고문이었다. 이런 직책에 있으면서, 예를 들면 의원직에 출마할 권리가 있는 것인지 궁금했다.

때는 1993년 8월이었고, 의원 선거는 다음 해 3월에 있었다.

그리고 나서 우리는 그 편지 건을 잊어버렸다.

한 달 후, 답신이 왔다. 의원직 출마가 가능하다고 했다. 그러나 개인 재산이라고는 한 푼도 없는 우리에겐 무시할 수 없는 조건이 달려 있었다. 다름 아닌, 사전에 정부 부처직을 사임해야 한다는 조건이었다.

5

"잉그리드, 나서거라! 지금이 기회야. 넌 정부에서 경험도 쌓았고, 네 나이라면 개혁을 이룰 수 있어. 나는 네가 이 일에 안성맞춤이라고 늘 생각해왔다. 그리고 네 앞길에 내가 방해가 되진 않을 거다. 엄마는 은퇴할 거야. 더 이상 힘도 없고, 사실 갈란이 죽은 이후로는 신념도 없어. 이젠 네가 뛰어들어!"

"알았어요, 엄마. 하지만 어떻게 해야 하죠?"

"얘야, 난 특별한 경우였어. 정치에 나서기 전에 이미 난 알려져 있었으니까. 그래서 다른 정치 지망자들이 어떤 식으로 뛰어드는지는 잘 몰라. 호세 블랙번을 찾아가서 내가 소개했다고 하렴. 내 친구야. 그 사람은 이 분야에 필요한 모든 경험을 갖고 있단다."

블랙번은 어머니 세대의 막강한 기업가였다. 그는 갈란파 대열에 서서 정치투쟁을 벌였고, 신자유주의를 기치로 하원의원에 이어서 상원의원에 선출된 사람이었다. 그는 내 얘기를 듣고 호감을 보이더니, 마치 아버지처럼 자상하게 좀 더 현실적인 목표로 나를 유도하려고 했다. 개표 당일 내가 받을 곤두박질의 충격을 완충하려는 의도로 보였다.

"잉그리드, 하원의원은 너무 어려운 목표예요. 보고타 시의회 의원부터 도전해보지 그래요?"

"아니요, 저는 나라를 위해 일하고 싶고, 윗물에서부터 나라를 개혁하고 싶습니다. 그렇지 않으면 절대로 아무것도 변하지 않을 거예요."

"아주 야심이 크군, 또 이상주의자고……. 그래요, 하긴 안 될 것도 없지. 별로 쇄신되지 않는 정치풍토에서 참신한 얼굴이 될 수도 있겠소. 더욱이 여성이라는 점은 승부에 유리한 점이고……. 잘 들어요. 맨 처음 할 일은 선거전에 필요한 최소한의 자금을 찾아내는 것이오. 두 번째는 선거본부가 들어갈 장소를 찾아내는 것이고, 세 번째는 가능한 한 많은 사람들을 모으는 것이지. 그런 다음, 수첩을 들고 모든 사람에게 개별적으로 전화해요. 딱 한 번밖에 안 본 사람이라도 접촉해서, 당신을 밀어주도록 설득해야만 해요. 잉그리드, 수많은 사람들이 필요해요. 혼자서는 절대로 이룰 수 없는 일인걸 꼭 명심해요. 아니면 다른 사람들처럼 표를 매수하든지. 하지만 그러려면 돈이 있어야 하겠지만……."

"무슨 말씀이세요! 바로 그런 마피아 같은 수작들을 끝장내려고 제가 나서는 것입니다. 전 사람들을 매수하지 않고, 부패시키지 않고도 정치할 수 있다는 것을 보여주고 싶습니다."

"좋아요, 훌륭해요. 벌써 정책을 갖고 있군, 그게 바로 정책인 거요."

그날 저녁에 클라라를 다시 만났다. 우리는 함께 뛰어들든지 아니면 아무것도 안 한다는 양심의 협상을 맺었다. 그 순간 우리는 심연 앞에서 손에 손을 맞잡은 운명이 되었다. 감미로운 현기증이 엄습했지만, 그렇다고 돌이킬 수 없는 짓을 저지른 것은 아니었고, 지금이라도 대외교역부의 편안한 자리로 얌전히 되돌아갈 수도 있었다.

클라라가 말했다.

"돈? 너 생각 못 하는구나. 우리가 부처에서 배운 대로 업무회의를 여는 거야. 특허권 사안 이후로 알게 된 기업가들을 초청해서 솔직하게 발표하는 거지. 그들도 분명히 자기들 생각을 가지고 있을 테니까, 한번 부딪쳐 보는 거야."

잠재적인 하원 후보들로서 우리는 첫 오찬모임을 준비했고, 대외교역부 시절부터 우리와 가장 가까웠던 화훼업자들을 포함해 사업가 열 사람을 초대했다. 그들이 우리의 전문적 능력을 높이 사고 있다는 것을 우린 알고 있었다. 우리는 이미 서로를 존중하고 있었다.

내가 오찬에 참석한 사업가들에게 말했다.

"제가 정부의 뒤편에서 일한 지도 벌써 3년이 됩니다. 모든 사안에 저는 국가의 이익만을 생각하면서 해결안을 제시하려고 최선을 다했습니다. 그러나 개혁해주기를 바라며 우리가 선출한 사람들, 바로 그 정치인들에 의해 변함없이 저의 제안은 축소되고, 왜곡되고, 심지어는 태평양 계획안처럼 통째로 무산되어버렸습니다. 콜롬비아와 콜롬비아 국민들은 현재 국가의 운명을 다잡는다는 핑계로 나라를 통째로 삼켜버린 부패한 의원들 앞에서 무력감을 느끼고 있습니다. 저는 이것이 우리의 숙명이 아니라는 것을, 다른 정치가 가능하다는 것을, 유럽처럼 후보의 정견과 연설, 정책을 바탕으로 정직하게 선량을 뽑을 수 있다는 것을 국민들에게 입증하고자 합니다. 아무도 매수하지 않고, 자기 자신을 팔지도 않고 말입니다. 저는 공무원직을 사퇴하고 하원 선거에 나서고자 합니다. 그래서 돈이 필요합니다. 그러나 분명히 해두어야 할 것이 있습니다. 저는 여러분이 선거자금을 지원해주셔도 그 반대급부로 아무것도 드리지 않겠다는 것입니다. 저는 다만, 이름에 걸맞은 민주국가 건설을 위해 일할 것입니다. 그리고 그것은 멀고 긴 노정이 될 것입니다."

오랜 침묵이 흘렀다. 서른두 살에, 단신으로, 수십 년간 뿌리내린 정치체제를 개혁하겠다고 주장하는 것은 착각이 아닐까? 아니, 가소로운 일이 아닐까? 대부분 나보다 20, 30세가 많은 이 사람들이 나를 믿고 지원하겠다고 나설 것인가? 사업가들은 재미있다는 듯 또는 의아한 듯 미소를 지었지만, 일어서서 나가는 사람은 없었다. 반대로, 서로 시선을 주고받더니 이윽고 질문을 쏟아내기 시작했다.

질문들은 모두가 너무나도 감동적이었다. 회의주의를 넘어서서 나의 신념을 믿고 싶은 거의 억누를 수 없는 욕구, 극도로 빈약한 우리의 수단과 순진성에도 불구하고 우리의 주장이 수용되어 목표에 도달하기를 바라는 터질 듯한 욕망을 그들의 질문에서 읽을 수 있었다. 사업과 경제전쟁에 통달해 있는 사업가들은 질문을 통해, 우리가 초심자들이 피해갈 수 없는 암초에 부딪치지 않도록 경계하고, 본질적인 문제를 직시할 수 있도록 해주었다. 우리한테 표를 던지도록 콜롬비아 국민들을 어떻게 설득할 것인가가 중요하다는 걸 일깨워준 것이었다. 무명이었던 만큼 우리에겐 시간이 더더욱 부족했고, 오찬에 참석한 사업가들도 이 점을 제일 염려하고 있었다. 초청인사들은 우리 정견을 더 분명하게 개진하도록 몰아부쳤고, 그러다 보니 오찬모임은 마치 진급을 위한 구두시험처럼 되어갔다. 그러나 정오가 되자 우리의 정견은 부정부패와 맞서 싸운다는 충격적인 신조 표명으로 요약되었다. 이 정견의 산파역을 맡은 사업가 열 사람은, 우리가 미처 공식적으로 요청하지도 않았는데도 그 자리에서 선선히 기본적인 선거자금을 댈 수 있는 수표를 써주었다. 잊을 수 없는 경이로운 순간이었다. 우리에게 세상의 문을 열어준 이 사업가들은 올 때와 마찬가지로 진지한 얼굴로 돌아갔다. 이제 모든 것을 시작해야 했지만, 더 이상 우리는 혼자가 아니었다.

사직서는 콜롬비아와 미국의 여러 무역 협상을 끝낸 다음, 11월에 제출할 예정이었다. 장관은 나를 격려해줄 거라고 생각했다. 그 역시 10년 안에 대통령이 되겠다는 정치적 야망을 갖고 있었고, 또한 그가 내 머릿속에 무슨 생각이 있는지 충분히 짐작할 것이라 생각했기 때문이었다. 그러나 그의 반응은 내게 찬물을 끼얹는 것이었다.

"아니, 잉그리드, 제 정신이 아니군! 지금 한 얘기는 아무 의미도 없어요. 사실, 누가 당신을 알겠소? 한 표도 얻지 못할 거요. 내 장담하지만, 아파트 경비원도 당신이 누군지, 어디서 일하는지 모를 거요. 황당무계한 얘기라고! 게다가 우리 부처는 당신이 필요해요. 차분히 생각해보고 나중에 다시 얘기합시다."

"저도 다 생각해본 얘기예요. 그만두겠습니다."

그는 진심으로 애석한 표정을 짓더니 머리를 내저었다.

"전쟁터에 정 나서고 싶다면 그건 당신이 알아서 할 문제겠지요. 어쨌든 나도 무언가 돕겠소. 선거가 끝나는 대로 다시 우리 부처에 채용하겠소. 그러면 실직 상태에 놓이진 않겠지."

"선거가 끝나는 다음 날부터 전 하원의원이 되어 있을 겁니다."

"그래요, 그래. 어디 두고봅시다."

사실, 그렇게까지 확신하진 않았지만, 나는 더 이상 의문을 품지 않기로 했다. 선거까지 넉 달이 남아 있었고, 거기서 다시 유럽의 여름휴가에 해당하는 연말 축제기간을 빼야만 했다. 1월 15일이 넘어야 선거전에 돌입하는데, 그러면 내겐 시간이 8주밖에 없는 셈이었다.

자금을 구했으니, 이제 장소를 물색해야 했다. 어머니 친구분 말씀대로 '선거본부를 구하는 일'이 다급했다. 1월 휴가가 끝나기 전에 적당한 터를 잡아야 했다. 클라라와 나는 혹시나 하는 생각에 보고타 주요도로인 셉티마 거리를 누비고 다녔다. 100여 군데를 보러다니던 끝에 어느 날 오후, 1970년대 철거 열풍에서 살아남았지만 이제는 쇠락해버린 19세기 루이지애나풍 호화저택 앞에 멈추게 되었다. 그리스식 기둥에 삼각 박공을 인 개인저택으로 아무도 살지 않는 빈집이었다. 우리는 차를 세웠다.

마침 근처에 있던 인부가 대답했다.

"이 집요? 바로 뒷길에 사는 공증인 겁니다."

그래, 그 공증인을 만나자! 이게 꿈이 아닐까? 또 그러면 어떤가? 침침하고 낡은 공증인 사무소에는 사람들이 북적대고 있었다.

"공증인을 뵐 수 있을까요?"

"누구시라고 할까요?"

"잉그리드 베탄쿠르라고 합니다. 잠깐이면 되는데요."

잠시 후, 사무실로 들어갔다. 색 바랜 서류들이 산더미같이 쌓여 있었고, 방 구석 희미한 조명 아래 서류만큼이나 해묵은 얼굴을 한 부인이 서류에 코를 박고 일하고 있었다. 내 말을 듣더니, 단호하게 말했다.

"그 집은 세놓는 집이 아니에요."

"알고 있습니다. 거기다 사무실을 옮기실 거라고 하더군요. 그럼 저희들이 공사비 일부를 대드릴 수 있는데……."

"억지 부리지 마세요. 미안합니다."

"선생님, 저희들한테는 너무나 뜻밖에 좋은 장소가 될 거예요! 하원의원 선거에 나섰거든요. 저희들을 조금만 도와주실 수 없을까요? 서너 달이면 끝날 텐데요."

그때, 부인이 웃음을 터뜨렸다.

"혹시 베탄쿠르집 딸 아닌가요? 아버지 성함이 뭐지요?"

"가브리엘 베탄쿠르입니다."

"아, 내 그럴 줄 알았어. 가브리엘 딸이라……. 근데, 나도 전에 정치를 한 적이 있었어요, 돌리랑."

"어머, 고모랑요?"

"그래요. 당신 고모 돌리와 함께요. 이쪽으로 와볼래요?"

그녀가 내민 사진에는 돌리 고모와 젊은 시절의 날씬한 부인이 있었다. 둘 다 보수당의 파란색 유니폼을 입고 있었다. 어린 나를 아껴주던 고모는 그 뒤 세상을 떠났고, 나는 다정했던 고모의 기억을 간직하고 있었다. 돌리 고모는 1960년대에 상원의원으로 선출되었다.

"그 난장판에서 대체 무슨 일을 하려는 거지요?"

부인이 물었다.

"어려운 일이에요. 특히 여자한텐."

우리는 포기하지 않을 거라고, 부패에 대항해, 정부기관과 민주주의를 장악한 마피아에 대항해 끝까지 싸울 것이라고 설명했다.

부인은 내 얘기를 듣고는 온화한 미소를 지었다.

"좋아요. 여성들간의 연대를 걸고 당신을 위해, 그리고 나라를 위해 내가 돕도록 하지요. 그 집을 쓰세요. 자, 얘기 끝났어요! 집세 얘기는 나중에 하기로 하고."

그날 공증인 사무소를 나오면서 우리는 가슴이 터질 것만 같았다. 소리쳐 웃고 또 울고 싶었다. 그 집을 얻게 되었으니 우리는 꼭 당선되고 말 거야! 꼭! 이 멋진 노부인은 우리에게 그런 선물을 할 만큼 우리를 믿고 있고, 훌륭한 실업가 열 사람은 자금을 선뜻 내줄 만큼 우리를 신뢰하고 있어……. 이거야말로 은총 아닐까? 클라라와 나는 길 한복판에서 부둥켜 안았고, 그 바람에 놀란 운전자들이 경적을 눌러댔다.

한 시간 뒤, 우리는 열에 들떠서 우리들의 새로운 '궁전' 으로 달려갔다. 1층에는 공개집회를 위해 100명 가량을 수용할 수 있는 살롱이 두 개 있었고, 위층에는 사무실이 열댓 개 있었다. 우리는 서로 의논해야 될 일이 많을 걸로 생각하고 한 사무실을 쓰기로 했다. 여기에는 보도담당관, 저기에는 회계담당관, 또 저기에는 전화교환원을 배정해야지……. 그런데 현재로서는 모든 방이 텅 비어 있었다. 의자,

캐비닛, 램프, 책상 등이 필요했고, 이걸 다 산다는 것은 상상할 수 없는 일이었다. 우리 예산이 몽땅 다 들어갈 터였다. 전화번호부를 뒤져 가구공장을 찾았다. 바로 이 옆이야, 얼른 가보자······.

우리를 맞은 늙은 목수는 숱한 것을 겪어본 듯한 근엄한 얼굴을 하고 있었고, 흥분한 우리를 보고도 꿈쩍도 하지 않았다.

"주소를 남겨놓으시오, 내일 들르겠소."

그는 긍정도, 부정도 하지 않았고, 미소조차 보이지 않았다. 우리가 지불할 돈이 없다는 것을 이해하기는 한 걸까?

이튿날 저녁 노인은 우리 사무실들을 둘러보더니, 투덜거렸다.

"고작 선거 한 번 하는 데 이렇게 큰 성이라니. 돈이 아주 많이 들 거요."

그리고는 미소를 짓더니, 동화라도 들려주는 듯이 말했다.

"좋소. 내 이 성을 채울 가구들을 빌려주리다. 아주 헐값에. 하지만 조건이 있소. 손상된 가구의 수리비용은 당신들이 내는 거요."

실제로 우리 집 경비원도 나에 대해 모를 수 있고, 나를 찍어줄 유권자 수도 열 손가락 안에 들지도 몰랐다. 어쨌든 긴 크리스마스 휴가를 앞두고, 우리는 모든 후보들 가운데 가장 멋진 선거본부를 얻게 되었다. 한 달 뒤, 우리는 현직 대통령의 정당인 자유당 선거본부마저도 우리 본부와는 비교도 되지 않는다는 것을 알게 되었다.

그리고 나는 아이들과 휴가를 떠났다. 유럽이 8월에 휴가를 가는 반면에 콜롬비아는 12월에 대서양 해변의 뜨거운 모래사장에서 휴가를 보낸다. 나는 멜라니, 로렌소와 함께 카르타헤나로 떠났다. 아이들 아버지는 2년 전부터 보고타에 살고 있었고, 우리는 이혼에 따른 고통에서 헤어나 있었다. 아이들도 아빠 집과 엄마 집에서 번갈아가면서 지내는 법을 배웠다. 내가 휴가를 애타게 기다려왔던 건 대외교역부에서 숨 돌릴 새가 없었기 때문이었다.

휴가를 보내던 어느 날 아침, 무심결에 라디오를 들으면서 해변에 나갈 준비를 하는데, 귀를 의심할 만한 뉴스를 들었다.

"어제로 의원 후보 등록이 마감되었습니다. 후보 명단은……."

맙소사, 대체 무슨 등록 말인가? 후보로 나서려면 등록을 해야 하는 것이었나? 끔찍한 공포에 사로잡혔다. 이건 말도 안 되는 일이다. 아무것도 아닌 일에 그 법석을 떨었단 말인가, 우리가? 온 천지를 휘저어 다니며 훌륭한 사람들에게 청원했는데, 그까짓 양식 하나 작성하지 않았다고 이걸 다 포기해야만 한다니! 당장 클라라에게 전화했지만, 어디서 휴가를 보내는지 통화할 수가 없었다. 그럼, 보고타에 있는 행정부서에 전화하자. 정말 믿을 수 없었다. 왜 아무도 우리에게 이 사실을 알려주지 않았을까? 엄마마저도. 전화는 허공에 울릴 뿐이었다. 보고타에서는 왜 아무도 전화를 받지 않는 걸까? 왜?

"엄마, 오늘이 토요일이라서 그럴 거예요."

"그렇구나, 멜라니야. 당연하지, 다 쉬는 날이지. 엄마가 정신이 없나 보다. 미안해. 하지만 지금 엄마 심정이 어떤지……."

아니, 멜라니는 알지 못했다. 겨우 여덟 살인 멜라니는 바닷가에 나가 놀고 싶어했다.

그렇게 해서 나는 내 인생에서 가장 고통스러운 주말을 온갖 시나리오를 상상하면서, 시작도 하기 전에 낙선했다고 상상하면서 보냈다. 비참했고, 터무니없었다.

그러나 월요일이 되자 희망이 되살아났다. 여기저기서 항의를 받던 담당부서가 후보등록을 보름간 연장한 것이었다. 내겐 많은 것을 배운, 잊을 수 없는 경험이었다. 첫 번째 할 일은 정당의 공천을 받아오는 것이었다. 콜롬비아에는 우리 아버지처럼 보수당원이거나, 또는 우리 어머니처럼 자유당원, 둘 뿐이다. 두 당의 이데올로기적인 차이는 거의 없다. 실제로 두 당은 같은 수의 부패한 정치인들을 포함하고 있다. 어머니가 여전히 자유당의 실력자였고, 이 정당이 전통적으로 사회문제에 더 큰 관심을 보였기 때문에 나는 자유당 공천을 받기로 했다. 자유당의 준엄한 통과시험을 거치리라 예상한 나는 이에 대비했고, 어머니가 내 편의를 위해 와주신다고 했다. 그런데 일은 전혀 내 예상대로 진행되지 않았다. 사방에서 사람들이 서로 부딪치고, 소리쳐 부르고, 농담하고, 싸우고……. 완전한 무질서였다. 사무총장 사무실이 어디죠? 왼쪽에 문 열린 방이요. 자유당 사무총장은 이 정신 없는 곳에 있었다. 어머니가 설명하면서 날 소개하려 하자 그는 무례하고도 불쾌하게 말을 뚝 잘라버렸다.

"좋아요, 좋아. 자, 여기 공천장이요."

그리고는 벌써 다음 사람과 말하고 있었다. 잘 가라는 인사말도 없었다. 그때서야 나는 그가 아무나 요청하기만 하면, 질문 하나 없이, 당의 깃발 아래 뛰게 될 후보의 정견도 듣지 않고 공천장을 남발한다는 것을 알게 되었다.

이 모든 것이 촌스러워 보이긴 했지만, 그래도 난 자유당의 정식 당원이 된 것이 자랑스러웠다.

이제 그 문제의 후보명단에 공식적으로 등록하는 일이 남아 있었다. 이튿날 클라라와 나는 규정대로 증인을 한 사람씩 대동하고 등록하러 갔다. 다시 어머니가 내 증인이 되어주었다.

거기서 우리는 다른 후보들과 우리를 갈라놓는 심연의 깊이를 알아차렸다. 우리가 자기소개를 하는 동안, 다른 후보들은 진짜 '부대'를 거느리고 들이닥쳤다. 후보의 얼굴이 새겨진 티셔츠를 입은 열광적인 지지자들이 흔들어대는 플래카드가 물결쳤고, 사진사와 촬영기사가 '행렬'을 이루어 몰려왔다. 반면 우리는 초라하기 짝이 없었다. 옷깃에 배지 하나 없었던 것이다! 우리가 메워야 할 이 엄청난 시간적 심연을 깨닫기 위해 전기쇼크가 필요하다면, 이것이 바로 전기쇼크라 할 수 있었다.

클라라와 나는 얼이 빠진 상태로 거기서 나왔다. 1월 중순이었는데, 우리는 아직 선거 구호도, 포스터도 없었다. 바로 그때, 어머니를 도와 장래의 대통령 가비리아의 선거전에 참여하면서 친해졌던 젊은 선거홍보 전문가가 떠올랐다. 그 사람 이름이 뭐였더라? 아, 헤르만 메디나. 바로 다음 날 만나기로 했다. 우린 더 이상 허비할 시간이 없었다.

"잉그리드, 당신을 도울게요. 돈 얘기는 나중에 하기로 합시다. 그런데 어떤 정책을 갖고 있지요? 정책을 모르면 홍보문안을 구상할 수가 없거든요."

"한 문장으로 요약할 수 있어요. '부정부패에 맞서 싸웁시다!'"

"좋아요. 보고타에서 출마한다고 했는데, 수도에서 하고 싶은 것들을 알려주세요."

"50년 전부터 보고타 시민들이 고대하는 지하철 건설, 지구상에서 가장 오염된 도시에 속하는 보고타에서 숨쉴 만한 공기의 보존, 가족 및 아동 원조 정책 등등. 그것 말고도 많지요. 그렇지만 정부예산의 반을 부패한 정치인들이 착복하는 한 모든 게 불가능한 일이에요. 이 암적 존재와의 싸움을 상징할 만한 것을 찾아주세요."

이틀 후, 헤르만은 우리에게 콘돔 하나를 가져왔다! 클라라는 기겁했고, 나는 매료되었다. 순간적으로 나는 콘돔이 얼마나 많은 것을 내포하는가를 파악할 수 있었다. 그것은 충격적이고, 누구도 거기 무관심할 수 없기 때문이었다. 우리를 찍는 것은, 어떻게 보면 정치적인 의미에서 콘돔을 착용하는 것이니까. 때는 1994년, 에이즈가 한창 기승을 부리고 있을 때였다. 콘돔이 상기시키는 부정부패와 에이즈의 유사성은 보는 순간 바로 알 수 있는 것이었다. 그래, 이거야! 나는 전적으로 찬성이었다.

"헤르만, 이건 진짜 기발한 아이디어예요! 정말 놀라워요! 물론, 대찬성입니다! 이걸로 합시다!"

그는 선거포스터의 초안을 이미 만들어놓고 있었다. 내 사진 옆에 콘돔을 놓고, '부정부패에서 우리를 지키기 위한 최고의 선택!' 이라는 구호가 적혀 있었다.

갑자기 좋은 생각이 떠올랐다.

"있잖아요, 유권자들에게 콘돔을 나누어주는 건 어떨까요?"

길에서 말이다. 에이즈 홍보를 본 뜬 것이다. 부패는 또 다른 에이즈였고, 우리나라의 생사가 걸려 있다는 점에서 그건 더욱 그랬다.

어머니 친구분의 충고를 따라, 내 수첩에 들어 있는 모든 사람에게 전화했다. 대부분 나를 도와줄 태세가 되어 있던 사람들이었다.

"하나만 부탁드릴게요. 저한테 콘돔을 갖다주세요. 수백, 수천 개가 필요하답니다. 이유는 나중에 알게 되실 거예요. 저를 믿어주세요."

나는 길거리 신호등 앞에 자리를 잡고, 운전석 창을 두드렸다.

"하원의원 후보 잉그리드 베탄쿠르입니다. 부패는 정치의 에이즈라고 확신합니다. 받으세요, 이 콘돔을 드릴 테니 투표일에 저를 기억해주세요."

사람들은 예상대로 충격을 받았다. 하지만 갑자기 깨어난 듯, 유권자들은 동요되었다.

여성들의 반응은 호의적이었다.

"지금 그 말씀이 맞아요. 정말 용감하시네요."

남성들은 민망스러워하거나, 빈정거렸다.

"물론이죠, 이 물건 때문에 쉽사리 당신을 잊을 것 같지 않군요."

다만, 이 사실을 알게 된 아버지에겐 대사건이었다. 어느 날 저녁, 혼비백산한 아버지가 날 집으로 불렀다.

"내 친구가 널 사거리에서 보았다더라. 잉그리드야, 어떻게 나한테 이런 짓을 할 수 있냐. 내 친딸이 그, 그런 걸 길에서 나누어주다니…… 추잡해, 있을 수 없는 일이다. 어떻게 감히 그럴 수가 있어? 정말 창피스럽다."

어머니는 날 격려해줄 걸로 알았다.

"네 아버진 정말 큰 상처를 받았어. 솔직히 나도 그 심경이 이해된다. 네 젊은 혈기가 솟구치는 대로 선거전을 하는 건 좋아. 하지만 그 따위 걸 나누어주는 건 정말 역겹다. 대체 내가 무슨 말을 하길 바란

거냐."

집안에 작은 풍파를 일으킨 다음 다음 날, 언론인들에게 나를 소개하기 위한 만찬에 초대되었다. 내 언론담당관으로 갓 채용된 루이스 엔리케라는 기자가 주최한 자리였다. 나중에 이 인물에 대해 다시 말할 기회가 있을 것이다. 만찬장소에 도착했을 때까지도, 나는 아버지의 질책에 얼얼한 상태였다. 그 자리에는 콜롬비아 유력 주간지 『세마나』의 발행인 펠리페 로페스가 있었다. 혹시 내 컨디션이 안 좋은 걸 알아차리지나 않았을까? 어쨌든 그가 내게 악수를 청했다.

"선거전은 잘 되고 있나요?"

"솔직히, 잘 안 되고 있어요. 아버지는 내가 사거리에서 콘돔을 나누어주는 걸 견디지 못……."

그는 웃음을 터뜨리면서 날 격려해주었다. 그가 보기엔 그것은 단지 세대간 갈등일 뿐이고, 발상 자체는 콜롬비아 국민들에게 호소하는 방법으로는 압권이라는 것이다.

다음 주, 『세마나』지에서 제일 많이 읽히는 '피플 스토리' 란에 짧은 기사가 실렸다. 내가 공격적이고 현대적인 선거전을 펼치고 있고, 이로 인해 '잉그리드의 부친, 가브리엘 베탄쿠르 전 교육장관' 이 큰 충격을 받았다는 내용이었다.

단번에 언론은 서른세 살 먹은, 전직 장관 딸이 보고타 거리에서 부패와 맞서는 보호막인 콘돔을 대담하게 나누어주는 것을 알게 되었다. 순식간에 기자들이 몰려들었고, TV에서는 길에서 홍보중인 나를 촬영해갔고, 신문마다 내 사진이 실렸다. 무명의 나는 단번에 명물이 되었다. 길에서 사람들이 나를 알아보았고, 내가 차창마다 두드릴 필요도 없이, 운전자들은 유리창을 내리고 내게 미소를 보냈다.

어머니가 전화했다.

"도저히 믿기지 않는 일이야. 네 아버지가 이젠 그 콘돔사건을 재미있다고 생각하신단다. 내 친구들도 그건 유권자들한테 다시 생각해보게끔 하는 현명한 방법이라고까지 하는구나."

수치스러워하던 부모님은 이제 다시 찬사를 받게 되었고, '스캔들'에 가까운 내 발상을 은근히 자랑스러워하기까지 했다.

그 즈음, 전혀 기대치 못한 일이 생겼다. 콜롬비아의 TV 스타인 유명 앵커 야미드 아마트가 9시 뉴스에 나를 초대한 것이었다. 겁이 났다. 이 단 한 번의 기회를 망치면 나는 잊혀질 수밖에 없다는 것을 잘 알고 있었다. 내가 최악의 경우를 예상한 것도 무리는 아니었다. 아마트는 워낙에 가차없는 인터뷰로 유명한 사회자였기 때문이다.

"콜롬비아에서 당신을 아는 사람은 아무도 없습니다."

그는 이렇게 말문을 텄다.

"당신이 누구인지, 무엇 때문에 하원의원직에 도전하는지 밝혀주십시오."

"나는 부패 척결을 위해 싸우고 싶습니다."

그의 얼굴에는 터져나오려는 웃음을 참는 기색이 역력했다.

"부패 척결을 위해 싸운다고요? 그러면 구체적으로 어떤 일을 하실 겁니까?"

"부패한 의원들부터 고발할 것입니다."

"아, 그러세요! 의회 안에 그런 부패한 사람들을 알고 계신가 보죠?"

"네, 많이 알고 있습니다. 그리고 당신 역시 많이 아실 거라고 생각합니다."

"맞습니다."

아마트가 냉랭하게 대답했다.

"하지만 나는 그 이름을 밝히지 않을 텐데, 당신은 실명을 밝혀가며 고발하실 수 있습니까?"

"그렇습니다."

그리고는 떠오르는 대로 다섯 사람을 댔다. 내가 보기에 가장 부패한 정치인 다섯 사람이었다.

아연실색해진 아마트는 잠시 말을 멈추더니 갑자기 어조를 바꾸면서 물었다.

"콘돔 말입니다, 국민들은 큰 충격을 받았습니다……."

나는 정견을 발표하고 나서 방송국을 나왔다.

언론담당관 엔리케는 콘돔에 대한 마지막 부분에 열광했다. 생방송이 아니었기 때문에 아마트가 실명 고발 부분을 삭제할 것이라고 하면서 엔리케는 그 고발이 내겐 사형선고나 마찬가지라고 장담했다. 우리는 함께 웃었다.

나는 부모님과 나를 지지하는 모든 사람에게 전화해서 그날 밤 TV 뉴스를 꼭 보라고 부탁했다. 그리고는 나 역시 TV 앞에 앉았다. 나는 경악했다. 아마트가 나의 고발 부분만을 살려둔 것이었다! 폭탄 같은 뉴스였다! 나마저도 놀라서 말문이 막혔으니까. 그러나 오래지 않아, 채 20초도 지나기 전에 전화가 울리기 시작했다.

"잉그리드, 정말 대단해요, 훌륭해요! 그런데 당신은 스스로 무덤을 판 거예요. 그 작자들이 얼마나 끔찍한 일을 저지르는 놈들인지 당신은 모르고 있어요."

찬사와 공포가 뒤섞인 전화 수십 통이 이어지는 가운데, 한 남성의 그윽한 저음이 전화선을 타고 들려왔다. 콜롬비아에서 만인의 존경을 받는 대 실업가이자 전직 재무장관 에르난 에샤바리아였다.

"방금 뉴스를 보았소! 당신 생각에 동감이오. 돕고 싶습니다. 돈이 필요한가요?"

물론, 돈이 필요했다. 남은 돈이 포스터 제작에 다 들어간 터라 그 시기에 우리는 한 푼도 없었다.

"네."

"얼마나요?"

"글쎄요……. 500만 페소입니다."

동시에 나는, 이건 미친 짓이야, 그가 당장 전화를 끊어버릴 거야, 라고 생각했다.

"내일 아침 수표를 보내겠소."

이즈음, 자유당은 대통령 후보로 삼페르를 지명해놓고 있었다. 대통령 선거는 하원의원 선거 두 달 후에 실시될 예정이었다. 공천을 받으러 갔던 날 이후로 한 번도 들락거리지 않았던 자유당과 다시 접촉하라고 어머니가 나를 부추겼다. 나는 당에서 아무런 지원도 받지 않았고, 선거 구호에 대해서 당의 의견을 물은 적도 없었다.

"그래도 삼페르한텐 인사해야 하지 않겠니?"

어머니가 제안했다.

"내 친구니까, 너한테 충고해줄 거다."

충고라고, 삼페르한테서? 나는 그에게 아무것도 기대하지 않고 있었다. 무책임하고 파렴치한 그에 대한 기억이 너무나도 생생히 살아 있었으니까. 하지만 어머니의 권유를 물리치지는 않았다. 삼페르가 대통령이 되는 것이 거의 확실시되고 있었다. 내가 의원이 된다면, 할 수 없이 그와 함께 일해야 하는 것이다.

그를 다시 보았을 때, 당내는 미친 듯 돌아가는 선거 분위기였다. 삼페르만큼이나 경박하고, 태평하고 농담 좋아하는 흥분한 당원들이 사방팔방으로 뛰어다니고 있었다. 삼페르는 단번에 나를 무시했다.

"설마하니, 콘돔을 나누어준다고 의원이 되는 줄 아는 건 아니겠지, 잉그리드! 정치가 그런 거라면 누구나 다 의회에 앉아 있을 거라구."

그는 설쳐대면서 웃었다.

"에르네스토!"

엄마가 나섰다.

"내 딸이 출마했어. 진지하게 충고 좀 해주지 그래."

"욜란다, 당신 딸은 지금 요령을 배우고 있어요. 좋은 일이지. 의원 일을 배우는 데 여러 번 떨어지는 것보다 좋은 건 없다구. 당신이 도와주지 그래! 둘이 함께 거시기를 나누어주는 걸 생각만 해도……. 아! 내가 그 일을 거들 거라고는 기대하지 말아요. 그런데 욜란다, 점점 더 젊어지는구려!"

그러더니 갑자기 다른 생각을 하면서, 우리를 내보냈다.

어머니는 분개했고, 상처받았다.

"정말 가증스러운 인간이야."

"엄마는 도대체 무얼 기대하고 계셨는데요? 저 사람은 내가 절대로 당선되지 않을 거라고 확신하고 있어요. 표를 매수하지 않는 선거

117

는 상상도 못하는 사람이니까요. 내가 콜롬비아 국민들의 신뢰감과 그들의 시민정신, 민주주의를 바라는 열망에 내기를 걸고 있다는 걸 그는 이해 못 해요. 누구나 부패할 수 있고, 돈에 팔릴 수 있다고 믿는 저 사람한테는 모든 게 다 돈 문제예요. 그 작자가 틀렸다는 걸 보여주고 말 거예요. 두고보세요, 언젠가 내가 필요해서 날 찾으러 오게 될 거예요."

투표 당일이 되자, 초장부터 틀어지기 시작했다. 보고타에 비가 내리는 것이었다. 알다시피, 비는 민주주의의 적 아닌가. 비는 소신 있는 사람들의 투표 의욕은 꺾어놓긴 하지만, 돈을 받은 사람들의 의사 표시에는 아무런 영향도 미치지 않는다. 돈에 매수된 사람들은 기어서라도 갈 것이다. 아니면 대가를 치러야 하므로. 변호사 수업을 받은 클라라는 놀라운 조직력을 발휘했다. 각 투표소에 우리 조직원들을 배치시켰다. 부정 행위를 탐지하는 대로 즉각 법적 조치를 취하도록 클라라가 교육한 사람들이었다. 나는 모든 자원봉사자에게 먹을 것을 날라다주기로 했다. 그러면서 난 그들의 기운을 북돋우고, 선거구의 분위기를 살필 수 있었다. 보고타 남부 지역에서 어머니가 거두어들였던 아이들이 이제 어른이 되어 우리를 위해 투표상황을 감시했다. 그곳에서는 세상이 마치 거꾸로 뒤집어진 것 같았다. 그들은 나를 격려하고 얼싸안으면서, 믿을 수 없는 축제 분위기로 나를 맞아주었다. 이 사람들은 지지의 대가로 아무것도 받을 수 없다는 걸 알고 있었고, 그만큼 더 나는 그들의 지지에 감동했다. 반면에 내 경쟁 후보들에게 표를 던진 옆 동네 사람들은 일자리, 돈봉투, 특혜가 있을 것이라는 약속을 받았는데 말이다.

오후 네 시가 투표 마감 시간이었다. 선거본부에 돌아와보니 클라라가 이미 와 있었다. 사무실에 틀어박혀 라디오를 켜고 앉은 우리는 탈진한 듯 한마디도 할 수가 없었다. 선거기간 동안 한 번도 내 곁에 없었던 부모님은 그날도 역시 거동하지 않았다. 마치 자신의 불안을 타인에게 전염시키지 않으려고 집안에 틀어박혀 기다리는 사람들처럼 우리 주위에는 공허만이 있었다. 수백 명이 보고타 하원의원 18석을 놓고 여러 달 동안 접전을 벌였다. 의회에 진출하기 위해서라면 어떤 물밑 거래도, 어떤 타협도 마다 않을 허풍선이들의 시끄러운 연주회에서 클라라와 나는 작은 두 목소리였다. 사람들은 우리 소리를 들었을까? 갑자기 그럴 것 같지 않다는 생각이 들었다. 그렇게 예민한 상태가 아니었다면 우리는 이 상황을 두고 농담을 주고받았을 것이다.

다섯 시 반에 첫 번째 개표 결과가 나왔다. 후보 이름이 줄줄이 열거되더니 돌연 놀라운 일이 벌어졌다. 최다득표 열여덟 사람 가운데 다섯 번째에 내 이름이 들어가 있었다. 환호성을 질렀던 것 같다. 그렇다, 우리는 일어서서 환호성을 질렀다.

"믿을 수 없어! 믿기지가 않아! 우리를 웃음거리로 만들려는 것이거나 개표 결과가 틀린 걸 거야. 잉그리드 베탄쿠르! 잉그리드 베탄쿠르!"

우리는 이 말을 반복하면서, 마치 다른 사람 이름인 양 내 이름을 연호했다. 아니, 그건 내 이름이었다. 정말 내 이름이었다! 더욱이 함께 참관하던 기자도 우리만큼이나 어안이 벙벙해져서 내가 그날 개표에서 제일 놀라운 사건의 주인공이라고까지 말했다. 기자는 나에 관한 정보가 하나도 없었기 때문에 다소 당황스러워했다. 언론은 유력 후보가 아니었던 나에 대해 아는 것이 거의 없었다. 대체 이 여자는 누군가? 어디서 나타난 사람인가? 전화가 사방에서 울려대기 시작했다. 터질 듯한 기쁨에 지지자들은 웃고 또 울었고, 집에 있는 마실 것을 모조리 챙겨들고 달려오겠다고 했다. 다른 사람들의 전화도 수십 통씩 이어졌고, 물론 그 중에는 부패를 막는 콘돔을 겁 없이 나누어준 후보라는 것밖에 아무것도 모르는 이 여성의원에 관한 기사를 써야 할 기자들도 있었다.

내가 자유당 후보 가운데 최다득표라고 발표되었을 때, 놀라움은 이제 열광으로 변했다. 이 기적을 믿을 수가 있을까? 당에서 아무 지원도 받지 않은 내가 보고타에서, 그것도 당내 최다득표로 뽑힌 사실을. 이 승리는 가장 많은 희망을 담고 있었기 때문에 내 인생에서 가장 멋진 승리가 되었다.

그날 저녁, 기자들에게 이렇게 말했다.

"우리는 방금, 콜롬비아가 부패를 종식시킬 만큼 충분히 성숙했음을 입증했습니다. 국민들은 금권정치에 맞서 도덕성과 민주주의를 선택했습니다. 국민들은 수십 년 전부터 국민들을 우롱하고 혈세를 횡령하는 정치세력에 단호히 등을 돌렸습니다. 나의 승리를 한순간도 믿지 않았던 이 부패한 정치세력은 이제 나와 함께 일해야 할 것입니다."

그러나 불행히도 나 혼자만이었다. 클라라는 낙선한 것이었다.

그날 밤, 친구들과 지원자들이 사방에서 몰려들었다. 터무니없이 커서 선거전 동안 다 채울 수 없었던 멋진 선거본부는 드디어 사람들로 넘쳐났다. 부모님과 아스트리드 언니도 기쁨에 넘치는 얼굴로 달려왔다. 마지막으로, 사람들 발에 채이지 않도록 로렌소를 한 팔에 안고, 멜라니의 손을 잡은 파브리스가 도착했다. 이혼해 로스엔젤레스를 떠난 지 4년이 흐른 뒤였다. 나는 콜롬비아 국민으로서 정체성을 되찾기 위해 개인생활이 불행해지는 위험을 감수했다. 드디어 콜롬비아는 내게 두 팔을 활짝 벌렸고, 달려온 내 가족, 친지, 지지자들은 내게 생긴 일에 조금은 멍한 표정이었지만, 모두들 깊은 애정을 가진 나의 변함없는 동조자들이었다.

6

의원으로 선출된 지 1주일도 채 되지 않아, 대통령 후보 삼페르가 내게 전화했다. 급히 만나고 싶다는 것이었다. 더 이상 농지거리 말투가 아니었고, 싹싹하고 진심 어린 어조였다. 내게 한마디 축사도 보내지 않았던 자유당을 대표해서 그는 내 승리를 열렬하게 축하해주었다. 난 어머니를 떠올렸다. 삼페르는 어머니가 상상했던 것보다 더 일찍 나를 찾은 것이었다.

그는 이제 예의를 다 갖추어 나를 맞았고, 콘돔 이야기에도 더 이상 웃음을 터뜨리지 않았다. 자신이 대가를 치러야 할지도 모르는 새로운 바람이 일기 시작한 것을 느낀 것이었을까? 틀림없었다. 도덕적 측면에서 자신을 방어하기 위해 내가 필요했던 것이다. 대통령 선거는 겨우 두 달 남짓 남아 있었다. 국민들에게 자신이 능숙한 정치인일 뿐만 아니라, 시급히 새로 만들어내야 할(!) 정치윤리의 보유자임을 입증시키기에는 빠듯한 시간이었다.

"잉그리드 의원, 우리 당은 지금 정치윤리 강령이 절대적으로 필요한 때입니다. 그래서 정치윤리 강령 작성위원회를 24시간 내로 발족시키려고 해요. 두말할 것도 없이 당신이 참여해주었으면 합니다."

이 제안에서 독자적 입장을 반영할 수 있는 뜻밖의 기회를 포착한 나는 이를 수락했다. 삼페르가 나를 영입한 것은 순전히 당선 제일주의 때문임을 너무나 잘 알고 있었지만, 나를 뽑아준 국민들이 지켜보는 가운데 자신이 벌여놓은 게임에 삼페르 자신이 말려들기를 바랐다.

삼페르 후보의 간판 격인 '자유주의 개혁위원회'는 가장 뛰어나고, 젊고, 많은 표를 얻은 의원 열 사람으로 구성되었다. 그 자리에 선택된 것에 우쭐한 사람들은 전혀 일할 의향이 없다는 게 첫 회의부터 드러났다. 콜롬비아에서 흔히 있는 일이지만, 광고만으로도 벌써 정책이 세워진 것 같은 효과가 있었고, 국민들은 정치가 변할 것이라고 믿었다. 그러나 몇 년 뒤, 국민들은 떠들썩하게 발족된 그 고명한 위원회가 아무 정책도 제시하지 못했고, 그래서 모든 것을 다시 시작해야 한다는 것을 뒤늦게 깨달아야만 했다. 더욱이 두 번째 회의부터는 두 사람밖에 참석하지 않았다. 비교적 신중한 젊은 의원 한 사람과 나뿐이었다. 유감이기도 했고, 잘된 일이기도 했다. 쓸데없는 장광설에 시간을 뺏기지 않고 작업에 바로 착수할 수 있어서였다.

한 달 동안 정치윤리 강령을 한 조항씩 꼼꼼히 작성했다. 당연히, 강령의 강조점은 정치자금 조달을 엄격하게 규정하는 항목이었다. 밀수 지대 현장탐문을 통해서 마피아가 의원들의 정치자금을 대주고 있음을 알게 된 나였고, 실제로 의회 옆자리에 앉는 내 동료들은 마이카오 지역에서 가장 유명한 밀수입자들이었다. 지난 의원 선거를 통해서, 2,000만 페소로 선거전을 꾸려가는 나 같은 후보들이 있는가 하면, 일부 후보들은 6억 페소를 뿌린다는 것도 알게 되었다. 나는 당의 공천을 받은 모든 후보들이 자금 출처를 투명하게 밝히도록 의무화했고, 콜롬비아에서는 원칙을 존중하지 않는다는 것을 잘 알고 있던 터라 자금횡령죄에는 제명 처분을 포함한 준엄한 징계를 명시해놓았다. 한마디로, 공식으로 신고된 깨끗한 자금을 가진 의원들만이 자유당적을 주장할 수 있게 하는 것이었다.

위원회가 이 강령안을 채택하는 일이 남아 있었는데, 그것은 항의의 외침 그 자체였다. 어떤 위원들은 언론이 갑자기 관심을 보이는—무슨 위원회가 드디어 무언가 만들어냈다!—이 강령 작성에 참여하지 못한 것을 분해하면서 질투했다. 그러나 무엇보다도 위원들 대부분은 이 강령이 당 규정이 된다면 바로 자신들 머리 위에 떨어질 징계조치를 떠올리고는 당황했다. 2주 동안 매일 열린 위원회에는 단 한 사람도 빠지지 않았다. 기적 같은 일이었다! 내가 세운 원칙들을 혼자서 방어하던 나는 곧이어, 삼페르의 러닝메이트로 지명된 영향력 있는 중진 움베르토 데 라 카예의 합세로 힘을 얻게 되었다. 나중에 알게 되었지만, 데 라 카예는 사실 순진한 정치인이 아니었다. 그러나 대단히 엄정한 지성을 갖춘 인물로, 이 강령 채택에서는 자금출처의 투명성에 대한 내 입장에 동조했다. 비록 기존 정치체계의 덕을 보고는 있었지만 그는 개혁이 필요하다고 믿고 있었다. 불투명한 정치체계 때문에 콜롬비아의 영혼이 썩어가고 있고, 그래서 이 강령이

야말로 놓칠 수 없는 기회기 때문이었다. 데 라 카예는 자신이 머지 않아 삼페르에 대항하는 '무기', 부메랑이 될 것임을 알고 있었을까? 아마 그랬을 것이다. 하지만, 나로 말하자면, 마약밀매단이 차기 대통령의 선거자금을 아낌없이 조달하고 있다는 것을 아직 상상도 못하고 있었다.

데 라 카예 덕택에 강령은 거의 원문대로 채택되었고, 삼페르에게 제출할 순간이 다가왔다. 아무리 이제 나와 친숙해졌다고는 하지만, 놀랍게도 삼페르는 조항들을 들추어보지도 않고 즉석에서 강령에 동의했다.

"훌륭해요! 대단하군요! 당이 필요로 하던 바로 그겁니다! 콜롬비아 국민들은……"

그리고는 열어보지도 않은 강령문안을 손바닥으로 쳐가면서 신뢰니, 투명성이니 하면서 선거를 며칠 앞두고 자신이 벌일 새로운 십자군 전쟁에 대해 허무맹랑한 장광설을 늘어놓았다. 이제 그의 담론에는 '정치윤리'가 들어 있었다.

이튿날, 기자회견이 열렸다. 자유당의 모든 참모들, 장관과 전직 장관들이 삼페르 뒤에 운집했다. '삼페르 후보, 자유당 정치윤리 강령 책정' 제하의 기사들이 실렸다. 징계조치를 낱낱이 밝힌 만큼 국민들에게 미친 효과는 의심의 여지없이 대단했다. 신문들은 삼페르의 서두연설은 보도했지만, 삼페르가 열화 같은 기자들의 질문에는 데 라 카예가 답변하게끔 밀면서 슬쩍 피해갔다는 사실은 언급하지 않았다. 삼페르 후보는 답변할 능력이 없었을 것이다.

하원에서 나는 유명세를 치러야 했다. TV 인터뷰에서 제일 부패한 다섯 의원의 이름을 폭로하고, 콘돔을 나누어준 '스캔들 메이커'에, 자유당 정치윤리 강령 작성자였던—신문들은 늘 '잉그리드 강령'이라고 불렀다—나는 이런 타협을 모르는 완강한 입장을 하고 있었지만, 한편으로는 바로 그 점 때문에 가장 인기 있는 의원이었다. 많은 의원들이 사정없이 나를 공격했다. 당선되기 위해 정치시스템의 모든 비법을 써먹은 의원들은 나를 피해갔다. 그러던 어느 날, 언제나처럼 의사당 구석자리에 혼자 앉아 있는데, 우스꽝스러운 모습의 남자가 내게 다가왔다. 건장한 체격, 콧수염, 손가락마다 금반지를 낀 그 남자는 싹싹하게 말을 걸었다.

"기예르모 마르티네스 게라요. 전직 공군비행사고, 당신처럼 이번에 당선되었소. 원래 이 동네 사람들은 호기심이 많지 않소? 가만 보니까, 당신도 다른 의원들과 어울리지 않더군요. 있잖소, 다음 주말에 우리 집에서 작은 파티가 있는데, 참석해주겠소? 잘 알고 지내면 좋겠지요. 우리처럼 독립적으로 따로 노는 의원들도 몇 사람 올 겁니다."

그래, 가자, 마음속으로 생각했다. 의사당에서 인사를 나눌 사람이 서넛 있는 것도 괜찮지 않은가 말이다. 사실, 내가 들어가면 다들 시선을 돌리면서 내 눈에 띄지 않으려고 슬쩍 자리를 바꾸는 것을 볼 때는 스트레스가 이만저만이 아니었다.

파티에는 우리를 초대한 게라 말고는 두 의원밖에 없었다. 한 사람은 내가 이미 독자적인 정견과 과시욕을 갖고 있다고 탐지한 여성의원 마리아 폴리나 에스피노사로, 그 뒤 나의 유일한 의회 친구가 되었다. 그리고 다른 한 사람은 타협을 모르는 올곧은 도덕성으로 평판이 자자한 카를로스 알론소 루시오였다. 그는 진정한 민주주의 건설에 가장 충실했던 M-19에서 보여준 활약으로 유명한 정치인이었다.

우리 네 사람은 오찬 테이블에 둘러앉았다. 대화 도중, 게라가 우리 정부는 이스라엘 정부와 엄청난 소총구매계약을 곧 체결할 예정이라고 언급하면서, 갈릴 사의 부적합한 구식 소총을 사들이는 왜곡된 계약으로 계약책임자들은 상당한 뇌물을 받을 것이라고 했다.

"조사합시다. 그래서 그것이 실제로 매수사건이라면 의회에서 그 문제를 다룹시다."

루시오가 국민들이 우리를 헛뽑지 않았다는 것과 정치를 변화시킬 수 있다는 것을 보여주는 것이 시급하다고 했다.

우리 모두 같은 의견이었고, 또 우리 모두는 믿을 만한 정보를 신속하게 얻을 수 있는 입장이었다. 반군 게릴라에서 활동했던 루시오는 콜롬비아 군의 비정상적 운행을 완벽하게 알고 있었고, 군 출신 게라는 군 서열 최고층과 지속적인 관계를 맺고 있었다. 에스피노사의 남편은 군에 헬리콥터를 조달하는 무기상이었고, 그녀 자신은 퇴역 군인이었다. 그리고 나 역시 무기거래에 정통한 카밀로 앙헬의 친구였다. 앙헬의 부친은 미국 콜트 사의 콜롬비아 지사장이었고, 바로 앙헬의 집에서, 콘돔작전을 세상에 알려준 유명 언론인 로페스를 알게 되었다. 나는 이 갈릴 사건에 대한 명확한 정보를 그에게서 얻을 수 있으리라고 생각했다.

하지만 난 잘못 생각하고 있었다. 앙헬은 콜트 사가 갈릴 사와 벌인 입찰 경쟁에서 밀려났고, 따라서 자신이 '객관적인' 입장을 취할 수 없다는 단순한 이유 때문에 정확한 정보를 줄 수 없다고 거절했다.

대신 한 가지 일러주었다.

"파헤쳐 보세요. 그건 콜롬비아에 치명적인, 전적으로 부정한 구매 계약이 될 겁니다."

의원으로서 합당한 권리가 있던 우리는 국방부에 이 계약과 관련된 모든 서류를 보여주도록 요구했고, 그렇게 해서 비밀을 캐내게 되었다. 콜롬비아는 이스라엘로부터 갈릴 사가 소유한 낡은 무기공장을 사들이게 되어 있었다. 이스라엘은 군수 현대화를 진행하다 보니 완전히 구식이 된 무기를 팔아치울 대상으로 뇌물이 통하는 콜롬비아 군밖에 찾을 수가 없었던 모양이었다. 더 심각한 것은, 갈릴 소총은 사막 지대에 맞게 고안되어, 습기에 쉽게 녹스는 등 열대기후에는 내구력이 없는 것으로 드러났다. 반군 게릴라들은 토양에 맞게 개발된 현대식 무기를 갖추고 있는 판국에, 콜롬비아 군에 이 소총을 보급하는 것은 완전히 자살행위였다.

이 정보들에 힘을 얻은 우리는 첫 기자회견을 열었다. 기자들이 몰려들었고, 그 충격은 대단했다. 이튿날 신문에는 '네 하원의원, 대형 비리 고발' 제하의 기사들이 실렸다. '반(反)부패 4총사'로 불린 우리는, 우리가 소망하던 대로, 또 유권자들에게 약속한 대로, 수구 정치 세력의 금권적 방법과 절연한 새로운 정치인 상을 구현해 냈다.

그러나 우리의 목표는 이 문제를 더 밀고 나가서, 온 국민들이 증인이 되는 대대적인 의회 토의를 열어, 강력한 일격을 가하는 것이었다. 그리고 갈릴 계약은 이전 정부가 체결한 것이었기 때문에, 우리는 순진하게도, 정부 수반으로 갓 선출된 삼페르 대통령과 신임 장관들이 신속히 나설 것이라고 믿었다. 시대가 변했다는 것을 국민들에게 입증하기 위해서 우리를 지지하리라고 믿은 것이었다. 자유당의 정치윤리 강령을 그렇게 요란하게 온 나라에 '팔아먹은' 사람이 바로 삼페르 대통령 아닌가? 더욱이, 금상첨화로, 보테로 신임 국방장관은 '괜찮은' 사람이었다. 적어도 나는 그렇게 믿었다. 장관은 우리 부모님의 친구인 세계적 화가 보테로의 아들이었다.

그는 나를 열렬하게 맞이했다.

"잉그리드, 당신이 폭로한 사건으로 정말 충격을 받았어요. 전혀 모르던 비리를 알게 되었어요. 정말 심각한 일입니다. 즉각 수사 개시를 요청하겠습니다. 날 믿으세요, 당신과 함께 이 스캔들을 고발하겠습니다."

우리가 준비하는 의회 토의가 최상의 조건에서 진행될 조짐이 보였다.

그러나 우리에게 호의적이었던 언론은 순식간에 완전히 논조를 바꾸기 시작했다. 루시오와 게라가 이 계약에 관심을 가진 것은 자신들이 무기 밀매상이기 때문이라고 주장했다. 또 에스피노사는 남편에게 원격 조종당하고 있다고 시사했고, 나는 갈릴 사를 제치고 콜트 사에 계약을 넘기려는 은밀한 속셈을 품은 정보 제공자 앙헬에게 처음부터 이용당했다고 보도했다. 정치적 도덕성을 위해 싸우는 젊은 십자군으로 자처했던 우리는 별안간에 개인 이득만을 위해 움직이는, 우리가 고발해 마지않던 부패한 정치꾼으로 전락해버리고 말았다.

날벼락을 맞은 우리는 언론이 급선회한 이유를 알 수가 없었다. 나중에 알게 된 사실이지만, 일부 언론을 오도하게 한 것은 군 특수

업무 부서였고, 보테로 국방장관의 지시에 따른 것이었다. 그러나 그 당시, 여전히 순진했던 우리는 기자들을 만나 우리의 양심을 있는 그대로 보여주면 되리라고 생각했다. 그러나 아무리 해명해도 소용이 없었고, 오히려 정반대 효과를 낳을 뿐이었다. 정당화하고, 입증하고, 해명하면 할수록 언론은 우리를 더 한심한 죄인으로 만들어나갔다.

이어서, 강력한 홍보작전이 전개되었고, 이번에는 집중적으로 내가 공격대상이 되었다. 마치 반부패의 상징인 나를 쳐냄으로써 나머지 3총사도 저절로 따라서 와해시킬 수 있을 것으로 생각하는 것 같았다. 이제는 내가 앙헬에게 이용당했다는 기사만 실렸다. 아니, 아예 콜트 사가 내 선거자금을 댔고, 내가 갈릴 사건을 고발한 것은 보답의 뜻으로 콜트 사에 이 계약건을 되돌려주기 위한 것이라고 써댔다. 또한, 내 친구들을 위시한 여러 인사들을 나 대신 내세워 사건 중개비 일부를 따내기 위한 목적이 있었다고 주장했다. 친구들마저 언론에 발목이 잡힌 것이었다. 이렇게 해서 언론은 나를 아무것도 모르는 어수룩한 숙맥에서 목적에 도달하기 위해 양심의 가책도 없이 계략을 부리는 교활한 인간으로 몰아갔다. 만평은 나를 '베탄콜트'로 불렀고, 나는 하루 아침에 전국 신문의 봉이 되었다. 언론매체의 소란스러운 반응을 제대로 가늠하기 위해서는, 오래 전부터 부패 정치인에 대해 함구해야 했던 기자들이 만인에게 정치윤리를 가르치겠다고 나선 여성의원마저도 부패한 것을 확인하면서 느꼈을 안도감을 상상해보아야 하리라.

그 당시, 나는 언론을 상대한 경험이 전무했고, 이런 유형의 허위 비방에 어떻게 대처해야 하는지 몰랐다. 새벽 여섯 시부터 집으로 전화해대는 기자들의 전화에 응했을 뿐만 아니라 모든 질문에 자세하게 대답해주었다. 더욱이 신경이 예민해진 데다가 끔찍하게 고통스러웠기 때문에 자발적으로 너무 말을 많이 했고, 마음속으로는 결국 내 정직함이 만천하에 밝혀지리라고 확신하고 있었다.

"앙헬은 친구분이죠?"

"물론, 제 친구지요! 아니라고 하지는 않겠습니다."

"그의 부친은 소총을 판매하고 있습니다. 아시죠?"

"물론입니다! 그리고 앙헬은 부친과 함께 일하고 있습니다. 혹시나 해서 알려드립니다."

"콜트 사죠. 입찰 경쟁에서 갈릴 사에 밀려난 회사 말입니다. 그런데도 의원이 되자마자 갈릴 사건과의 전쟁에 나선 것이 순전히 우연이라고 주장하실 건가요?"

"맹세컨대, 그건 순전히 우연입니다."

"콜트가 의원의 선거자금 3/4을 댔을 거라고 하는데요."

"거짓말입니다! 난 단 한 푼도 받은 적이 없고, 자금출처 명세서를 이미 공개했습니다."

"그런 종류의 자금공개는 많이들 조작된다는 걸 의원님도 잘 아실 텐데요."

"바로 그래서 제가 투명한 자금공개를 위한 캠페인을 벌인 겁니다."

"그러면, 앙헬은 무슨 의도로 의원님을 지지했을까요?"

"절 지지하지 않았어요, 자금도 대지 않았고요. 그냥 제 친구일 뿐입니다."

"어쨌든 좀 빈약한 답변이군요. 그렇지 않습니까?"

나는 더 이상 잠도 오지 않았고 완전히 기진맥진해 있었다. 기자들은 내 순진함과 경험부족을 절묘하게 이용했고, 새로운 기사가 나올 때마다 나는 점점 더 위태로운 상황으로 몰려갔다. 그렇지만 우리가 요청한 의회 토의 일자가 임박했기 때문에 토의 준비를 해야 했다. 집중해서 증거들을 비교 검토하고 우리가 처음부터 주장했던 것들이 모두 사실임을, 즉 갈릴 계약이 우리 군에 치명적인 해가 되는 비리임을 입증해야 했다.

바로 그때, 엄청난 일격이 내게 가해졌다. 잡지 『캄비오 16』이 앙헬과 내가 함께 승마하는 사진을 커버 스토리로 실은 것이었다. 그리고 앙헬이 쓴 모자에는 당연한 일이지만, 콜트 상표가 붙어 있었다. 선거기간 동안 찍은 사진이라는 설명과 함께. 이 사진을 목격하고 나는 경악했고 또 믿을 수가 없었다. 어떻게 이런 일이 가능할까? 나는 이 일을 뚜렷이 기억하고 있었다. 선거전이 한창이던 어느 일요일, 아는 친구들을 모두 불러모아 보고타에서 '환경친화적' 산책을 했던 것이다. 사진이 보여주는 이미지는 치명적이었고, 온갖 의혹을 불러일으킬 수 있었다. 이 사진이 어떻게 기자들 손에 들어갔을까?

엔리케! 선거 때 언론담당관이던 그의 소행이었다. 처음에 선거업무를 맡겠다고 하면서—아주 유능하긴 했다—그는 정부가 선거비용을 환불해주면 그때 가서 자신의 봉급을 지불하면 된다고 말한 적이 있었다. 생각해보니, 내가 정신 없이 일하고 있는 와중에 그가 두세 차례 봉급을 요구했고, 정부로부터 선거비용을 돌려받지 못한 때였기 때문에 난 그의 요구를 아마 조금은 퉁명스레 거절했던 것 같았다. 바로 그것 때문이었다. 선거기간 동안 나를 위해 사진을 수백 장 찍었던 그가, 이제는 그 사진들을 비싼 값에 팔면서 내게 복수하고, 또 자신의 봉급을 회수하는 것이었다.

망연자실했다. 이 사진은 나에 대한 암살행위였다. 어떻게 이럴 수가 있을까? 함께 일했고, 나의 공정한 생각을 잘 아는 사람이 어떻게 내게 이런 짓을 할 수 있을까? 돈, 두 달 후면 받게 되었을 돈 때문에! 그때, 전화벨이 요란하게 울렸다. 9시 뉴스에 나를 초대하고 싶다는 것이다. 한순간 거절할까 했다. 언론매체는 내게 언제나 비열했기 때문이다. 하지만 그와 동시에, 계속 침묵으로 일관할 수는 없다는 생각이 들어 수락했다. 나는 생방송을 조건으로 내세웠다. 이 요구는 직감에 의한 것이었다. 궁지에 몰린 짐승처럼 실수 연발의 몇 주를 보내고 나서 처음으로 현명하게 주도권을 잡은 선택임을 미처 알아차리지도 못한 채였다.

방송 출연을 앞두고 몇 시간 동안 나는 이 스캔들이 함정이라는 것을 국민들에게 간략하고 명쾌하게 해명할 방법을 두고 고민하고 있었다. 정말 막막한 심경으로, 이런 고민을 하면서 무심결에 『세마나』 지를 들추어보다가 나를 초대한 저녁뉴스 앵커가 동료 여자앵커와 데이트 중이라는 폭로기사를 우연히 보게 되었다. 그들이 사랑에 빠졌다는 건, 매력적인 일화였다. 그래, 이걸 이용하자, 그러면 콜롬비아 사람들은 날 이해하게 될 거야. 이 생각에 갑자기 불쑥 힘이 솟았고, 곧장 부모님에게 전화했다. 딸이 당하는 고생으로 큰 충격을 받은 부모님은 수주 전부터 침묵 중이었다.

"저 오늘 밤 뉴스에 출연하니까, 보세요."

"아니, 얘야! 그 사람들이 널 얼마나 괴롭히는지 아직도 모르겠니? 끔찍한 일이지만 아무도 네 말을 믿지 않잖니. 네 이미지는 완전히……."

"엄마, 알아서 잘 할 테니까, 지켜보아 주시고, 날 믿어주세요."

앵커는 과장스럽게 포문을 열었다.

"몇 주 전부터 언론 1면을 장식하고 있는 잉그리드 베탄쿠르 의원이 오늘 저희와 함께 합니다. 더욱이, 오늘 아침 『캄비오 16』은 베탄쿠르 의원을 커버 스토리로 다루었습니다." 그리고는 TV 화면에 잡지가 비추어졌다.

"베탄쿠르 의원, 선거전이 한창일 때 찍은 의원 사진 맞지요?"

"그렇습니다. 바로 접니다."

"그리고 콜트 모자를 쓴 사람은 카밀로 앙헬 씨 맞습니까? 악의적으로 해석하려는 건 아닙니다만, 우연의 일치인가요? 콜롬비아 국민들이 믿을 만한 해명이 필요할 듯합니다. 그렇지 않습니까?"

"그렇습니다만, 쉬운 일은 아닙니다. 너무나 명백해 보이는 것을 거짓이라고 입증해야 하니까요. 국민들이 잘 이해하실 수 있도록 한 가지 예를 들겠습니다. 조금 전에 『세마나』를 읽었는데, 앵커께서 지금 여기 계신 이네스 마리아 자바라인과 열애 중이라는 기사를 보았습니다. 이런 정보를 얻고 나면, 두 분이 이미 동거 중이라는 추측을 할 수도 있을 것입니다. 하지만 저는, 자바라인 씨가 앵커와 함께 살기 위해서는 먼저 결혼을 기다릴 것이라고 믿기 때문에 제가 이런 추측을 한다면 섣부른 짓이 될 것입니다. 저의 경우도 이와 마찬가집니다. 물론 사진에서 콜트 모자만 보면 제가 콜트 사와 연관된 것처럼 보일 것입니다만, 사실은 아무런 관계도 없습니다."

앵커 얼굴이 시뻘개지는 것이 보였고, 내가 어렵사리 말을 마무리하자 곧 광고가 나갔다. 기자들은 충격받았고, 격분했다. 콜롬비아에서는 혼외 동거를 백안시한다. 내가 과도하게 공격했다면, 나에 대한 비난들도 마찬가지로 과도한 것이었다. 앵커들이 격분하는 것을 보면서 콜롬비아 국민들이 내가 밝히고자 했던 바를 마침내 이해했으리라는 확신이 들었다.

집에 돌아오니, 실제로 많은 사람들이 전화로 내 생각을 확인해주었다.

"이제야 알았어요. 브라보! 정말 잘했어요."

의회 토의가 열흘 가량 남아 있었다. 첫 승리에 힘을 얻은 나는 다시 용기를 냈다. 그때, 계속 기대하고 있다가 몇 주 전부터는 도움을 아예 포기하고 있던 사람으로부터 결정적인 원조를 받게 되었다. 바로 아구스틴 아랑고였다. 그는 프랑스 군수회사 파마스의 보고타 지사장이었다. 나는 갈릴 사가 계약 건을 따낸 그 말 많은 입찰 경쟁에 그 역시도 참여했다는 후문을 들은 터였다. 수차에 걸쳐 도움을 청했으나, 비밀을 유지하겠다고 콜롬비아 정부와 맺은 약속에 충실했던 그는 번번이 내 요청을 거절해오고 있었다.

"이건 정말 우리끼리 얘기지만, 만일 내가 입을 열면, 난 죽은 목숨이나 마찬가집니다."

그는 이렇게 말하곤 했다.

내가 TV에 출연한 다음 날, 아랑고가 전화했다.

"의원님, 기자들 하는 짓거리에 정말 구역질이 나는군요. 곰곰 생각해보았는데, 다 설명해드리겠습니다. 자료들을 보여드리고, 뼛속까지 썩은 놈들 이름을 가르쳐드리죠. 하지만 한 가지만 약속해주십시오. 날 만났다고 절대로 발설하면 안 됩니다."

나는 그러겠다고 맹세했다. 지금 내가 우리들의 은밀한 협조관계를 감히 밝히는 것은 의회 토의 얼마 뒤 아랑고가 죽었기 때문이다. 그를 태우고 가던 개인용 헬리콥터가 추락한 것이었다. 하지만 나는, 사고가 아니었다고 믿을 만한 충분한 이유들을 알고 있다.

결국 전원이 참석한 가운데 의회 토의가 개시되었다. 우리를 지지하겠다고 약속했던 보테로 국방장관은 사실 갈릴 사를 위해 황당무계한 쇼를 꾸미고 있었다. 개회 시간이 되자, 난 패션쇼가 시작되는 줄 알았다. 가죽 장화를 신고 미니스커트를 입은 늘씬한 모델들이, 그 유감스럽게도 유명한 이스라엘제 소총을 흔들면서 우리 눈 앞에서 원을 그리며 행진했다. 의원들은 '크레이지 호스' 유곽에서 하던 대로 자지러지는 환성을 내질렀다. 대체 이렇게 통탄스러운 코미디에 휩쓸려가는 나라가 민주국가라고 자처할 수 있을까? 나라 꼴을 생각하니 수치스러웠고, 우리 의원들 때문에 수치스러웠고, 훈장을 치렁치렁 가슴에 달고 흐뭇한 얼굴로 참관하고 있는 군 수뇌부 20여 명 때문에 수치스러웠다. 더욱이 모든 언론, 특히 TV 방송사들이 거기 있었다. 국민들은 이런 따위의 쇼에 박수를 쳐대는 인간들에 대해 무슨 생각을 할 것인가?

나는 서른셋이었고, 난생 처음으로 동료 의원들 앞에서 발언하는 것이었다. 온 나라가 내 발언을 기다리고 있었다. 언론은 이 토의를 보테로 국방장관과 나의 대결로 보았고, 미리부터 장관의 압도적인 승리를 점치고 있었다. 신참의원인 나는 얼마나 엄청난 압박감에 시달렸는지 진짜로 병이 나버렸다. 그날 아침 눈을 뜨면서부터 고열에 시달렸고, 보테로 장관의 '갈릴 걸스' 배꼽춤을 보면서 나는 약에 취한 사람처럼 심장이 쿵쿵거리고 땀에 젖어 있었다.

살다 보면 자신의 운명을 걸고 있다는 느낌을 선명하게 받는, 극도로 강렬한 순간들이 있다. 내 차례가 되어 연단에 올라서면서, 심한 현기증과 함께 바로 그런 느낌을 받았다. 콜롬비아 의회에서는 아무도 남의 말을 듣지 않는 것이 '규칙'이다. 의원들은 큰소리로 떠들고, 일어서서 왔다갔다하며, 의회를 완전히 난장판으로 만들어버린다. 발표의원은 허공에 대고 말하는 것 같은 처절한 느낌을 받기 일쑤다. 그러나 이번에는 달랐다.

내가 말문을 떼자, 좌중은 놀라우리만치 고요해졌다.

"콜롬비아의 명망 높은 가문 출신인 장관이 자신의 권위와 가련한 반짝이쇼를 동원해서 부패한 것인 줄 자신도 완벽하게 알고 있는 계약을 옹호하려는 것을 믿을 수가 없습니다. 장관이 왜 그러는 것인지, 무슨 개인적인 이익을 위해서 턱없이 비쌀 뿐만 아니라 빗방울만 맞아도 병사의 얼굴을 날리며 터져버릴 기술적으로 낙후한 소총을 우리 군대에 보급하려는 것인지 자문해보아야 할 것입니다."

45분 동안 나는 물증을 제시해가며, 정부가 독일, 프랑스 또는 미국제 초현대식 소총보다 더 비싸게 사들인 이 태곳적 무기를 가장 완벽한 소총으로 제시하게 된 경위를 낱낱이 밝혔다. 난 자료들을 내보여 가면서 장관을 고발했고, 장내는 쥐죽은듯 고요했다. 몇 주 전부터 내게 가해졌던 공격들을 하나씩 되돌려 주면서 내가 우세를 점하고 있음을 알아차렸다. 그날, 나는 의식하지 못했지만, 앞으로 계속 나를 따라다닐 '연설가' 라는 평판을 얻었다. 그 다음부터는 내가 하원과 상원에서 발언할 때마다 의원들은 긴장 감도는 침묵 속에서 내 발언을 청취하게 되었다. 물론 증오 어린 침묵이지만.

내가 이긴 것일까? 두말할 것도 없었다. 비록 내 승리를 뺏어가기 위해 모든 시도를 다하게 된다 하더라도 그건 내 승리였다. 나는 기자들을 설복했고, 그들 가운데 『캄비오 16』에 문제의 기사를 쓴 마리아 테레사 아라졸라 기자는 내가 발언을 끝내고 의석으로 돌아오자마자 사과하러 왔다.

"우리가 의원님께 저지른 잘못을 언젠가는 바로잡을 기회가 오기를 바랍니다. 우리가 완전히 놀아났다는 걸 깨달았습니다."

언론은 내 발언의 토대가 된 조사의 단편들을 실음으로써 부분적으로 잘못을 바로잡았다. 그렇게 해서 국민들은 마침내 바른 정보를 얻게 되었고, 부패한 정부의 실상을 두 눈으로 목격했다. 그러나 동시에, 국민들은 정부가 신기하게도 난국을 빠져나가는 것을 확인해야 했다. 의원들은 모두 한 몸이 된 듯, 보테로 장관에게 찬성표를 던진 것이었다. 왜 단 한 표의 반대 표시도 없었을까? 왜 수사 개시를 요구하지 않았을까? 왜냐하면 그들 역시 부패했기 때문이었다. 국민들은 이를 알아차렸을까? 나는 그렇다고 믿었고, 그러기를 바랐다.

1994년 9월의 일이었다. 두 달 뒤, 재무 감사를 통해서 내가 옳았음이 '사후에' 밝혀졌다. 갈릴 계약 당사자들에 대한 감사를 실시한 결과, 비리는 더 이상 감출 수 없게 되었다. 이미 돈을 지불하고 콜롬비아 정부에 넘겨진 공장은 소총 한 자루도 생산하지 않았고, 앞으로도 영영 생산할 수 없는 상태였던 것이다. 그것은 가히 기념비적인 낭비라 할 만했다. 감사관은 "고위공무원 세 사람의 자금 횡령 사실을 명백히 확인했다"고 발표했고, 그 공무원들, 세 희생양의 이름을 밝혔다. 콜롬비아에서는 흔한 일이지만, 이것은 너무나 비중 있는, 그래서 건드릴 수 없는 진짜 책임자에게 대가를 치르게 하지 않고 스캔들을 무마시키는 조작일 뿐이었다.

그리고 언론은 다시 한 번 자신들의 책임을 회피했다. 자신들이 회유당하기 전에는 우리를 '4총사'라고 부르던 언론이었지만, 우리가 옳았음을 인정하는 기사는 하나도 없었다. 의원들의 비열한 눈감아주기에 의문을 품는 기사도 없었고, 뼛속까지 부패한 정부와 군인들을 규탄하는 기사도 없었다. 보테로 장관은 기자들이 집무실로 몰려오자 짐짓 놀란 척하면서 정부의 위상에 상처를 입은 양 고고하게 소리를 높였다.

"법적인 조치가 필요합니다. 범인들을 찾아내고 죄목에 합당한 벌을 주어야 합니다."

그러나 계약은 여전히 유효했고, 뇌물은 분배되었다.

더 심각한 일이 벌어졌다. 정부 스캔들을 서둘러 덮어버렸던 바로 그 사법부가 검찰에 날아든 익명의 투서를 근거로 나에 대한 수사에 착수한 것이었다. 이 소식을 내게 전해준 것은 고소한 기색이 역력한 기자들이었고, 나는 다시 무대 전면에 나서게 되었다. 우연이었을까? 그날은 국민들의 관심을 분산시키는 게 시급한 일인 양 갈릴 사건을 종결하는 바로 그날이었다.

신문 1면에 대문짝만하게 실린 나의 기소 관련 기사는 다시 한 번 가눌 수 없는 충격이 되었다. 나는 부패한 정부가 자기들의 길을 가로막는 자를 무력화하기 위해 갖고 있는 수단이 얼마나 광범한가를 두 번째로 경험하게 되었다. 나는 정부가 가진 무서운 힘을 알게 되었고, 전율했다. 나를 몹시 염려하던 친구이자 동료 의원인 에스피노사가 변호사를 소개해주었다. 그 변호사는 이후로 법이 나를 치려할 때마다 나를 지켜주었다. 나이 든 변호사 우고 에스코바르 시에라는 전직 법무장관으로, 자신이 속한 법조계의 모든 내막을 다 꿰뚫고 있었다.

그를 찾아갔다. 치명타를 당해 너무나 극심한 고통에 시달리다 보니 나는 선거기간 동안 무기상을 만났다는 데 죄책감을 느낄 정도까지 되어 있었다. 그것은 금지된 일일까? 처벌받을 수도 있을까? 그럴지도 모른다. 알 수 없었다. 법을 몰랐기 때문에.

시에라가 말했다.

"이 보게, 자네가 덤벼든 괴물이 얼마나 막강한지 자넨 모르고 있네. 그들은 자네에게 아무런 반대거리도 없다는 걸 잘 알고 있어. 하지만 자네를 망치기 위해선 어떤 것에도 굴하지 않는 사람들이야. 자네같이 정직한 사람들의 문제는 끊임없이 자신이 잘못이라고 느끼는 경향이 있다는 거지. 자넨 아무 잘못도 없어. 날 믿어야 하네, 물론이지. 하지만 무엇보다도 자기 자신을 믿어야 해."

진술이 있을 때마다 그는 나와 동행했고, 그가 나타나면 공무원들이 겁낸다는 것을 알게 되었다. 다시 용기를 냈다. 갈릴 사건 수사는 두 달간 지속되었고, 나에 대한 수사는 1년 이상 끌어갔다. 시에라는 언제나 사려 깊게 나를 인도해주었고, 모든 저열한 공격을 민첩하게 막아주었다. 그리고 최소한의 수임료도 거절했다. 늘 이렇게 말했다.

"내가 자네를 변호하고 싶어서 변호하는 거라네. 그렇게 알게나."

그러던 어느 날, 고소인의 입에서 믿을 수 없는 말이 나왔다.

"우리는 아무런 증거도 찾지 못했기 때문에 귀하에 대한 수사를 종결할 것입니다. 수사 종결 증명서를 발부해드리겠습니다. 다만 한 가지 조건이 있습니다. 언론에 아무것도 발설하지 말아야 합니다. 우린 언제든지 수사를 재개할 수 있다는 것을 명심하시기 바랍니다."

속이 훤히 보이는 협박이었다. 그날 저녁, 나는 이 증명서 사본을 모든 전국 일간지에 보냈다. 그러나 전 세계에 독립 언론이라고 자랑하던 콜롬비아 언론은 이에 대해 단 한 줄도 싣지 않았다.

7 삼페르는 내가 하원의원으로 뽑히고 나서 두 달 후인 1994년 6월 19일 대통령에 당선되었다. 그를 탐탁지 않게 여기던 나였지만, 자유당의 정치윤리 강령 작성을 수락함으로써 삼페르를 지지해오고 있었다. 그 당시 나는 정치윤리에 관한 그의 담론을 진지한 것으로 믿고 싶었고, 보수당보다 힘 없는 사람들에 대한 사회적 관심이 더 많은 자유당의 정책에 뜻을 같이했다. 보수당은 삼페르에게 패한 불운아 파스트라나가 이끌고 있었다.

대통령에 당선된 지 이틀 후인 6월 21일, 삼페르 대통령을 비난하는 폭탄급 스캔들이 터졌다. 화약에 불을 댕긴 것은 낙선한 파스트라나였다. 자신의 패배를 인정하는 자리에서 그는 외쳤다.

"삼페르 당선자에게 한 가지만 묻겠습니다. 삼페르, 당신은 마약 마피아로부터 선거자금을 받지 않았다고 국민 앞에서 양심을 걸고 맹세할 수 있습니까?"

삼페르는 응수하지 않았고, 그와 동시에 칼리 마약 카르텔의 악명 높은 두목들인 로드리게스 형제가 삼페르의 선거자금을 댔다고 말하는 녹음테이프 내용이 언론에 폭로되었다.

이어서 이 녹음테이프는 미국 마약단속국 요원들이 대선기간 동안 녹음해서 투표 1주일 전 파스트라나에게 전달한 것으로 밝혀졌다. 물론 삼페르 후보를 공격하기 위한 것이었다. 그러나 파스트라나는 선거에 진 다음에야 이 녹음테이프를 공개한 것이다.

그러나 이 톱뉴스는 제 효과를 내지 못했다. 패배자의 분풀이라고 여겼기 때문일까? 그것만은 아니었다. 그해 1994년 봄, 콜롬비아 국민들은 마약 마피아 중에 가장 잔혹한 메데인 카르텔의 가공할 두목 에스코바르가 이끌던 폭탄 테러전에서 갓 벗어난 때였다. 수백 건의 사살 테러와 갈란 암살을 지휘했던 에스코바르가 수개월에 걸친 추적 끝에 사살되었던 것이다. 비로소 국민들은 숨을 쉬기 시작했고, 피비린내 나는 역사의 한 장을 넘기면서 이제 다시는 마피아가 의원들에게 자신들의 법을 강요하지 않으리라 믿고 싶었다. 그런데 신임 대통령이 대통령 관저 나리뇨 궁에 입주하기도 전에 이 무슨 얘기인가? 신임 대통령이 새로운 코카인 황제 로드리게스 형제의 자금을 받았다니! 결국 모든 것이 다시 시작된다는 뜻인가? 사람들은 지긋지긋해서 살 수가 없었다. 그저 희망이라도 가져볼 권리, 그저 착각이라 할 지라도 그 속에서 위로받으며 살 수 있는 권리만을 원했다. 그리고 국민들은 연일 신문에 오르내리는 불길한 기사들을 애써 외면함으로써 나름대로 이 권리를 주장했다.

불행이었을까, 아니면 다행이었을까? 사람들은 불법 선거자금을 받은 것으로 여겨지는 삼페르 대통령에게 해명을 요구하는 대신, 스캔들이 터져나오게 한 장본인인 파스트라나를 비난했다. 세계인들이 보는 가운데 콜롬비아의 자칭 '복원된' 이미지를 더럽혔다고 비난받은 파스트라나는 곧이어 '엘 사포', 두꺼비라는 별명을 얻게 되었고, 신문과 담벼락은 그의 풍자화로 가득 채워졌다. 4년 후인 1998년에 대통령으로 선출된 이 정치인은 당시로서는 매도당하고, 손가락질당하다가 결국 동포의 맺힌 한을 피해 콜롬비아를 떠나 잠시 외유를 선택해야 했다.

삼페르 대통령은 계속 침묵을 지켰다. 하기는, 대통령은 깨끗하다고 그저 믿고 싶어하는 국민들에게 무엇 때문에 이 음험한 사건에 대해 밝힐 것인가? 국민들은 전적으로 대통령을 편들고 있는데 말이다. 그러나 7월 15일, 수상쩍은 바람이 미국 쪽에서 불어올 수 있음을 감지하고 삼페르 대통령은 대담한 선제 조치를 취했다. 그는 콜롬비아 국민들이 아니라 미국 상원의원들에게 서한을 보내, 녹음테이프는 자신의 정부를 붕괴시키기 위한 칼리 마약 카르텔의 음모의 결과라고 설명하고, 미 의원들에게 자신이 마약밀매단과 싸울 수 있도록 원조를 부탁했다. 파렴치한 짓이었지만 극도로 영리한, 두 가지를 한 번에 노린 일격이었다. 한편으로는 미 상원의원들과 결탁함으로써 클린턴 정부를 당황케 하고, 다른 한편으로는 콜롬비아 국민들에게 자신의 양심을 당당하게 입증하는 것이었다. 더욱이 그는 국민들을 겨냥해, 메데인 카르텔이 갈란의 목숨을 노렸던 것처럼 칼리 카르텔은 자신의 목숨을 노린다는 명백한 메시지를 덧붙였다.

그리고 나는 다른 모든 국민들처럼 그가 친 함정에 빠졌다. 삼페르 대통령이 이 정도로 이야기를 꾸며내리라고는 믿을 수가 없었다. 난 삼페르 정부가 부패에 강력하게 대응하는 모습을 보여주는 것이 이로울 것이라고 생각했기 때문이었다. 나는 우리 부모님과 저녁을 들면서 나눈 이야기들을 기억하고 있었다. 틀림없이 그 당시 모든 가정에서 다 그랬겠지만, 대화는 녹음테이프 사건을 중심으로 돌아갔다. 아버지가 말했다.

"불 보듯 환히 들여다보이는 일이야. 누가 아직도 마피아의 자금을 수락하겠냐? 대통령은 그런 짓을 하기엔 너무 영리한 위인이지. 이건 분명히 로드리게스 일당의 음모야. 물론 나는 삼페르 대통령을 좋아하지 않고, 차라리 파스트라나를 택했겠지만, 어쨌든 삼페르 대통령은 자기 분야에서는 잘 지휘해나가고 있어. 미국 정부가 온갖 범죄에 대해 콜롬비아 사람들을 의심하고 있기 때문에 미국 여론이 우리나라 상황을 바로 알도록 상원의원들에게 원조를 요청한 건 잘 한 일이야."

그랬다. 우리는 모두 클린턴 정부의 의심에 대항해 격앙된 민족주의에 휩싸여 있었다. 클린턴 정부의 의심은 우리 신임 대통령에 대한 일종의 무시이며, 우리 국민들에 대한 일종의 제국주의의 처사처럼 보였다.

더욱이 8월 16일 구스타보 데그레프 검사가 로드리게스 형제 것으로 여겨지는 녹음테이프를 분석한 결과, 삼페르 대통령에 대한 수사를 개시할 근거가 없다고 발표했다. 곧 퇴임 예정이던 데그레프 검사가 후임자 알폰소 발디비에소의 부임 48시간을 앞두고 황급히 이런 결정을 내린 이유를 나는 머지않아 알게 되었다. 그러나 당시로서는 전혀 그의 발표를 의심하지 않았고, 8월 그 즈음에 삼페르 대통령이 나리뇨 궁으로 나를 초대했을 때 나는 오히려 대통령과의 재회를 기대하고 있었다. 자리가 사람을 만든다고 하지 않는가? 난 정부 수반 자리가 그를 얼마나 변신시켰을지 궁금했다.

아니었다. 농담 좋아하고, 사람을 호리고, 경박하기는 여전히 마찬가지였다. 나라 걱정 빼고는 모든 것에 관심 있는 사람이라는 느낌을 받았을 뿐이었다. 내가 다루던 갈릴 사건도, 그 유명한 녹음테이프 사건도 언급하지 않았다. 아니, 자기 스타일대로 시큰한 농담을 던지긴 했다.

"잉그리드 의원, 너무 큰소리로 얘기하지 말아요. 양키놈들이 이 방에 도청장치를 설치했거든."

가벼운 농담을 몇 마디 하더니, 우리 부모님의 안부를 물었다. 여기서 내가 아무 가치 없어보이는 대화 내용을 공개하는 것은, 머지않아 내 정치 생명을 끝장낼 뻔한 고발로 나를 내몰아가면서 이 대화는 내게 결정적인 중요성을 띠기 때문이다.

"욜란다는 안녕하신가?"

"네, 잘 계십니다. 정계를 떠난 게 서운하지 않으신 것 같아요. 알베르게와 아동 구호사업에 전념하고 계십니다."

"다행이로군. 아버님은?"

"편안하세요. 돈 문제가 있긴 하지만, 심각한 건 아닙니다. 지난 번에 이 문제로 얘기했는데, 너무하긴 하더군요. 20년 전부터 연금이 재조정되지 않았다니……. 아버지가 그러시더군요. '평생 나라를 위해 일한 내가 사는 걸 보려무나. 서푼밖에 없잖니……' 대사에 장관을 지내신 분인데, 정말이지 황당한 얘기죠. 제 아버지가 이러니 다른 사람들은 오죽할까 생각했습니다."

"그래요, 모든 걸 다 재검토해야 하겠지. 알았어요. 내가 아버님을 위해 무언가 할 수 있다면 기쁘겠소."

우린 여기서 대화를 그쳤다. 난 당연히, 아버지를 위해 아무것도 부탁하지 않았고, 대통령은 그저 예의상 관심을 보인 것이라 생각했다. 대통령 집무실을 나오다 보니 오후 내내 의원들과 면담이 잡혀 있는 것을 알았고, 삼페르 대통령이 임기 초기에 다수당의 의욕적인 사기를 확인하는 것은 잘하는 일이라고 나는 생각했다. 이어서 나는 다시 갈릴 사건에 매달렸다. 의회 토의가 다가오고 있었고, 아는 바와 같이 나는 태풍의 눈 속에 있었다.

1994년 11월 말, 우리는 이스라엘제 소총 사건을 완전히 종결시켰고, 나와 세 동지들은 마침내 콜롬비아 국민들의 신뢰를 얻을 수가 있었다. 이제 우리는 난제를 해결한 것으로 인정받았고, 부패와 벌인 싸움에, 그리고 국가 상층부의 사고방식을 바꾸기 위한 투쟁에 첫걸음을 내디딘 것이다. 그리고 나서 우리는 마약밀매단과 정치인들을 결탁시키는 끔찍하고도 내밀한 관계를 파헤치기로 결정했다. 왜인가? 바로 이런 암적인 관계가 콜롬비아 사회를 파먹고 있고, 이 종양을 도려내고 감염부위를 깨끗이 제거하지 않는 한 개혁은 있을 수 없다고 확신하고 있기 때문이었다. 녹음테이프 사건에서 보여준 국민들의 한 맺힌 반응은 이 종양이 얼마나 고통스러운 것인가를 입증해준 셈이었다. 콜롬비아 국민 모두는 종양을 키우고 있는 삼페르 대통령이 아니라 그 부위를 지적하는 파스트라나를 처단하고자 했다. 전임 대통령 시절 가비리아가 에스코바르를 치기로 결심하기 이전에 삼페르와 맺은 음험한 거래에 대해서도 우리는 침묵하지 않았던가? 이 모든 것은 거짓이라고, 만일 사실이라면 콜롬비아의 영혼을 잃게 되는 것이기에, 우리는 거짓이기를 은밀히 희망하며 진실에 침묵하지 않았던가? 전례에서 교훈을 얻은 우린 진실을 밝히는 것이 국가 개혁에 필수 불가결한 선제조건이라고 믿었다.

첫 번째 조치로 우리는 국가 보안에 관한 의회 토의를 열기로 결정했다. 그것은 에스코바르가 파생시킨 테러리즘을 되짚어 보고, 이런 일이 가능하게 된 경위를 공개적으로 반성하면서 정부가 이 마피아 전쟁을 어떻게 타개했는지 알아보려는 것이었다. 우리는 토의를 준비하면서 알게 된 진실을 국민들에게 밝혀야 했다. 에스코바르는 1989년 갈란을 암살했다. 갈란이 마약범죄자들의 미국 인도를 주창했고, 그가 대통령으로 뽑힌다면 인도안이 채택되어 시행될 것이기 때문이었다. 암살된 갈란의 후계자로 자처해 대통령으로 뽑힌 가비리아는 취임 직후 이 인도안을 포기했다. 그렇게 해서 에스코바르의 투항을 얻어내어 폭탄 테러전을 끝낼 수가 있었다. 가비리아의 대승리라고 믿었지만, 사실은 정부가 에스코바르 앞에 굴복한 셈이었다. 에스코바르는 전혀 우리가 상상하는 그런 포로가 아니었던 것이다. 죄수 에스코바르는 '대성당'이라는 별명의 호화스러운 감옥에 거주했고, 그 안에 참모 20여 명을 거느리고 있었다. 또 그 '감옥'에서 어느 때보다도 활발히 그는 국제적인 코카인 밀매사업을 펼치고 있었다. 사실, 그의 상황은 '감옥'에 들어간 다음부터 호전되었다. 옛 동업자, 칼리 카르텔 로드리게스 형제의 끔찍한 증오를 산 그는 나라 경찰의 보호를 받으면서 '대성당'에 들어가 있는 편이 훨씬 안전했던 것이다. 분명코 그것은 수감이 아니라 '보호'였다. 에스코바르는 감옥 열쇠들을 자기가 갖고 있었다. 그러나 이건 아무것도 아니었다. 에스코바르는 사실 그 감옥의 '소유주'라 할 수 있었다. 자기 땅에 자기가 돈을 대서 자기를 위한 감옥을 지었던 것이다.

그렇다면 에스코바르가 자신의 황금 감옥에서 왜 탈출하게 되었을까? 그 이유도 곧 알게 되었다. 감옥에서 그는 코카인 밀매사업을 벌이고 있었을 뿐만 아니라, 마피아 법에 따라 사형을 내리는 '재판관'일까지 하고 있었던 것이다. '대성당' 내부에서 끔찍한 참살이 벌여졌다는 소식이 데그레프 검사의 귀에 전해졌다. 에스코바르의 심복 갈리아노 형제가 그의 돈을 가로챘다는 이유로 잔혹하게 살해된 게 수사를 통해 확인되었다. 사체 흔적도 찾을 수 없도록, 전기톱으로 두 사람을 산 채로 토막내어 바비큐로 구운 다음 개들에게 던져준 것이었다. 공포에 질린 검사는 사법부의 위신을 염려해 가비리아 대통령에게 에스코바르를 '진짜 감옥'으로 이송시키도록 요청했다. 그러나 에스코바르는 가비리아와 계약을 맺고 있었다. 에스코바르는 '대성당'에 묵는다는 단 한 가지 조건하에 투항한 것이었다. 가비리아는, 이 비밀계약을 어기고 진짜 감방에 집어넣는다면 에스코바르가 복수할 것임을 알고 있었다. 그래서 가비리아가 직접 나서서 에스코바르에게 이송 소식을 알려주었고, 그렇게 해서 암묵적으로 탈출하도록 부추긴 것이었다. 물론, 에스코바르는 아무 문제 없이 탈출에 성공했다.

그런데 몇 달 뒤, 에스코바르가 살해된 것은 어떤 정황에서인가? 우리는 의회 토의가 끝나고 나서 엉뚱한 조우를 통해 그 정황을 알게 되었다. 로드리게스 형제와 만난 자리에서였다.

토의 마지막 날, 의원들은 에스코바르 사건 조사를 주임무로 하는 '국가 보안 위원회'를 창설하기로 결정했다. '삼페르파'가 다수였던 의회는 삼페르 대통령에게 집중되는 의혹을 따돌리면서 가비리아를 격파하는 좋은 방법을 찾아낸 것이었다. 열 사람으로 구성된 위원회에는 우리 '4총사'도 끼어 있었다.

1995년 2월에 칼리 시청에서 업무회의를 하고 있는데, 우리를 잠깐 밖으로 불러내는 사람이 있었다. 나와 보니, 그는 로드리게스 형제가 보내서 왔다면서, 의회 토의를 지켜보았고, 에스코바르의 수감 조건에 대한 우리의 발언을 들었다고 했다. 그리고 로드리게스 형제가 우리에게 줄 다른 정보가 있다고 했다. 그들을 만나볼 것인가? 즉석에서 결정해야 했다. 그것이 그들이 제시한 유일한 조건이었다. 아무에게도 알리지 않고, 곧장 이 남자를 따라가는 것! 그 자리에는 루시오와 나, 그리고 다른 위원회 의원 한 사람이 있었다. 서로 눈빛으로 물어보았다.

"좋습니다. 갑시다."

우리는 밖을 볼 수 없도록 창을 막아놓은 차에 올라탔다. 우리가 길을 찾을 수 없도록, 우리가 갔던 장소를 나중에 확인할 수 없도록 기사는 한 시간 동안 거의 같은 장소를 뱅뱅 도는 것 같았다. 내리라고 해서 보니, 어느 건물의 지하주차장이었다. 승강기를 타고 올라가 어느 아파트로 들어갔다. 정성스레 꾸며졌지만 사람이 살지 않는 것이 느껴지는 아파트였다. 그러나 그 집에 있던 흑인 가정부는 '명문대가' 스타일로 빳빳하게 풀 먹인 흰 칼라와 에이프런을 두르고 있었고, 우리에게 음료수를 갖다주었다.

몇 시간이 흐르고, 하루가 저물어가도록 아무 일도 생기지 않았다. 이 아파트에는 우리와 상냥하고 친절한 가정부 부인밖에 없는 것 같았다. 이 부인이 우리에게 일정한 간격으로 음식과 음료를 갖다주었다. 우리가 겁을 먹은 것은 아니었다. 그러나 갈릴 사건, 더 정확히는 언론과 권력이 '콜트 사건'을 조작해가며 나를 치려 했던 작태로 뜨거운 맛을 본 나는 다시 함정에 빠지게 될까 두려웠다. 로드리게스 형제와 우리의 대화 장면이 찍히지 않는다고, 이 장면이 TV 뉴스에 방영되지 않는다고 누가 장담할 것인가? 마약밀매단과 정치인들의 관계를 고발하는 우리 입을 다물게 하는 최상의 방법이 되지 않을까? 이런 생각을 하면서 내가 말했다.

"여기서 나가는 대로, 곧장 언론에 모든 걸 알려줍시다. 투명하게 모든 것을 보여주는 것만이 장차 있을지 모르는 함정으로부터 우리를 지키는 유일한 방법이니까요."

밤이 깊어질 때쯤 해서 갑자기 집 안이 움직이기 시작했다. 문소리가 나고, 사람 목소리도 들려왔다. 가정부가 우리를 작은 방으로 데려갔다. 그 방에는 테이블 하나와 양쪽에 각각 세 개씩, 의자 여섯 개가 놓여 있었다. 가정부는 우리에게 비어 있는 세 의자 앞에 나란히 한 줄로 앉으라고 했다. 그러고도 15분이 흘렀다. 마침내 그 사람들이 들어오는 것을 보자 내 심장은 쿵쾅거렸다. 공포의 상징 그 자체

151

로 신문에 그렇게도 자주 등장하는 얼굴들을 실제로 보는 것이었다. 먼저, 단신에 백발의 갈기머리를 휘날리는 연장자 힐베르토가 내게로 곧장 다가오더니 악수를 청했다. 그는 경의의 표시로 날 '선생'이라 부르면서 예우를 갖추었다.

"선생, 안녕하십니까!"

이어서 좀 더 호리호리한 동생 미겔이 들어왔고, 마지막으로 칼리카르텔의 3인자, 호세 산타크루스가 엄청난 거구를 흔들며 들어왔다.

힐베르토는 우리가 놀라서 당황한 것을 알아차렸고, 긴장을 풀어주는 말로 시작했다.

"우리를 직접 보고 놀라셨군요. 하지만 우리도 정상적인 보통사람이라는 데 더 놀라셨을 겁니다. 보세요, 우리는 금반지도 금목걸이도 안 걸쳤습니다."

나도 속으로 그렇게 생각하고 있었다. 정말, 평범한 상인들인 줄 알겠어. 풀어헤친 남방에 감색 바지, 편안한 단화, 언제나 봄 날씨 같은 칼리의 전형적인 복장이었다. 눈에 띄는 것이라곤 찾아볼 수 없었다.

루시오가 물었다.

"왜 우리를 만나려 했습니까?"

그러자 힐베르토는 놀라운 얘기를 풀어놓았다. 자기들은 콜롬비아에 유익한 일을 하고 있다는 것이었다. 합법적인 기업을 수십 개 만들어 칼리 시민 과반수에게 일자리를 주었다고 했다. 또한 자신들은 부당하게 법관들에게 시달리는 희생자이며, 오로지 콜롬비아 국민들의 행복과 번영만을 바란다는 것이었다. 나는 갑자기 화가 치밀었다. 어떻게 감히 이 갱들이, 이 범죄자들이 의적 로빈 후드로 자처할 수 있단 말인가?

"당신들 때문에 우리나라 사람들이 외국에 나갈 때마다 밀수꾼 취급을 당하고 있다는 걸 알기나 하세요?"

내가 신경질적으로 대들었다.

"당신들은 국제사회에서 콜롬비아의 이미지를 망쳐놓았어요. 또일 얘기를 하시는데, 사실 당신들은 우리 국민들을 공포와 불안 속으로 몰아넣고 있다구요. 당신들 때문에 콜롬비아 사람들은 이제 더 이상 미래를 꿈꿀 수 없게 된 겁니다."

이 말에 미겔이 벌겋게 열을 받았다. 자리를 박차고 일어서서 무언지 모를 소리를 웅얼거리더니 더 이상 자제할 수 없는 듯 방을 나가버렸다. 내 동료들이, 놀라서 입을 다물었다. '브라보, 잉그리드. 정말 큰일 했군, 큰일 했어. 이제 어떡할 거야?'라고 걱정하는 표정으로 묻는 듯했다.

그러나 힐베르토는 동생이 나간 것이 미리 계획된 것인 양, 침착하게 다시 말을 이었다.

"자, 그럼, 에스코바르의 죽음과 관련해서 우리가 가비리아 전 대통령과 어떤 협약을 맺었는지 알아두시기 바랍니다."

에스코바르는 로드리게스 형제에겐 악마나 다름없었다. 풋내기도 아닌 힐베르토가 그에 대해 말하면서 공포에 질린 목소리가 되는 것을 보면 알 수 있었다. 거기에는 사연이 있었다. 오랫동안 동맹관계였던 그들은, 에스코바르가 자신에게 빚을 갚지 않은 로드리게스파의 협력자 한 사람을 죽이겠다고 넘기라고 요구한 일이 있었다. 격분한 로드리게스 형제는 이 요구를 거부했고, 그러자 한 치의 양보도 없는 전쟁이 시작되었던 것이다.

'대성당'에 수감된 에스코바르가 전기톱으로 갈리아노 형제를 죽였을 때, 공포에 질린 갈리아노 집안은 당연히 로드리게스파로 피신했다. 힐베르토는 그들을 설득해 데그레프 검사에게 참살 사실을 알리도록 했다. 그런데 에스코바르가 기상천외하게 탈출해버리자, 데그레프 검사는 그 자가 신속히 제거되기를 바라는 사람들을 모두 불러모아 한 테이블에 앉혔다.

이른바 '메사 델 디아볼로', 악마의 테이블에 둘러앉은 사람들은 다음과 같았다. 가비리아 대통령의 특사, 왜냐하면 가비리아 대통령은 이제 에스코바르가 자신의 투항조건으로 내세운 합의 사항을 폭로할까 불안에 떨고 있었기 때문이다. 그리고 에스코바르에게 암살당할까 두려웠던 로드리게스 형제. 마지막으로 콜롬비아 경찰이 있었다. 에스코바르의 시카리오들에게 수십 명을 잃은 경찰은 그 자에게 집요한 증오심을 품고 있었다. 이렇게 해서 국가 최고위 기구의 대표자들이 모여 앉아 추호의 거리낌도 없이 범죄를 계획하게 된 것이었다. 이 회동은 내가 보기에 마피아에 침식당한 콜롬비아가 얼마나 중병에 걸렸는지를 보여주는 상징이나 다름없었다.

이 회동에서 로드리게스 형제는 에스코바르의 소재를 파악하고, 경찰 정예 사수부대에 신병을 넘겨주기로 약속했다. 이 살인 행각을 위해 부하 10여 명이 선발되었다. 로드리게스 형제는 그들 각각에게 100만 달러를 주기로 약속했다. 그리고 그 약속을 지켰다. 힐베르토가 폭로한 바에 따르면, 그들은 에스코바르를 찾아내기 위해 전화 도청장치를 이용한 전자소재파악기술 개발에 어마어마한 돈을 썼다고 했다. 로드리게스 형제는 열네 살짜리 아들에게 불에 달군 숟가락으로 희생자들의 눈을 도려내는 기술을 가르쳐준 짐승 에스코바르가 막내 손녀에게 각별한 애정을 품고 있다는 것을 잘 알고 있었다. 그가 손녀에게 전화할 것이라고 확신한 로드리게스 파는 이 전화 통화를 포착하기 위해 24시간 대기상태에 돌입했고, 결국 에스코바르는 이 함정에 빠져들었다. 1993년 12월 초 소재가 포착된 그는 숨어 있던 집 지붕을 통해 도망치다가 사살되었다.

그 당시, 온 나라는 축제 분위기였고, 신문 1면을 도배하던 그의 죽음은 가비리아 대통령과 경찰의 수훈으로 돌려졌다. 나와 두 동료 의원들은 다시 한 번 더, 우리 콜롬비아 국민들이 얼마나 기만당하고 농락당하는가를 알게 되었다. 최강의 마피아를 제거한 이 승리가 국가기구의 공적이 아니라, 또 다른 마피아의 공적이라니……. 이 암적인 부패는 나라를 계속 갉아먹었다. 로드리게스파는 협조의 대가로 엄청난 조건을 요구했던 것이다. 힐베르토, 결국 다시 돌아와 앉은 다혈질 동생 미겔, 산타크루스와 대담하면서 다음 사실을 알게 되었다.

수천 억대의 거부인 로드리게스 형제는 다시 참신한 모습을 되찾고 싶었고, 검은 돈을 세탁해서 자식들에게 물려주고 싶었다. 그러기 위해선 우선 투항해서 처벌을 받아야 했고, 그들이 법 앞에 자진 굴복하는 조건들에 대해 협상을 벌여야 했다. 범죄자 인도 원칙 포기와 초특급 호텔 수감을 전제로 투항했던 에스코바르의 전례를 따라서,

로드리게스 형제는 데그레프 검사의 공모하에 가비리아 대통령과 협상을 벌였다. 가장 연장자이던 힐베르토는 남은 가족들이 대대손손 떳떳하게, 부유하게 살 수 있도록 자진해 투항하려 했다. 그러나 그때는 이미 가비리아 대통령의 단임제 임기가 끝나가고 있었다.

이 면담을 하던 중에 갑자기 나는 녹음테이프 사건이 떠올랐다. 그 녹음테이프에서 로드리게스 형제는 가비리아의 후임자 삼페르에 대해 극도로 호의적인 발언을 했던 것이다. 나는 직감적으로, 로드리게스 형제가 가비리아 임기 말년에 투항할 수 없다는 가정하에서 삼페르와 접촉했으리라는 느낌이 들었다. 그래서 마치 우연인 것처럼 데그레프 검사는 삼페르가 대통령으로 뽑히자마자 문제의 녹음테이프 관련 수사를 개시할 이유가 없다고 발표한 것이라는 생각이 들었다. 그러니까 에스코바르의 저열한 투항 협상을 중재했던 바로 그 데그레프 검사가 이번에는 에스코바르를 죽인 로드리게스 형제를 위한 협상을 중재하고 나선 것이었다.

단번에 모든 것이 끔찍하리만치 투명하게 보였고, 미겔이 다시 발작할지도 몰랐지만 이를 무시하고 상대방들에게 정통으로 질문을 던졌다.

"그렇군요. 삼페르 대통령의 선거자금을 얼마나 댔습니까?"

"120억 페소요."

거만한 표정으로 미겔이 잽싸게 받아쳤다. 당황한 힐베르토가 동생의 실언을 수습하고 나섰다.

"맞습니다. 하지만 삼페르 대통령은 모르는 일입니다. 직접 전달한 건 아니니까, 대통령은 그때나 지금이나 전혀 모르는 일이지요."

내가 믿을 수 없다는 듯 미소를 지었다.

"죄송하지만, 정말 믿기 어려운 얘기군요. 후보에게 돈을 댈 땐, 뽑히고 나면 그에 따른 보답이 있기 때문 아닌가요?"

힐베르토는 자존심 상했다는 듯이 반박했다.

"선생, 우리도 정치적 소신을 가질 권리가 있습니다. 수많은 사람들이 이런저런 후보한테 익명으로 기부하는데 우리라고 못 할 게 뭐가 있습니까?"

이때, 누군가가 문을 두드렸고, 우리는 낮 동안 기다리던 거실에 다시 가 있어야 했다. 칼리 카르텔의 대부들을 찾아온 방문객들이 있었다. 발자국 소리와 낮은 목소리들이 멀리 들렸다. 이 사람들이 불투명 유리로 된 거실의 2중문 뒤에 섰을 때, 놀랍게도 방문객들은 제복을 입은 경찰들임을 알 수 있었다. 로드리게스 형제는 전국 경찰이 추적 중이라고 하지 않았던가?

다시 대화에 들어가자, 내가 놀라며 물었다.

"조금 전에 당신들은 추적당하고 있다고 했는데, 아까 경찰들은 당신들에게 아주 관대한 편인 것 같군요."

"좋은 연락책들을 알고 있지요."

힐베르토는 자기가 실제로 상당수 경찰을 매수했음을 내비쳤다. 우리가 놀란 입을 다물지 못하자, 조금 거만해진 모습으로 덧붙였다.

"의회도 마찬가지구요! 당신 동료 의원들 대부분이 우리 돈을 받고 있습니다."

"세상에, 대부분이라구요?"

나는 경악했다.

"하원의원 100여 명, 상원의원도 한 과반수쯤 되는 것 같군요, 선생. 이름을 알려드릴까요?"

물어보지도 않았는데 그는 10여 명의 이름을 내뱉었다. 나는 속으로 생각했다. 의원 과반수가 그들 편이라면, 마피아가 대통령보다 더 확실하게 나라를 지배하는 것 아니냐고.

그날 밤 대담은 이렇게 끝났고, 이어서 나는 로드리게스 형제가 우리에게 은밀한 제의를 했다는 생각이 들었다. 마피아들이 모든 정부 조직을 장악하고 있는데 우리가 그들과 '합류'하면 정말 안 되는 걸까? 그렇다면 우리는 과연 무엇 때문에 그들과, 그리고 부패와 싸움을 계속해 나가야 하는 것인가?

이튿날 우리는 약속한 대로, 로드리게스 형제가 에스코바르 제거에 연루되었음을 직접 밝혔다고 언론에 공개했다. 당시 우리는 콜롬비아 마약밀매단이 아무런 처벌도 받지 않는 것에 대처하기 위한 국제법정을 창설해야 한다는 주장을 옹호하고 있었다. 그러나 마피아와의 만남에서 얻은 교훈의 골자는 우리만 간직하기로 했다. 이 교훈은 장차 나의 투쟁과 성찰을 살찌우는 것이 되었다. 모든 국가기구와 제도를 마피아가 장악했다는 것이 그 교훈의 골자였다. 법 제정의 모태인 의회에서부터 그 법을 준수케 해야 할 사법부와 경찰에 이르기까지 마피아가 다 장악한 것이었다. 나는 그 어느 때보다도, 범죄자 인도만이 콜롬비아의 치명적인 악순환을 깨뜨릴 수 있다고 믿게 되었다. 갈란은 이 점을 알고 있었고, 또 해결책인 인도협정을 위해 싸우다 목숨을 잃은 것이었다.

한편, 삼페르 대통령의 선거자금을 댔다는 로드리게스의 자백—

콜롬비아로서는 진짜 원자폭탄이었다—을 공개하는 것은 자칫하면 무책임한 일이 될 수 있었다. 무엇보다도 조작에 넘어가면 안 되었다. 이를 공개하는 것은, 한편으로는 삼페르 대통령이 주장하는 것처럼 정부를 붕괴시키려는—하지만 힐베르토는 우리와 만난 자리에서 오히려 대통령을 보호하려는 기색을 보였다—기도일 수 있었다. 또 한편으로는 조사를 벌여서 녹음테이프 외에 다른 증거들이 있다면 찾아내야만 했다. 그때 가서야 비로소 진짜 전쟁을 벌일 수 있고, 또 그래야만 했다.

칼리 카르텔의 대부들을 만나고 나서 며칠이 지난 1995년 3월 1일, 미국은 콜롬비아의 '수혜국 자격'에 유보적인 견해를 내렸다. 미국은 부당하게도 경제원조 수혜국에 등급을 매길 권리가 있다고 자임했고, 이 등급에 따라 '선행상' 수여 여부가 결정되었던 것이다. 삼페르 대통령이 이끄는 콜롬비아에는 마약밀매단과의 더욱 납득할 만한 투쟁 전개를 전제로 한 '조건부 수혜국 자격'을 매겼다.

이것은 명백히, 녹음테이프 폭로 8개월 후에 삼페르 대통령에게 보낸 두 번째 경고장이었다. 그러나 대통령의 청렴결백을 믿고 싶었던 콜롬비아 국민들에게 이 메시지는 '양키놈들'의 새로운 모욕으로 받아들여졌다. 마약밀매단과 싸우는 우리는 우리 자신의 피로 대가를 치르고 있는데 세계 최고의 마약소비국가인 그들이 무슨 권리로 우리를 판단하는가? 국민들은 항거했다. 나라를 휩쓴 반양키 민족주의 바람은 언론의 국수주의적 기사들로 이어지면서 증폭되었다.

그러나 이튿날 3월 2일, 놀라운 우연의 일치로 힐베르토의 막내 동생 호르헤 엘리에세르가 경찰에 체포되었다. 삼페르 대통령은 미국에 그 일을 내세우면서 이보다 더 이상 나은 조치를 취할 수는 없었다고 미국 여론을 몰아가려고 했다. 양키놈들, 어제까지만 해도 우리가 마약밀매상과 충분히 싸우지 않는다고 비난하더니, 이 결과를 보아라! 양키놈들, 꼴 좋게 되었군! 콜롬비아 신문들은 신랄하게 야유했다. 로드리게스 가의 맏형이 경찰과 좋은 관계라고 자백했던 것을 떠올린 나는 생각했다. 이상한 일이야. 그냥 우연의 일치라기엔 너무 적시에 생긴 일이군. 어쨌든…….

이런 소동의 뒤편에서는 삼페르 대통령을 겨냥한 '법의 폭탄'이 제조되고 있었지만 국민들도, 우리 반부패 그룹도 아직 거기에 관심을 기울이지 않고 있었다. 앞에서 나는, 1994년 8월 중순, 데그레프 검사가 발디비에소에게 자리를 물려줄 것이라고 말한 바 있다. 신임 검사 발디비에소는 갈란의 사촌으로 그처럼 투철한 윤리관과 도덕성을 가진 사람이었다. 그의 직접 지휘를 받는 일군의 경찰들이 어느 가택수사에서 로드리게스 일당의 시혜를 받은 인사 명단을 발견했다. 데그레프라면 물론 이런 자료를 무시했겠지만, 발디비에소는 은밀하게 수사에 착수했다. 1994년 말의 일이었다. 1995년 1월 30일, 『캄비오 16』지는 수사보고서를 유출해 칼리 카르텔로부터 선거용 티셔츠를 받은 정치지도자 명단을 공개했다. 그때서야 사람들은 생각했다. 이런, 발디비에소 검사가 무언가 일을 벌이고 있군…….

실제로, 그는 일을 벌이고 있었다. 언론이 폭로한 이 티셔츠 사건은, 나중에 알게 된 사실이지만 미국의 직접 조종을 받던 발디비에소의 부하들이 전개한 수사 내용에 비하면 거의 에피소드 수준에 지나지 않았다. 티셔츠를 받은 행복한 수혜자들의 은행계좌는 경찰의 철저한 조사를 받았다. 마치 우연인 듯, 이들은 정식 수입과는 무관하게 엄청난 돈을 소유하고 있었다. 모든 것이 숫자화되어 공개되었다. 사법부가 본연의 임무를 수행한다는 사실에 익숙하지 않았던 의원들은 아무것도 감추지 않았고, 절대로 처벌되지 않으리라 확신하고 있었다. 그들은 심지어 자신들의 은행계좌에 고이 잠들어 있는 1억 5,000만 페소의 출처에 대한 수사관의 질문에 그림 한 점을 팔았다고 주장하면 법망을 쉬 빠져나갈 수 있다고 믿고 있었다. 1995년 초만큼 우리 정치인들이 많은 그림을 팔았던 적이 없었다.

4월 21일 콜롬비아 정치권에는 폭탄이 될 수사자료를 완성한 발디비에소는 콜롬비아 역사에 '8000번 소송' 으로 길이 남게 될 소송을 공식적으로 제기했다. 콜롬비아에서는 모든 소송에 번호를 매기는데, 이 소송이 후세에 남으리라 예상한 발디비에소가 딱 떨어지는 숫자를 얻기 위해 손을 쓴 것일 수도 있다. 어쨌든 이 시점에서 벌써, 발디비에소는 자유당 지도부의 에두아르도 메스트레를 투옥했고, 메스트레를 뒤따라갈 위험이 있는 의원 명단에는 10여 명이 들어 있었다.

이 소송이 알려지자, 나라는 큰 충격에 빠졌다. 사법부가 정치권을 불안하게 만든 적이 한 번도 없었기 때문이었다. 이 갑작스러운 선회를 어떻게 해석해야 할지 다들 우왕좌왕했다. 더욱이 발디비에소는 삼페르 대통령의 지지를 받지 못하는 것 같았기 때문에 기소된 의원 대부분이 대통령 측근이었다. 그러면 발디비에소는 무슨 은밀한 의도로 일을 추진하는 것인가? 오로지 도덕적 윤리에 대한 염려 때문일까? 온갖 추측이 무성했다. 제도권 출신 인사가 갑자기, 단신으로, 체계적 부패와의 전쟁에 나설 수 있다는 것 자체를 이해하기가 어려 웠다. 나는 나중에 가서야 이 수수께끼를 풀 수 있었다. 대권의 야심 을 품고 있던 발디비에소는 그렇게 자신의 공명정대함과 의심의 여 지없는 용기를 보여줌으로써 미국의 지원을 확보하고 있었던 것이 다. 좀 더 노골적으로 말하자면, 그는 미국이 원하는 것을 미리 알아 서 들어준 셈이었다.

1995년 6월 9일, 오랜 추적 끝에 힐베르토를 체포했다는 뉴스가 나왔다. 청천벽력이었다! 이 뉴스를 접하면서 비로소 나는 모종의 공 모가 있음을 깨닫기 시작했고, 이어서 나는 이 통탄스러운 공모사건 에 본격적으로 뛰어들어 진상을 파헤치게 된다. 뭐라고? 힐베르토를 '체포'했다고? 정부 고위층이 '악마의 테이블'에 불러들였던 사람, 자기 발밑에 칼리 경찰을 제압한 사람, 과반수나 되는 의원들에게 자 금을 대는 사람을 체포했다고? 이건 자다가도 웃을 일이었다. 이번 에는 다른 국민들처럼 속아넘어 가기엔 나는 너무 많은 것을 알고 있 었다. 힐베르토는 숨지도 않았고, 대통령궁과 투항조건을 타협하던 사람인데! 아니야, 나는 확신이 있었다. 그를 체포한 게 아니라, 그가 '자수'한 거야. 왜냐고? 그야 물론, 삼페르 대통령에게 숨통을 터주 기 위한 거지! 발디비에소가 대통령 측근을 내리치면서 위협을 점점 좁혀오는 동안, 대통령이 한 일은 무엇인가? 그는 눈부신 승리를 하 나 마련했다. 그러니까 경찰이 마침내 에스코바르에 이어 가장 악명 높은 마피아를 일망타진한 것이었다. 이제 누가 감히 대통령이 힐베 르토의 돈을 받았다고 우기겠는가? 의원들은 받았을지 모르지만, 대통령은 아니다. 늙은 힐베르토를 감옥에 처넣는 것을 보라, 그것이 증거 아닌가.

바로 그때부터 나는 기념비적인 스캔들이 될 이 사태의 전개를 언젠가는 재구성해 볼 수 있도록 모든 사건들을 면밀하게 기록하기로 결심했다. 우선, 속셈이 훤히 드러다보이는 두 '우연의 일치' 사건부터 기록했다. 미국의 '조건부 수혜국 자격'이 내려진 이튿날, 엘리에세르가 '체포'되었고, '8000번 소송' 개시 이튿날 힐베르토가 '체포'되었다. 이 야릇한 핑퐁 게임의 다음 경기는 언제쯤 시작될까?

삼페르 정권에 대한 미국의 은근한 간섭, 저명한 의원들에 대한 수사, 삼페르 대통령이 처한 분명한 난국 등 1995년 봄, 콜롬비아의 분위기는 유난히 무거웠다. 무시무시한 폭풍우가 몰아치리라는 예감은 비단 나 혼자만의 것이 아니었다. 도처에서 사람들이 숨을 죽이고 임박한 돌발 사태의 첫 신호를 지켜보고 있는 것 같았다.

환멸과 불길한 예감이 팽배한 가운데, 6월 22일자 『세마나』지는 쿠데타 음모가 있었다고 폭로했다. 다들 최악의 것을 예상하긴 했지만, 그것이 바로 쿠데타였을까? 어쨌든 그 보도는 겨우 1년을 넘긴 삼페르 정부의 취약성에 대해 시사하는 바가 많았다.

그리고 내가 예상했던 대로 핑퐁게임이 재개되었다. 쿠데타 소문에 대한 반향으로, 이번에는 로드리게스 형제 일당의 3인자 산타크루스가 7월 4일 '체포'되었다. 이번에도 역시 삼페르 대통령은 자신이 국가권력을 잡고 있고, 단호히 마피아를 처단하고 있다는 것을 여론과 군, 미국인들에게 입증하고자 했다. 그러나 내가 보기에는, 체포된 칼리 카르텔의 두목들이 친절하게도 경찰에 자수함으로써 대통령을 도우러 달려온 게 분명했다.

그러나 7월 26일, 사태는 대통령에게 악화되는 양상을 띠게 되었다. 발디비에소 검사가 삼페르 대통령의 대선 회계담당관이었던 산티아고 메디나를 구속, 수감한 것이었다. 이 소식에 나라는 온통 들끓었다. 메디나는 삼페르 대통령과 대통령의 오른팔, 보테로 국방장관의 동의하에 칼리 카르텔의 막대한 자금을 받았다고 시인했다. 그의 증언이 여론에 채 다 드러나지는 않았지만, 당일 저녁 정부 수반의 대국민 발표가 있다는 뉴스에서 상황의 심각성을 짐작해볼 수 있었다.

TV에 나온 삼페르 대통령은 완전히 딴 사람이었다. 내가 알던 농담꾼의 모습은 온데간데 없었다. 부은 얼굴에 경직된 표정이었고, 가끔씩 얼빠진 사람처럼 눈빛을 번득였다. 그의 주장의 요점은, 자신의 선거전에 마피아 자금이 들어왔다면, 그것은 자신의 신뢰를 배신한 사람들이 자기 모르게 한 짓이라는 것이었다. 그는 1년 전, 같은 비난에 대해 그런 사실이 없으며, 자신의 정부를 붕괴시키기 위한 로드리게스 형제의 음모라고 주장한 적이 있었다. 그러나 이번에는, 마피아 자금 수락이 아마 사실일 수도 있지만, 어쨌든 자신은 모르는 일이라고 잡아뗐다.

정부 최고위층에 가해진 첫 번째 타격이 있고 나서 이틀 후인 7월 28일, 삼페르파가 다수를 차지한 하원은 역설적으로 보이는 선제공격을 취했다. 대통령에 대한 수사 개시를 위한 조사위원회 개설을 통과시킨 것이었다. 대통령을 재단하기 위해서가 아니라, 사안을 고려할 때 그에 대한 법적 절차를 밟을 필요가 있는지 여부를 결정하기 위한 위원회였다. 대통령은 면책 특권이 있었기 때문에 발디비에소 검사는 대통령에 대한 법적 조치를 취할 수가 없었다. 반면, 의회 조사위원회가 대통령에 관한 범죄 요소를 들추어낼 경우, 위원회는 대통령을 법정에 세울 수 있었다.

위원회 소집은 민심을 진정시키는 장점이 있었다. 국민들은 마약의 검은 돈이 선거자금으로 유입된 책임의 일부가 대통령에게 있는지 여부를 마침내 알게 되리라고 생각했다. 그러나 나는, 이 위원회가 삼페르 대통령의 책임을 벗겨내고 어떻게 해서든 위협적인 끔찍한 재앙을 없애버리기 위해 최전선에서 조직된 수비대라고 확신하고 있었다.

위원회가 작업에 들어가기도 전에 두 번째 불씨가 번졌다. 7월 29일과 30일 주말 동안, 삼페르 대통령의 양쪽 팔인 보테로 국방장관과 오라시오 세르파 내무장관은 수감된 회계담당관 메디나에 대한 발디비에소 검사의 수사자료를 면밀히 검토하기 위해 별장으로 대통령을 찾아갔다. 7월 31일 월요일, 보테로와 세르파는 기자회견을 열어 메디나에 대한 기소는 성립될 수 없으며, 메디나가 대통령을 배신한 것은 오로지 자신의 죄를 덜기 위한 것이라는 등의 내용을 발표했다.

그러자 어느 기자로부터 예상치 못한 질문이 터져나왔다.

"지금 장관들께서는 메디나가 이런저런 자백을 했다고 말씀하셨는데요, 그렇다면 수사기밀에 속하는 그 수사자료는 어떻게 입수하게 되었습니까?"

TV 역사상 잊을 수 없는 순간이었다.

보테로 장관이 더듬었다.

"이 정보들은 …… 내무장관이 경위를 말씀드릴 것입니다."

말문이 막힌 보테로 장관은 세르파 장관에게 마이크를 넘겼고, 세르파의 얼굴은 벌겋게 달아올랐다. 물론, 주말 동안 이 자료를 훔쳤다고 자백할 수는 없었다.

세르파 장관이 망설이더니 더듬거렸다.

"내무부에 자진 내방했던 익명의 정보원에게서 얻었습니다."

당황한 그는 어물거렸다.

너무나도 명백한 이 거짓말에, 이튿날, 신문들은 사설을 통해 사법권 독립의 보장을 내세우며 두 장관의 사임을 요구했다. 그렇게 해서 주요 스캔들인 대통령 경선자금 문제에 부수적 스캔들, 즉 두 장관에 의한 수사기밀 법률 위반 문제가 끼어들게 되었다.

8월 2일 스타 장관 보테로가 사임했다.

이 역시, 황급히 민심을 진정시키기 위한 것이었다. 그러나 나는, 충복 보테로가 삼페르 대통령을 보호하기 위해 몸을 던진 것이라고 믿었다. 무슨 대가를 치르더라도 이 추잡하고 한심한 사건에 대통령이 연루되는 것을 막아야만 했던 것이다.

8월 4일 의회 조사위원회가 공식적인 업무에 들어갔다. 발디비에소 검사는 수수께끼 같은 선거자금 사건에서 대통령의 책임 정도를 파악할 수 있는 자료들을 위원회에 제출했다.

그러나 위원회가 열리자마자 위원회의 질문에 대한 첫 번째 폭탄성 답변이 TV를 통해 나왔다. 8월 5일 대통령을 위태롭게 하는, 마약밀매단과 대통령이 나눈 대화의 녹음테이프가 있다는 뉴스였다. 그것은 삼페르와 마피아 일원인 엘리자베트 몬토야라는 여성의 전화통화로, 삼페르에게 방문객이 갈 것이라고 알리는 내용이었다. 이 통화 내용 전문을 실은 것은 『세마나』지의 특종이었다. 어조를 보면, 삼페르와 이 여성간의 내밀한 관계는 의심의 여지가 없었다. 여자는 대통령을 '에르네스티코' 라는 애칭으로 불렀다. 그러나 무엇보다도, 확실한 것은 마피아 방문객들이 대선 후보 삼페르에게 자금을 가져갔다는 사실이었다.

회계담당관 메디나의 자백에 이은 이 자료는 분명히 삼페르 대통령에게 치명타였다. 국가의 수장이 보테로의 사임과 함께 페달을 놓치고, 휘청거린다는 인상을 주는 시점에 발생한 일격이었다.

삼페르 대통령은 무슨 말을 할 것인가? 이제 아무도 통제할 수 없게 된 재난의 소용돌이에서 벗어나기 위해 또 무엇을 꾸며낼 것인가?

이튿날, 즉 8월 6일, 다혈질의 미겔이 생포되었다! 내가 기억하건대, 형 힐베르토가 투항해서 몇 년간 감옥살이를 하겠다는 얘기를 듣고는 소리를 질렀던 미겔이었다. "하여튼, 난 죽어도 빵에 안 가. 차라리 되지고 말겠어." 물론 그는 투항한 것이었다. 그를 체포했다는 떠들썩한 뉴스만이 여론의 관심을 돌리면서 삼페르 대통령을 구하는 유일한 방법이었기 때문이다. 대통령이 여자 마피아와 히히덕거리는 걸 폭로했다고? 좋아. 하지만 그래도 대통령은 마피아 두목들을 잡아들였단 말이다! 그런데 왜 로드리게스 형제들은 자진해서 대통령을 구하러 온 걸까? 간단했다. 전임 대통령 가비리아와 마무리지을 시간이 없었던 협상을 삼페르 대통령과 맺었기 때문이었다. 즉, 미국으로 인도되지 않는다는 조건으로 투항해서 체면상 몇 년간 감옥살

이를 하고 출소한 다음, 온 가족이 떵떵거리며 행복하게 산다는 협상을. 삼페르 대통령은 로드리게스 일가를 지켜준다는 대가로 선거자금을 받은 것이었다. 삼페르 대통령은 로드리게스 일가의 구원자인 셈이었다. 만일 그가 무너진다면, 로드리게스 형제들은 미국으로 인도되어 종신형을 살지도 모른다는 위협 속에 불면의 날을 보내야 하는 것이었다. 이런 이유 때문에 그들은 자신을 한 사람씩 내주어 가면서, 삼페르 대통령이 위상을 되찾으면 신속히 출소하리라 계산하면서, 온몸으로 사면초가 상태의 대통령을 지키려고 했던 것이다.

미겔의 '체포'는 예상대로 큰 언론 효과를 냈다. 모든 신문의 머릿기사를 장식하면서 대통령과 몬토야의 통화 내용 기사를 2, 3면으로 밀쳐낸 것이다.

대통령은 칼리 카르텔을 일망타진했다고 우쭐할 수도 있었다. 국민들이 이에 속아넘어 갈 것인가? 국민들은 매일 아침 또다시 마른 하늘에 날벼락이 떨어지리라 예상하면서 완전 그로기 상태로 라디오에 귀를 붙이고 사는 듯했다. 나라의 운명을 다잡기 위해 무엇을 해야 할 것인가? 아무것도 없었다. 국민들은 어찌어찌 하다 보니, 자신들도 모르게 짙은 안개 속을 미친 듯이 질주하는 여객선에 태워진 셈이었다.

8월 15일 다시 날벼락이 떨어졌다. 발디비에소가 보테로 전 국방장관을 허위 증언과 부정 축재로 구속, 수감한 것이었다. 13일 전에 보테로가 사임하면서 그의 면책 특권도 상실된 것이다. 1년 전, 갈릴 스캔들의 실체였던 사람의 실추는 내가 보기엔 하늘의 뜻이었다. 그러나 콜롬비아가 가로지르고 있는 광범한 위기에 비추어볼 때, 보테로는 장기판의 많은 졸 가운데 하나일 뿐이었다. 나는 그의 부친을 떠올렸다. 화가 페르난도 안굴로 보테로는 일생 동안 예외적인 선량함과 박애주의를 보여준 호인으로 모두가 그의 공정함을 알고 있었다. 그를 생각하니 가슴이 아팠다. 내가 좋아하고 존경하던 분이었다. 이건 부당했다. 그가 이런 꼴을 보아야 할 이유가 없었다.

졸은 졸이었으나, 어쨌든 오만 가지 배려를 받는 졸이었다. 보테로는 도둑놈, 잡범과 함께 수감된 것이 아니었다. 어림없는 얘기였다. 그를 '수감' 하기 위해 기마대 학교가 통째로 징발되었다. TV 방송이 보여준 '황금 감옥' 의 그 죄수는 공원에서 유유히 승마를 하거나, 자녀들과 놀고 있었다. '8000번 소송' 기간 동안 수감된 다른 의원들도 그와 마찬가지로 특별 대우를 받고 있었다. '수치스러운 호사' 속에 수감된 로드리게스 형제들도 마찬가지였다. 다른 죄수들이 초만원 감방에서 날마다 악몽을 겪고 있고, 심지어 다리를 뻗고 자는 '특권' 을 돈 주고 사야 하는 지경임을 생각할 때, 이건 모욕이었다. 국민들은 무슨 생각을 할 것인가? 국가 시스템 자체가 정계와 마피아의 부적절한 결합을 떼어놓을 수 있는 것이 아님이 분명했다. 감옥에서조차도 그들은 득을 보고 있었다.

이튿날인 8월 16일 피가 멎는 듯한 비극적 사건이 터졌다. 세르파 내무장관의 기사가 길 한복판에서 살해된 것이었다. 아무데서나 아니었다. 발디비에소 검사 사무실에서 20여 미터 떨어진 곳이었고, 그는 그 사무실을 향해 가는 중이었다. 내게 이 사건은 소름끼치도록 의미심장하게 느껴졌다. 그들은 증언하러 가던 기사를 살해한 것이었다. 그의 증언이 자신들에게 중대한 위협이라는 것을 그들은 어떻게 알았을까? 문제의 주말 동안 발디비에소의 수사보고서를 읽으면서 알게 되었을까? 대체, '그들'은 누굴 말하는가? 삼페르 대통령, 보테로, 세르파? 나는 처음으로, 그들이 마피아의 검은 돈을 받은 범법자라는 것과, 범법 사실을 감추기 위해 살인도 개의치 않는다는 것을 확신하게 되었다. 어머니의 동료였고, 우리를 웃기던 그 경박한 위인이 자신의 권력과 명성을 건지기 위해 살인을 서슴지 않는구나. 그랬다. 나에게 이 사건은, 앞으로는 사태가 범죄의 양상을 띨 것임을 예고하는 경보 사이렌인 셈이었다.

8 세르파 장관 기사의 살해 소식을 듣는 순간, 나는 삼페르 대통령과 모든 관계를 끊기로 결심했다. 대통령궁 의원 모임에도 참석하지 않고, 개인 면담 요청도 모두 사양하겠다고 다짐했다. 사법부는 반드시 그의 책임을 추궁해야 하고, 의원으로서 나의 소명은 그 일을 돕는 것이었다.

지금 구체화되는 국가적 비극에서 내 역할이 있다면 그것은 증거를 찾아낼 때마다 권력층의 거짓말과 감추어진 사실들을 체계적으로 고발하는 일이라고 생각했다. 또한 경악과 수치로 침묵하게 된 국민들이 마음속으로 생각하는 것을 큰 소리로 외치는 일도 내가 할 일이었다. 따라서 나는 그 어느 때보다 면밀히, 우리를 지배하는 정치인들의 의정활동과 그 밖의 모든 움직임을 매일매일 기록해나갔다. 일을 해나가면서 이 정권에 대항하는 진정한 의미의 야당을 나 혼자서 만들어가고 있다고 생각하게 되었다.

어지러울 정도로 사건들이 빠르게 이어졌다.

1995년 8월 31일, 보테로 전 장관의 '수감' 2주 뒤에 자유당은 삼페르 대통령의 요청에 따라 파렴치의 극치를 보여주는 결정을 했다. 내가 작성했던 정치윤리 강령을 들어, 당은 보테로 전 장관과 메디나 전 회계담당관에게 당적 정지처분을 내렸다. 삼페르 대통령은 그런 식으로, 두 조력자들이 '자기 등 뒤에서' 마피아 자금을 수락했다는 자신의 마지막 진술을 합리화하려고 했다.

그러나 9월 4일, 삼페르 대통령이 반박할 여지가 없는 첫 번째 증거가 여러 신문에 실림으로써 그의 초라한 술책은 산산조각났다. 몬토야가 서명한 3,200만 페소짜리 수표의 사본이 그 증거였다. 한 달 전 대통령을 애칭으로 부르던 모습이 전파를 통해 드러났던 바로 그 여자가 서명한 수표였다.

이제 국민들은 거리로 나서서, 온 나라를 수치스럽게 하는 대통령의 사퇴를 요구할까? 아니었다. 공포로 얼어붙은 듯, 그들은 침묵했다. 1년 전, 대통령을 예찬하는 로드리게스 형제의 녹음테이프가 공개되었을 때, 국민들은 진실 여부보다는 '공개' 사실에 대해 더 분노했다. 대통령의 청렴결백을 믿고 싶었기 때문이었다. 그러나 이번에는 쌓여가는 불리한 증거들 앞에서 어떤 반응을 보여야 할지, 누구를 믿어야 할지 국민들은 알 수가 없었다. 짓밟힘을 당하는 국민들에게 나는 연민을 느꼈고, 내 가슴속에서 거대한 분노가 치솟아 오르는 것을 느꼈다.

나라를 뒤흔드는 대혼란은 끝날 줄을 몰랐다. 9월 19일, 칼리 카르텔의 회계사 기예르모 파요마리가 콜롬비아를 빠져나가 미국의 보호를 받고 있다는 뉴스가 터져나왔다. 삼페르 대통령의 선거자금 지원에 대한 모든 것을 알고 있는 그가 출국한 것은, 만일 그가 법정에서 증언할 경우 죽이겠다는 협박을 받았기 때문임이 명백했다. 아니나 다를까 콜롬비아에 남아 있던 파요마리의 부인이 며칠 후 살해되었다. 회계사에게 보내진 협박은 입을 열면 일가를 몰살하겠다는 식이었다. 어쨌든, 이제 '양키'의 보호하에 놓인 파요마리는 대통령에게 가장 치명적인 위협이 되었다. 발디비에소 검사가 파요마리를 심문하겠다고 미국에 공식 요청을 한 만큼 더욱 위협적인 존재가 되었다. 벌써부터 언론은 미국에서 수사가 진행될 것이라고 예보하고 있었다.

역사의 흐름을 뒤엎기 위해 삼페르 대통령은 다시 무엇을 꾸며낼 수 있을 것인가? 나는 이것만 생각했고, 그 대답은 8일 뒤에 나왔다. 9월 27일, 대통령 변호사 칸시노 '박샤'를 겨냥한 암살 테러가 백주대로에서 자행되었다. 당시 대통령은 의회 조사위원회에서 자신의 변론을 위해 그 변호사를 지명해두고 있었다. 이상한 것은, 칸시노는 손가락 찰과상으로 그친 반면, 그의 경호원들은 엄청난 총탄 세례를 받고 모두 사망한 일이었다. 그들의 시신은 포화가 얼마나 격렬했는가를 잘 보여주었다. 떠도는 얘기로는, 칸시노가 살인청부업자의 추격을 받긴 했지만 어찌어찌 해서 도망칠 수 있었다는 것이었다. 그러나 나는 이런 해석을 납득할 수 없었다. 뚱뚱한 노인인 칸시노가 젊은 시카리오들을 따돌리기 위해 보고타의 경사진 언덕들을 기어오르는 모습을 상상할 수가 없었다. 조작된 사건이라는 직감을 받은 나는 그 해답을 찾았고, 3일 후 삼페르의 충복 세르파 내무장관에 의해 해답이 주어졌다. 암살기도 사건에 관한 기자회견을 하던 중, 내무장관이 어느 기자의 질문에 한참 궁리하는 모습이 카메라에 확실하게 잡혔다.

"미국이 이 사건에 일정 부분 책임이 있다고 보십니까?"

궁리 끝에 내무장관이 답변했다.

"가능한 일입니다. 그 점을 진지하게 살펴보아야 할 것입니다."

바로 그것이었다! 지체 없이, 삼페르 대통령에 대한 미국의 음모설을 짜맞추어야 했던 것이다.

다음 날부터 언론은 애국 감정을 고취시키고, '양키놈들'에 대한 국민들의 해묵은 증오감을 자극해가면서 들끓기 시작했다. 그 효과는 대단했다! 깊은 한이 맺혀 침묵하던 국민들은 이 어설픈 수작을 믿고 싶을 뿐이었다. 다시 희망을 찾게 된 국민들은 허리를 곧추세웠다. 국가 수반의 지지도는 급속도로 추락해가고 있었고, 콜롬비아는 최근 수년 동안 보지 못했던 가장 극렬한 반미감정과 외국인—특히 미국인—혐오증에 휩싸였다. 미국은 우리 대통령을 쳐내려 한다, 미국은 민주국가 콜롬비아를 붕괴시키려 한다, 우리의 독립성을 견디지 못한다, 미국은 식민지화된 비굴한 콜롬비아만을 원한다,…… 이 폭력적인 광분의 몇 주 동안, 외국인들은 국적에 관계없이 모두 길거리에서 험한 꼴을 당했다. 신문과 라디오는 미 제국주의 독수리가 콜롬비아의 독립성을 위협하고 있다는 얘기만을 되풀이했다.

이 사태로, 삼페르 대통령과 그의 측근들이 어떤 짓도 할 수 있고, 자기 진영에 유리한 담론을 믿게 하기 위해 무고한 사람들도 죽일 수 있다는 나의 확신은 굳어졌다.

어디까지, 그리고 대체 언제까지 이런 음모를 획책할 것인가? 온 나라가 미 제국주의를 비난하고 있는 동안, 발디비에소의 부하들은 미국에서 로드리게스 일당의 회계사를 심문해 삼페르 정권을 조각낼 수 있는 정보를 수집하고 있었다. 국민들은 이를 알고 있었지만, 이는 쓰라린 상처를 덧나게 할 뿐이었다. 이런 민족주의의 격앙은 수치심 앞에서 펼치는 최후의 항거 같은 것이었다. 그렇게 정세가 무겁고 험악한 때가 없었다.

11월 2일, 새로운 암살사건이 터져 이런 증오에 찬 국수적 언사들에 찬물을 끼얹었다. 보수당 리더 알바로 고메스가 암살된 것이었다. 1년 전부터 고메스는 삼페르 대통령의 사퇴를 공개적으로 요구하는 유일한 거물급 정치인이었다. 그와 미국의 밀접한 관계는 온 나라가 알고 있었고, 삼페르 대통령이 추락하면 워싱턴은 그를 대선 후보로 밀 것이라고들 했다. 그의 죽음에 국민들의 말문이 막힌 것은, 아무도 감히 소리내어 말하진 못했지만, 그리고 글로 발표할 수는 더더욱 없었지만, 명백히 대통령의 소행일 수밖에 없기 때문이었다. 암울했던 시기인 1950년에서 1953년까지 대통령을 지낸 콜롬비아의 '두세' (대공) 라우레아노 고메스의 아들인 그는 손꼽히는 거물이었다. 그는 여러 차례 대권에 도전했고 특히 주 프랑스 대사를 역임했다. 일흔다섯에 살해될 때까지, 그는 지성과 도덕성 양면에서 각별한 광채를 발휘했고, 국민들의 가슴속에는 전통적인 정치인 그 이상의 위상을 차지하고 있었다. 국가 사안에 대해 그의 고견을 물으면, 그는 망설이지 않고 다들 모른 척하고 싶은 진실을 거침없이 표명했다. 많은 이에게 그는 든든히 기댈 언덕이었다.

그가 암살된 사건은 복수심에 불타던 사람들을 공포로 몰아넣었다. 현 정권이 광기에 빠졌고, 어떤 원칙도 지키지 않으며, 자기 목숨을 건지기 위해 어떤 것도 불사한다는 표시에 다름없었으므로. 고메스를 죽인 것은 미국에 대한, 그리고 정권에 반대하는 모든 내국인에 대한 선전포고였다. 앞으로는 죽음만이 있을 것이었다.

이즈음, 대통령에게 직접적인 위협이 되는 사람이 있었다. 바로 보테로 전 국방장관이었다. 그는 위험한 인물이었다. 여전히 막강한 권력을 갖고 있었고, 제거할 수 없었고, 또 수감되어 있었지만, 언제든지 아는 것을 다 불어버리고 출소할 수 있기 때문이었다. 지금까지는 전 회계담당관 메디나와는 달리, 보테로는 침묵을 지켰다. 그는 삼페르 대통령이 손을 내밀기를 기다리는 것이라고 나는 보았다.

아니나 다를까! 12월 10일, 대통령이 옛 동지를 찾아가 장시간 면담했다는 보도가 나왔다. 현직 대통령이 마피아와의 관계 덕에 부정축재한 옛 정부 각료를 감옥으로 찾아가 면담했다면 다른 나라에서는 경악할 일이겠지만, 콜롬비아 국민들은 조금도 놀라지 않았다. 이제 더 이상 어떤 것에도 놀라지 않게 된 콜롬비아 국민들이었다. 더욱이 TV 방송도 거기 있었다. 보테로가 수감된 기마대 학교 공원에서 4시간 동안 두 사람이 심각한 표정으로 산책하는 장면을 보여주었다.

무슨 얘기들을 주고받았을까? 며칠 뒤 그 대답이 주어졌지만, 얼마나 교묘히 포장되었는지, 발디비에소라는 인물의 예리한 통찰력이 없었다면 그 중대성을 깨닫지 못할 그런 대답이었다. 즉, 어느 법안

표결을 위해 상원은 법안 자체와는 아무 관계 없는 사소한 조항을 채택했다. 앞으로는 자금출처가 입증되지 않는 한 부정축재라도 처벌할 수 없다고 규정하는 조항이었다. 로드리게스 형제는 여전히 재판받지 않은 상태였기 때문에, 보테로가 그들의 자금을 받았음을 입증할 것은 아무것도 없었다. 하원에서마저 위 조항을 채택한다면 법으로 발효되어 보테로는 즉각 자유의 몸이 될 것이었다.

이것은 삼페르 대통령이 자신의 공모자를 구하고, 그가 발설하지 못하도록 막기 위한 술책이었다. 콜롬비아 정치인들은 단지 개인의 이익만을 위한 법 조항에 매달리는 악습을 갖고 있었다. 이런 정치인들을 '미코', 즉 원숭이라고 부르는데, 원숭이처럼 아무 나뭇가지에나 능란하게 매달려 있다가 들키지 않고 넘어가기 때문이었다. 사람들은 이 조항을 이제 '(마약) 마피아 미코' 조항으로 불렀지만, 들키지 않고 무사히 넘어갈 수는 없었다. 오히려 정반대로, 내가 정면으로 뛰어들어 처음으로 현 정권에 맞서는 계기가 되었다.

12월 15일, 삼페르 대통령이 보테로를 만난 지 닷새 만에, 하원에서 '마피아 미코' 조항을 표결하게 되었다. 놀랍게도 평소에는 텅텅 비던 의사당이 그날 오후에는 빽빽이 들어찼다. 로드리게스가 거만하게 폭로했던 얘기가 떠올랐다. "의원들 대부분이 우리 돈을 받고 있습니다. 이름을 알려드릴까요?" 아니, 그럴 필요도 없었다. 그날 모인 의원들의 극도로 흥분된 모습에서 그들이 이미 말을 맞추었다는 것, 상부에서 내려온 똑같은 지침에 따라, 그리고 똑같은 이해관계에 따라 움직인다는 것을 짐작할 수 있었다.

나는 혐오감을 눌러가며 이 서커스를 주의 깊게 관찰했다. 토의를 개시할 움베르토 마르티네스 법무장관을 기다리면서, 나는 들어서는 그를 바로 포착할 수 있도록 입구 바로 앞에 자리를 잡았다.

그가 들어서자 내가 말했다.

" '마피아 미코'는 이제 경사 났군요. 지금 보테로의 석방을 협상 지으러 오시는 거죠? 제가 잘 소문내드리죠."

완전히 당황한 기색이었지만 그는 타격을 피할 줄 아는 능숙한 사람이었다. 그가 낮은 소리로 대답했다.

"나도 당신만큼 우려가 많습니다."

"그럼, 그대로 얘기하세요! 상원 표결 때는 아무 말씀도 안 하시더군요."

"정부 지침에도 불구하고 다른 각료들이 참석하지 않았고, 나 혼자밖에 없었어요. 세르파 내무장관이 와서 도와주지 않았소. 잉그리드 의원, 당신은 나를 도울 수 있어요. 발언하세요."

"거침없이 나설 겁니다."

바로 그 순간 문이 열리더니, 세르파 내무장관이 나타났다! 삼페르 대통령의 열성적인 대변인이자, 메디나 회계 수사조서 유출 사건에서 혼쭐났던 인물이었다.

그에게 달려들어 조롱했다.

"마침 잘 오시는군요! 이 부당한 조항을 철회하러 몸소 거동하시리라 기대했습니다."

말문이 막힌 그는 정체가 폭로된 범인처럼 무언지 모를 말을 웅얼거리더니 멀어져 갔다.

토의가 개시되었다.

마르티네스는 실제로 '마피아 미코' 조항을 철회하자는 입장을 보였다. 그러나 열의 부족이 아니라 신중함 때문이라는 듯, 나아가 의회에 대한 경의 때문이라는 듯 미온적인 발언이었다. 그러나 신경이 곤두선 그는 불편한 모습이었다. 마침내 마르티네스 때문에 의원들 사이에 불안감과 긴장이 고조되었다. 부패한 의원들이 신경질적인 반응을 보였다. 다수파 여당인 그들은 겁낼 게 아무것도 없었다. 그러나 세르파에게서도 감지되는 이 긴장감에는 무언가 석연치 않은 게 있었다. 내가 알지 못하는 무엇인가가 무대 뒤에서 펼쳐지고 있음을 직감한 나는 속 시원한 정보를 얻기 위해 토의장에서 나와 기자들에게 물어보았다. 아니나 다를까. 역시 꿍꿍이속이 있었다! 8월부터 삼페르 대통령의 책임 여부를 조사할 임무를 띤 의회 조사위원회가 오늘 중에 결론을 내린다는 것이었다! 그래서 세르파 장관이 황망히 달려온 것이었다.

나는 최악의 상황을 예감했고, 내 절대적인 임무는 '마피아 미코' 조항이 감추고 있는 진실을 소리 높여, 한시 바삐 고발하는 것이었다. 온 나라가 이 진실을 알게 되기를 원했고, 이 정부에 대해 내가 생각하는 것을 말할 모든 요소들을 갖고 있었다.

나에게 발언권이 주어졌다.

"여러분은 대통령이 왜 호화판 감옥으로 보테로를 면담하러 갔는지 아십니까?"

의원들의 표정이 굳어지는 것이 보였다. 모든 언론이 거기 있었기 때문에 내 발언을 막을 수는 없었다. 나는 삼페르 대통령과 보테로 간의 은밀한 협상을 폭로하고 나서 외쳤다.

"'마피아 미코' 조항이 채택되면 '8000번 소송'은 끝장이라는 것을 우리 모두 알고 있습니다. 여러분들 가운데 많은 분들과 이미 구속된 그들의 친구들에겐 골칫거리가 끝나는 것입니다. 왜냐하면 여러분 가운데 많은 사람이 보테로처럼 검은 돈을 받았기 때문입니다. 국민들은, 자신들이 뽑은 선량들이 오늘 여기 모두 참석한 것은 혜택받지 못한 국민들을 위해 이러저러한 조치를 취하기 위해서가 아니라 자신의 목숨을 건지고, 법망을 피하기 위한 것임을 알아야만 합니다. 세르파 장관은 왜 침묵하십니까? 왜 연단에 올라서서, 이 부당하고 편파적인 조항에 대한 정부의 입장을 분명히 밝히지 않는 겁니까?"

의사당 안은 떠나갈 듯한 고함소리로 가득했다. 1년 전, 나는 갈릴소총 스캔들로 보테로와 불꽃 튀는 논쟁을 벌였지만, 정권의 정당성이 문제시되지는 않았다. 그러나 이번에는 달랐다. 대담한 내 발언은 정부와 의회를 싸잡아 공격했을 뿐만 아니라, 대통령이 그 주범이라고 고발하는 것이었다.

날 저지하기 위해 세르파가 연단으로 뛰어나올 줄 알았다. 그는 사람들이 넋 놓고 귀 기울이는 대단한 웅변가였고, 마음만 먹으면 현란한 수사로 상대방의 생사를 쥐락펴락할 수 있었다. 그런 그가 꿈쩍도 않는 것이다. 대체 무엇을 기다리는 것일까?

다른 연사들이 내 뒤를 이으면서 거의 두 시간이 흘렀다. 그때 갑자기, 흥분한 기자들 한 무리가 의사당 문을 열어젖혔다. 그들은 세르파 장관을 찾았고, 즉각 상황을 파악한 그는 기자들을 따라갔다. 의원들이 자리에서 일어나 뛰어갔고 나도 뛰쳐나갔다.

삼페르 대통령의 책임 여부를 조사하는 의회 조사위원회가 방금 결론을 발표한 것이었다. 대통령을 법에 회부해야 할 요소가 없다는 핑계로 위원회는 다른 답변을 회피했다. 콜롬비아 법률 용어로 말하자면, 위원회는 '묵언' 하는 것이었다. 따라서 삼페르 대통령은 위기를 모면했고, 그에 대한 수사는 개시되지 않게 되었다. 이 조사위원회가 소집된 것은 오로지 스캔들을 덮어버리기 위한 것이었다. 이 소식을 듣고 세르파 장관은 심각한 척하더니, 이어서 냉소적인 달변으로 기자들에게 답변했다.

"정부는 의원들의 견해를 존중합니다. 그들은 평정하게, 충분한 시간을 갖고서 수사자료를 검토했고, 삼페르 대통령을 기소할 사항이 전혀 없다는 결론을 내렸습니다. 콜롬비아 사법부를 신뢰하며, 이 결정에 치하를 보냅니다."

의사당에 돌아오자마자 세르파는 마이크를 잡았다. 그는 사법부의 독립성을 들어가며, 그의 주장에 따르면, '정부에 통보되지 않은 채로' 상원에 제기된 '마피아 미코' 조항의 철회를 요구했다. 순간 나는, 위험에서 벗어난 것을 확신한 대통령이 보테로를 내팽개 치려는 것임을 깨달았다. 세르파 장관이 거창한 원칙들을 내세우며 말했다.

"그리고 정부는, 근거 없는 소문을 퍼뜨리며 정부 수반과 정부에 불명예스러운 죄를 뒤집어 씌우려 한 잉그리드 베탄쿠르 의원의 도덕적 훈계를 용인할 수 없습니다."

피가 거꾸로 솟는 것 같았다. 답변권을 요구했다. 세르파 장관이 내 말을 못 들은 척하자 다시 소리질렀지만, 그는 꿈쩍도 않고 계속 발언했다. 내가 일어섰을 때도 그는 계속 떠들었지만, 아무도 그의 말을 듣는 사람은 없었다. 모든 시선, 특히 기자들의 시선이 나에게로 쏠렸다. 의회 내부 규정상 나는 답변할 권리가 있었고, 따라서 내 발언권을 거부하는 세르파 장관은 규정을 어기는 것이었다. 내가 물러서지 않자, 그가 마침내 언성을 높이며 말했다.

"그럼, 답변하시오!"

마이크를 나꾸어채면서 내가 말했다.

"국민들이 알고 싶어하는 것은 나에 대한 장관의 생각이 아니라, 장관이 오늘 이 자리에서 한 말을 열흘 전 상원에서는 말하지 않은 이유입니다. 국민들이 알고 싶어하는 것은 대통령의 목숨을 건지는 것만이 목표였던 의회 조사위원회의 결론이 발표되자마자 정부가 '마피아 미코' 조항에 대한 입장을 순식간에 바꾼 이유입니다."

그리고 나는 마이크를 뽑아 그의 얼굴에 정통으로 던졌고, 그는 뒤로 주춤 물러서며 피했다.

이제 언론은 감을 잡았고 동료 의원들도 마찬가지였다. 정부가 그들을 내팽개치는 것이며, 그들 중 많은 의원들이 감옥행이 될 것임을. 보테로는 마지막 싸움에서 패한 것이었다. 정부는 그가 혼자 침몰하게 내버려둘 것이었다. 세르파 장관은 위험을 정확히 감지했고, 장내에는 위협적인 침묵이 감돌았다. 그는 완전히 다른 어조로 말했다.

"의원님 심기를 건드렸다면 용서하십시오. 제가 표현을 잘못한 것 같습니다. 지금 제게 해명을 요구하시는 것이라면 기꺼이 대답하겠습니다."

그가 무슨 말을 하든 상관없었다. 공개적인 그의 해명을 끄집어 낸 것만으로도 내가 우세를 차지했다는 것을 알아차렸다.

긴 크리스마스 휴가철이 곧 시작될 참이었다. 의회 회기가 끝나가고 있었고, 보테로가 말문을 열 것이라고 확신했던 만큼 더 편한 마음으로 이 몇 주간의 휴식기간을 기다리고 있었다. 보테로의 야망과 원대한 꿈—그는 대통령을 꿈꾸었다—을 알고 있던 나는 단 한순간도, 그가 삼페르 대통령을 구하기 위해 자신을 희생하고 혼자 스캔들을 뒤집어쓰리라고는 믿지 않았다.

각료들간의 연대 그 자체도 와해되어 가고 있었다. 그렇게도 심기가 불편해 보였던 마르티네스 법무장관은 의회에서 한 내 발언을 마지못해 치하했고, 그 뒤 사임했다. 그의 침묵에 대한 보답으로 정부는 그를 프랑스 대사로 임명했다.

이런 일이 있기 몇 달 전, 나는 장차 내 남편이 될 후안 카를로스를 만났고, 이 휴가는 우리가 함께 보내는 첫 휴가였다. 드디어 우리들만의 시간을 조금 갖게 된 것이었다. 며칠간은 보고타에서 보냈다. 보고타는 크리스마스가 되면 8월의 파리처럼 매력적인 도시가 된다. 거리는 텅텅 비고, 모든 게 훨씬 더 편하고, 경쾌해지는 것이다. 이어서 우리는 아이들과 함께 타이로나 국립공원으로 떠났다. 완전히 낯선 풍경이었다. 카리브 해변의 방갈로를 빌렸는데, 집 바로 뒤는 울창한 처녀림이었다. 라디오도 TV도 없이 지내다 보니, 전쟁, 폭력, 마약밀매단, 삼페르 대통령, 이 모든 것이 멀게, 아주 멀게 느껴졌다. 그렇지만, 그곳에 온 몇 안 되는 관광객들이 나를 알아보았고, 그러면 나는 도망쳐 혼자 떨어져 있어야 했다. 나는 오로지, 그리고 전적으로 엄마로서의 내 역할을 되찾고 싶었기 때문이었다. 후안 카를로스가 사랑으로 이런 나를 거들어주었다. 우리는 아이들과 모래성을 쌓고, 조개껍데기를 줍고, 거대한 파도가 이는 타이로나 해변으로 아이들을 데려갔다. 카르타헤나 출신인 후안 카를로스는 파도와 함께 자란 사람이었다.

전기도 없는 그곳에 밤이 오면 우리는 별을 헤면서 정겨운 얘기를 나누었다. 멜라니는 자기가 아기였을 때 얘기를 듣고 싶어했고, 로렌소는 아빠가 지어낸 곰과 여우 이야기를 해달라고 졸라댔다. 얘기를 듣고 행복해진 아이들은 포근한 잠 속으로 빠져들곤 했다.

이렇게 편안한 마음으로 쉬고 나서 다시 보고타로 돌아왔다. 1월 어느 날, 후안 카를로스와 단둘이만 있게 되자 우리는 외출하기로 했다. 그가 영화를 보고 싶다고 했고, 나도 마침 바람을 쐬고 싶었다. 집 밖으로 나서자마자 보고타 시내가 이상할 정도로 고요한 것에 우리는 깜짝 놀랐다. 마치 시민들이 모두 도시를 버리고 대서양 해변으로 떠나버린 듯했다. 평소에는 미친 듯 흔들리는 버스와 트럭과 자동차들이 물결을 이루던 대로를 달리는 사람은 거의 우리 둘뿐이었다. 그러다가 보테로가 '수감된' 기마대 학교가 보이는 곳에 이르렀을 때, 우리의 놀라움이란! 탱크들이 학교 벽을 둘러싸고 포진해 있었다.

"후안 카를로스, 저기!"

"맙소사! 무슨 일이 벌어진 거지?"

"글쎄. 심각한 사태인 것만은 확실한데……."

"쿠데타나 그 비슷한 게 터진 거 같은데."

"맞아, 그래서 길에 사람들이 없었던 거야. 얼른 들어가서 뉴스 먼저 보자."

1996년 1월 23일 화요일은 이제 콜롬비아 역사상 잊을 수 없는 날이 된다. TV에서는 아마트 앵커와 인터뷰하는 보테로가 삼페르 대통령에게 맹공을 퍼붓고 있었다. 칼리 카르텔이 삼페르 대통령의 선거 자금을 댔고, 대통령도 그 사실을 알고 있었다고 폭로했다.

"그러면 당신도 알고 있었습니까?"

아마트가 물었다.

"나는 대통령의 은밀한 거래에 끼지 않았기 때문에 아무것도 몰랐습니다."

후안 카를로스와 나는 놀라서 서로 쳐다보았다. 보테로가 몰랐다고 누가 믿겠는가? 어쨌든 중요한 것은 이번에는 대통령에 대한 비난이 최측근에서 터져나왔고, 삼페르 대통령도 이제는 보테로의 입을 막을 방법이 없다는 사실이었다. 전 국방장관은 자신의 '감옥' 주위에 탱크를 동원함으로써 자기가 군의 비호를 받고 있음을 입증한 것이었다.

충격을 받은 대통령은 이튿날, 자신의 옛 동지를 배신자에 거짓말 꾼으로 몰아붙이면서 반격에 나섰다. 자기는 몰랐다고, 비밀 거래는 자기 등 뒤에서 이루어졌다고 되풀이하면서 전직 장관에게 상식적인 주장을 하라고 반박했다. 보테로가 자신은 있는지도 몰랐다는 범죄 행위를 어떻게 자기에게 전가하느냐는 것이었다. 누가 알고, 누가 모르는지 도저히 알 수 없는 그야말로 요지경이었다!

삼페르 대통령으로서는 재치 있는 대응이었지만, 불신하는 국민들과 냉랭한 국제여론에 자신의 무고함을 납득시키기엔 역부족이었다. 다시 판을 장악하기 위해 그는 무슨 짓을 할 것인가? 그는 물러나지 않았고 조금이라도 신뢰를 되찾을 수 있는 수십 번째 시도를 계획했다.

1월 30일, 계획이 완성되자 대통령은 온 나라에 진짜 전기쇼크를 가했다. 그는 자신이 유죄인지 아닌지를 판가름하기 위한 임시 의회 소집을 요구했다. 달리 말하면, 의회 조사위원회가 내린 호의적인 판정을 거부하고 자신에 대한 소송을 재개할 것을 요청한 것이었다. 그는 "나는 무죄 판정을 받았지만, 다시 내게 가해진 비난 때문에 국민들이 나를 조금씩 의심하게 되었습니다. 국민들에게 진실을 밝히겠습니다."고 발표했다. 자신의 양심을 아직도 의심하는 사람들의 동조를 얻기 위해, 그는 도를 지나쳐서 자신의 소송 토의를 삭제 없이 TV로 생중계할 것을 요구했다. 의회 토의 전 과정을 TV로 중계하게 된 것은 콜롬비아 사상 처음 있는 일이었다. 게다가 그것이 어떤 토의였던가! 현직 대통령을 기소하는 토의 아닌가!

함정은 완벽했다. 투명성을 이유로 삼페르 대통령은 하원의원들이 자신을 판단해 줄 것을 요구했다. 국민들은 하원의 절대 다수가 대통령만큼 썩었다는 것을 몰랐다. 따라서 대통령은 겉보기와는 달리 아무런 위험 부담도 없었고, 하원의원들이 거수 표결하도록 특별히 요청한 것도 우연이 아니었다. 투명해야 한다고 주장하면서, 그는 비밀투표에서 생길 수 있는 배신 행위를 막으려 했다.

이 함정을 어떻게 고발할 것인가? 다시 한 번 더 국민들을 속이고, 정계와 그들의 극단적인 금권 정치에 대한 국민의 무지를 악용하려는 속셈을 국민들에게 어떻게 이해시킬 것인가? 물론 임시의회에서 대통령의 유죄 여부를 두고 토의할 것이지만, 그 의회를 개시하고 토의를 주재할 사람들은 지난 번에 호의적으로 '묵언권'을 행사했던 바로 그 조사위원회였다. 그렇다면 이 위원회를 상대로 선제 조처를 취해야 했다. 그러나 어떤 방법을 쓸 것인가?

나를 포함해서, 독자 노선을 걷는 여러 의원들은 꾸며지고 있는 작태에 반기를 들었고, 우리는 임시의회 개시 며칠 전 회동하기로 했다. 갈릴 사건 당시 4총사 중 두 사람, 에스피노사 의원과 게라 의원이 있었고, 다른 의원들도 있었다. 그 가운데 대단히 혈기왕성한 여성의원 비비안 모랄레스는 우리 중 일부가 조사위원회에 낄 수 있도록 단식투쟁을 벌이자고 제안했다.

"찬성합니다."

내가 말했다.

"조사위원회 멤버들을 물갈이할 때까지 의회 내에서 단식투쟁을 벌일 것을 진지하게 의논해 봅시다."

의논에 힘입은 나는 의원들이 모두 모인 가운데 선언했다.

"콜롬비아의 미래를 위해, 이제 개시될 소송은 투명하게 전개되어야 합니다. 왜냐하면 이 소송의 본질은 대통령 개인의 운명을 훨씬 넘어서는 것이기 때문입니다. 이 소송의 본질은 진실을 알 권리이며, 우리만의 역사를 써나갈 권리입니다. 또한, 우리가 앞으로 우리 아이들에게 무엇을 이야기해줄 것인지, 우리가 앞으로 수치심에 빠지지 않고 거울을 똑바로 바라볼 수 있을 것인지 알아보는 것입니다. 아시다시피, 조사위원회는 대통령의 가장 충실한 측근들로 구성되어 있습니다. 따라서, 나를 포함한 여러 의원들은, 공정한 소송은 위원회 구성원의 물갈이에서부터 이루어진다고 확신합니다. 우리가 보기엔 이것이 소송의 선제조건입니다. 이 자리에서 선언합니다. 의회가 위원회의 물갈이를 거부한다면 우리는 단식투쟁에 들어갈 것입니다."

고함소리와 욕설로 난장판이 된 하원은 폐회를 선언했고, 다시 의사당이 잠잠해지고 나서 보니 단식투쟁을 결의했던 열 사람 가운데 둘밖에 남지 않았다. 게라 의원과 나뿐이었다. 이 안을 열 올리며 제창했던 모랄레스 의원이 우리들의 회동 이튿날 삼페르 대통령을 만나, 자신의 온 가족을 공무원 자리에 앉히는 조건으로 양심을 팔았다는 것을 곧 알게 되었다.

우리 둘은 단식투쟁에 들어갔다. 얼마나 갈까? 2, 3일이면 끝날 거야, 결국 그들이 물러서고 말겠지. 그들도 달리 어떻게 할 수가 없을 거라고 나는 생각했다. 그래서 투쟁을 위한 준비에 들어갔다. 각자 집에 전화해서 세면도구와 덮을 것을 가져오게 했다. 그리고 본 회의장 안에 공간을 정해서 진지를 구축했다.

첫날 밤은 지극한 행복감이 우리를 스쳐갔다. 우리는 낙관적이었다. 전투기 조종사였던 게라 의원은 강철 같은 정신력의 소유자였다. 그러나 이튿날이 되어 회의장에 의원들이 들어차고 마치 우리는 존재하지 않는 듯 토의가 재개되자 낙담과 실망감이 우리를 엄습했다. 돈키호테처럼 풍차에 대고 싸우고 있는 느낌이었다. 동업자들의 빈정대는 듯한 암묵적인 미소에서 우리가 오래 버티지 못할 것으로 믿는 것을 알 수 있었다. 더욱이 우리의 단식투쟁은 나라 안에 어떤 반향도 얻지 못했다.

단식 3일째가 되자 언론이 반응을 보이긴 했지만 예상했던 대로 최악의 작태를 보였다. TV 방송은 닭고기 요리 배달 장면을 보여주면서 우리가 시킨 것이라고 주장했고, 신문 사설들은 우리가 낮 동안은 단식하고 밤에는 배불리 먹고 있다고 야유했다. 민중은 실제로 굶어 죽어가는데, 어떤 부르주아 여자는 위원회 자리 하나를 얻겠다고 음식을 거부하면서 협박 중이라고도 했다.

스캔들은 증폭되어 갔다. 우리의 진지한 결의를 믿든 믿지 않든 간에 이제 국민들은, 기자들이 악착스레 조롱해대는 명분을 위해 '4총사' 중 두 사람이 공식적으로 단식투쟁하고 있는 것을 모를 수는 없게 되었다. 내무부가 급파한 경관들이 우리를 밤낮으로 감시했다. 그들의 감시는 정부가 조금씩 불안해한다는 증거였다. 그쪽 사람들은 우리의 투쟁이 시늉이 아니라는 것과 투쟁 동기에 대해 아무 소리나 지껄일 수 없는 날이 언젠가 오리라는 것을 잘 알고 있었다. 흘러가는 시간은 우리 편이었다.

내게 닥친 첫 번째 시련은 투쟁 닷새째에 터졌다. 일곱 살배기 아들 로렌소가 식사를 거부하고 조금만 먹어도 토하면서 급속히 탈진 상태에 빠진 것이었다. 의사는 입원시키는 것 이외에 다른 방법이 없다고 했다. 겁에 질린 어머니가 울음 섞인 목소리로 전화했다.

"엄마, 로렌소를 나한테 데려다주세요. 얼른요. 내가 지금 죽어가는 게 아니라, 반대로 투쟁하고 있다는 것을 잘 설명해주어야 해요. 그렇지 않으면 날 따라서 그 애도 계속 밥을 먹지 않을 거예요."

그렇다, 내게 남아 있는 모든 힘을 다해서 나는 투쟁하고 있었다. 그리고 로렌소가 이 투쟁의 증인이 될 것이었다. 로렌소가 왔을 때,

나는 첫날부터 우리를 진흙탕 속으로 끌고 다니던 라디오와 TV 기자들에게 완전히 둘러싸여 있었다. 이 모든 것으로 인해 내 아들이 겪는 아픔을 생각하니 나는 제 정신이 아니었고, 가슴이 무너졌다. 분노한 나는 기자들에게 외쳤다. 당신들이 제대로 일했다면, 당신들이 이 정권의 잘못을 덮어주는 대신 부패상을 똑똑히 고발했더라면 나는 지금 이 자리에 없었을 것이라고. 분위기는 순식간에 격앙되었다. 경찰이 우리를 지켜보고 있었고, 다른 데서는 그렇게 유세를 부리는 기자들도 갑자기 마비된 듯했다. 그러더니 양쪽으로 비켜서서 롤리를 들여보냈다.

아들은 내가 죽음이 아니라 삶 편에 서 있다는 걸 이해했을까? 학교에서 친구들이 겁주는 것처럼 자기 엄마가 죽지 않을 거라는 것을?

"롤리야, 엄마가 왜 밥을 먹지 않는지 아니? 왜냐면, 사람들이 엄마 말을 들어주기를 바라기 때문이란다. 지금 정부에서 일하는 사람들이 아주 무시무시한 일들을 꾸미고 있거든. 게라 아저씨랑 엄마는 그걸 알고 있어. 근데, 아무도 우리 말을 들어주지 않는단다. 엄마가 롤리 말을 안 들어줄 때면, 롤리도 가끔 땅바닥에 주저앉아서 떼쓰지? 엄마도 지금 그거랑 좀 비슷해. 엄마 나이에는 안 먹어도 아무 문제가 없어. 밥을 맛있게 먹는 엄마한테는 힘든 일이지만 이건 희생이란다. 절대 죽지 않아. 반대로 엄마는 이길 거야. 콜롬비아 사람들이 엄마 말을 듣고 믿게 될 거야. 하지만 그렇게 하려면 엄만 힘과 용기를 가져야 해. 롤리야, 네가 밥을 먹지 않으면 엄마는 용기를 가질 수가 없단다. 그러니까 엄마가 계속 투쟁하려면 네가 밥을 먹어야 해. 알았지? 엄마를 도와줄 거지!"

"근데, 엄마 아프지 않아요?"

"아니, 하나도 안 아파. 얼마나 튼튼하다고. 이건 엄마가 화났기 때문에 내린 결정이야. 사람들이 엄마 말을 들어주면 엄마도 더 이상 화 안 내고, 집으로 돌아갈 거야."

우리는 두 시간 동안 그렇게 얘기했고, 롤리는 다시 편한 마음이 되어 나와 헤어졌다. 나의 투쟁이 더 나은 삶을 위한 참여라는 것을 아들은 이해했다. 그날 저녁, 롤리는 정상적으로 저녁을 먹었고, 병원에 가지 않아도 되었다.

내게는 엄청난 첫 승리였다.

두 번째 승리는 언론이 우리에 대해 서서히 입장을 바꾸기 시작한 것이었다. 우리의 단식투쟁이 야기한 반응은 외국에서 점점 고조되어 갔고, 콜롬비아 기자들은 외국 언론을 읽으면서 그 파장을 깨달은 것 같았다. 프랑스, 독일, 미국, 일본 언론들은 이 사건을 우습게 보지 않는단 말이지? 그럼, 이 단식투쟁에 좀 더 관심을 가져야겠군……. 공개적으로 우리를 무시하던 기자들의 태도는 불신에서 호의로, 이어서 감탄 어린 중립성으로 바뀌어 갔다. 그들은, 선거전에서 부패에 맞선 콘돔 일화부터 갈릴 스캔들 고발을 거쳐 이 단식투쟁에 이르기까지 내가 벌여온 투쟁에 일관성이 있음을 주목했다. 마침내 그들은 나를 인정했고, 우리의 단식투쟁을 높이 샀다. 이 변화는 의회에 갇혀 있던 우리에게 국민들도 우리를 이해하고 지지하리라는 확신을 주었다. 또한 '동업자' 의원들을 누르고 우리가 우세를 차지했다는 확신이 들었다. 이제 위원회의 현상 유지를 고집하는 그들의 책동은 점점 더 수상쩍은 것으로 보여지게 되었다.

1주일도 넘게 단식투쟁을 벌이고 나서 하원 총회에서 연설하게 되었다. 그 당시 의회는 여전히 소송 절차를 놓고 입씨름을 벌이고 있었다. 사람들이 우리를 비웃고 있는 동안, 삼페르 대통령은 콜롬비아의 모든 권력자들, 대기업가, 정치 지도자, 노조 지도자들을 대통령궁으로 보란 듯이 초대했다. 그들은 모두 대통령을 지지한다고 했다. 아무도 감히 그의 추락을 점칠 수 없었고, 대통령이 나중에 보답할 것으로 생각했기 때문이었다. 마찬가지로 하원의원들 역시 사리사욕 때문에 삼페르 대통령이라는 미끼에 걸려들었다. 이것이 내가 그들의 눈을 똑바로 쳐다보면서 해주고 싶은 말이었고, 그들을 넘어 콜롬비아 국민들에게 건네고 싶은 말이기도 했다.

"여러분은 거짓을 모르는 우리 국민들의 순박한 심성을 이용해 먹고 있습니다. 우리가 준비하는 것은 소송이 아니라, 초라하고 가소로운 코미디라는 걸 여러분은 잘 알고 있습니다. 여러분은 한 인간을 심판하겠다고 주장하지만, 여러분 모두는 그 인간이 이 소송을 무사히 빠져나가야 할 개인적인 이해관계를 갖고 있습니다. 내일이면 그가 여러분 각자에게 지지의 대가로 뼈다귀 하나를 던져줄 것입니다."

결코, 그들 얼굴에 대고 이렇게 심한 말을 쏟아부은 적이 없었지만, 나는 그 어느 때보다도 가장 평온해졌고 또 자신감을 느낄 수 있었다.

오랜 단식으로 인해 나는 일종의 비현실감과 동시에 강렬한 에너지가 솟구치는 느낌을 받았다. 마치 내가 그들 가운데 있는 것 같지 않았고, 무언가 한 차원 높은, 거역할 수 없는 곳에서 내 에너지를 얻어내는 것 같았다. 몇 달 전부터 나와 인사도 않고 나를 증오하던 이

의원들도 내 말에 감동을 받았고, 홀린 사람들처럼 단 한 사람도 내 말을 막지 않았다. 나는 계속 얘기했고, 말로 할 수 없는 것들을 말했다. 몇 시간이 흘렀을까? 자신들의 침묵에 절로 놀란 많은 의원들이 의사당 복도에서 내가 '도덕성 협박'을 했다고 비난했다. 가장 뒤가 구려 찜찜했던 의원들은 기자들에게 가서 "그녀가 죽어도 할 수 없지요. 우리는 물러서지 않을 겁니다."라고 털어놓기까지 했다.

그러나 그것은 거짓이었다. 국민들에게 위원회가 단지 삼페르 대통령의 지지파로만 구성되지 않았다는 느낌을 주기 위해 이미 비밀회의가 진행 중이었다. 그렇게 해서 야당인 보수당 의원 세 사람을 영입했지만 그들 역시 걱정하지 않아도 될 만큼은 부패해서 아무 위험도 없었다. 언론은 이를 요란하게 치하했다. 내 생각? "그것은 수없이 써먹은 속임숨입니다. 기자 여러분도 완벽하게 알고 있습니다. 다만 몸을 사리느라 기사로 쓰지 않는 것뿐이죠."

이런 상황에서 아버지가 나를 찾아왔다. 오랜 외국 여행에서 돌아온 아버지는 의회로 달려왔다. 단식 첫날부터 어머니의 눈에서 몰이해와 불안만을 읽었던 것만큼이나, 아버지의 고요한 시선에는 나에 대한 자부심과 긍지가 가득했다. 아, 아버지의 이 눈빛이란! 아버지와 시선이 마주친 순간 내 가슴은 기쁨으로 터질 것 같았다. 아버지는 앉아서 내 손을 꼭 쥐었다. 그리고 진지하게 말했다.

"지금 네가 여기까지 왔으니, 너한텐 두 가지 해결책밖에 없다. 투쟁에 이겨서 당당히 고개를 들고 의회를 나가든지, 아니면 그들이 물러서지 않아서 네가 끝까지 가야만 하는 거다. 잉그리드야, 끝까지 말이다. 미리 마음의 준비를 해두어야 한다."

그랬다. 나에 대한 아버지의 연대감과 지지는 나의 죽음까지도 고려하고 있었다. 그 어떤 애정 표시도 이만큼 나를 자유롭게 하고 내가 나아가야 할 길을 이렇게 선명하게 지적해 줄 수는 없었다.

그런데 우연이었는지 교묘한 책략이었는지, 의원들이 없는 긴 시간을 이용해 의사당 복구공사가 시작되었다. 천장을 수리하고 문틀을 해체하는 통에 밤마다 얼음장 같은 바람이 우리 머리 위에서 휘몰아쳤다. 새어 들어온 바람에 석회가루와 시멘트가 시큼한 먼지를 날렸고 숨을 쉴 수가 없었다. 열흘 간의 단식으로 쇠약해진 나는 병이 나버렸다. 맥박이 약해지고 더 이상 숨을 쉴 수가 없었다. 나를 지켜보던 의사들은 내가 이런 곳에 있는 것이 아주 위험하다고 판단했다. 하지만 나는 입원을 거부했고, 의사들은 산소통을 내게 가져다주었다. 산소마스크를 쓰고 누워서 투쟁을 계속했고, 기자들이 오면 마스크를 벗고 답변했다.

결국 의사들이 염려하던 일이 생겼다. 2주간의 단식 끝에, 고열에 시달리던 나는 의식불명 상태에 빠졌다. 깨어나 보니 병원에서 혈관주사를 맞고 있었다. 아버지가 옆에 계셨고, 다시 우리의 시선이 부딪쳤다. 그 순간 눈물이 쏟아졌다. 끝까지 버티지 못한 것이 너무나 죄송스러웠다.

아버지가 말했다.

"잉그리드야, 넌 네 힘 끝까지 간 거야. 네 몸이 너를 배반하는 순간까지 간 거다. 잘 했어, 자부심을 가져도 된다. 어쨌든 나는 네 몫까지 두 배로 자랑스럽다."

미소 짓는 아버지에게 미소로 답하려 애썼지만 나는 너무나 큰 실망감에 오열하고 말았다.

그 순간 나는 이 모든 고통, 나와 롤리의 고통이 헛되었다는 것, 우리가 스스로 부과한 이 모든 희생이 아무 소용없었다고 생각한 것이었다. 그런데 내가 잘못 생각했다는 것을 몇 달 후에 깨닫게 되었다. 나의 단식투쟁으로 국민들은 눈을 뜨게 되었다. 그들은 내가 전하려는 메시지를 들었고, 자신들이 기만당하고 있고, 모든 것이 늘 속임수였다는 것을 깨달았다. 내가 미처 의식하기도 전에 2주간의 단식투쟁을 통해 그들과 나 사이에 신뢰 관계가 형성되었다. 국민들은 내가 몰래 식사하고 있다고 주장하는 언론이 얼마나 비열한지, 거짓투성이인지 영원히 잊지 않을 것이고, 앞으로는—나는 이를 확인할 기회가 여러 번 있었다—기자들이 나에 대해 무슨 소리를 하든지 간에 국민들은 내가 하는 말만을 믿게 될 것이었다. 수십 명이 덤벼들어 나를 비방해도, 날 공격하기 위한 TV 프로그램들을 꾸민다 해도, 아무 소용도 없을 것이었다.

이런 의미에서 단식투쟁은 내 인생의 결정적인 전환점이 되었다. 콜롬비아 국민들과 나 사이에 특별한 유대, 어떤 비방에도 끊어지지 않을 끈, 그리고 2년 후, 그 어떤 정당의 지지도 없이 내가 전국 최다 득표로 상원의원에 뽑히도록 해줄 연대가 다져진 것이다.

하원의원들이 대통령을 상대로 기만적 소송을 준비하고 있는 동안, 사법부는 발디비에소 검사의 지휘하에 제 일을 계속하고 있었다. 사법부는 면책특권을 가진 대통령을 기소하고 재판할 권한은 없었지만, 모든 증인들을 신문하고 삼페르 대통령의 유죄를 암묵적으로 성립시킬 수 있는 권한을 갖고 있었다. 대통령의 전 회계담당관 메디나와 보테로 전 장관이 진실을 밝힘으로써 엄청난 손실을 입은 삼페르 대통령은 더 이상 다른 증인들을 보고 싶지 않았다. 세르파 내무장관의 기사는 이미 죽음으로 증언의 대가를 지불했다.

1996년 2월 1일, 이번에는 몬토야가 살해되었다. 삼페르 대통령의 유죄 증거를 모두 갖고 있고, 그에게 전달한 3,200만 페소짜리 수표의 서명인으로 언론에 보도되었던 몬토야는 보고타 남부 어느 아파트에서 사타구니에 총탄 열 발을 맞은 사체로 발견되었다. 치정사건으로 위장한 것이었다. 내가 곧 확인할 수 있었던 바지만, 사실 몬토야는 로드리게스 형제에게 버림받고, 삼페르 대통령의 하수인들에게 시달리던 나머지 발디비에소 검사와 접촉해오고 있었다. 처형이 다가오는 것을 감지하고 어찌할 바를 모르던 몬토야는 공포 속에 살았다. 살해되기 몇 주 전, 그녀는 삼페르 대통령의 선거자금 지불을 입증하는 모든 은행 자료들을 모았다. 이 자료들이 최상의 보호책이라고 굳게 믿은 몬토야는 자료를 들고 콜롬비아에서 도망치려 했던 것이다.

3월 1일, 대통령에 대한 '소송' 개시 몇 주 전에, 미국은 콜롬비아와 전 세계에 분명한 메시지를 보냈다. 미국이 콜롬비아에게 내렸던 '수혜국 자격을 박탈한다' 는 것이다. 즉, 콜롬비아는 이제 더 이상 상종할 만한 국가가 아니라는 뜻이었다. 미국이, 삼페르 대통령이 마약 마피아의 검은 돈을 받았다는 모든 증거와 확신을 갖고 있다는 것을 이보다 더 명료하게 표현할 수는 없었다.

제대로 된 민주국가에서라면 자국 대통령을 후려치는 이런 국제적 부인 행위가 이 대통령을 '재판' 하기 위해 소집된 의원들의 생각을 조금이라도 동요시켰을 것이다. 그러나 콜롬비아 의회에 미친 효과는 정반대였다. 의원 대부분이 마피아와 밀접한 관계에 있던 의회는 패거리 정신으로 똘똘 뭉쳤다.

3월 5일, 마피아 내부의 동요를 보여주는 사건이 발생했다. 탈옥을 시도하던 산타크루스가 사살되었다는 것이다. 그는 로드리게스 3형제들과 함께 수감되어 있었다. 산타크루스는 왜 갑자기 탈옥해서 묵언의 계약을 깨뜨리기로 한 것일까? 내가 보기엔, 그의 행위는 칼리 카르텔 두목들이 삼페르 대통령이 친 덫에 걸렸음을 깨닫기 시작했다는 증거였다. 그들이 지금까지 해왔던 것처럼 삼페르 대통령을 계속 엄호한다면 대통령에겐 잘된 일일 테고, 대통령에게 해가 되는 말을 한다면 삼페르 대통령으로서는 로드리게스 형제들을 칠 절호의 호재인 것이었다. 즉, 그들은 더 이상 맞바꿀 것이 없었고, 풀려나기 위한 타협책을 알 수 없었던 것이다. 산타크루스가 제일 먼저 인내심을 잃었고, 목숨으로 그 대가를 치른 것이다.

그해 3월 내내, 나는 단식투쟁으로 얻은 병에서 어렵사리 회복되어가고 있었다. 그러나 '삼페르 대통령 소송'의 공식 개시일이 임박해오면서 나는 기운을 되찾기 시작했다. 하원의원 선거전에서 나와 함께 뛰었던 친구 클라라가 나를 도와주었다. 변호사인 클라라의 도움이 내게 얼마나 소중한 것이 될지 당시에는 알지 못했다. 세상을, 콜롬비아를 개혁하겠다며 덤비던 시절처럼 우리는 우리 집에 모여 커피 잔을 앞에 놓고, 모든 신문을 샅샅이 훑기 시작했다.

"의원들은 발디비에소의 수사자료를 모두 입수할 수 있대. 그렇다면 우리도 자료들을 다 입수해보면 어떨까?"

"클라라, 자료는 수천 건이 넘어. 그건 완전히 비현실적인 발상이야. 하지만 네 말이 맞아. 다른 의원들처럼 우리도 그렇게 하자. 그 사람들 하는 말 못 들었어? '우리가 얼마나 투명한지 보십시오. 가슴에 손을 얹고 맹세합니다.' 좋아, 동지들, 우리도 투명성으로 승부를 걸 거야. 하지만, 우리는 끝까지 갈 거라구, 끝까지!"

그렇게 해서 우리는 발디비에소의 수사자료를 얻었다. 온 국민들을 자기 양심을 입증할 증인으로 삼으면서 대통령궁은 이 자료를 관보에 싣기까지 했다. 그러나 자료는 밑도 끝도 없는 단편들이 뒤죽박죽 뒤엉켜서 일관성이라고는 눈곱만치도 찾을 수가 없었고, 이걸 다 읽다가는 복장이 터질 판이었다. 그러나 클라라는 달랐다. 이런 유형의 퍼즐에 통달한 그녀였다. 겹겹이 쌓여가는 자료들이 부엌 식탁을 차지하고, 양탄자를 점령하고 이어서 현관과 침실들까지 장악했지만, 클라라는 포기하지 않았다. 나도 마찬가지였다. 가위와 스테이플러를 손에 들고 증언기록들을 재구성했고, 증인만큼이나 많은 자료들을 열어보았고, 연대표를 작성했다. 상상할 수 없으리만치 악착스럽게 작업한 끝에, 이용할 수 없게 교묘히 조작된 한 무더기의 서류에 불과했던 것을 명료하고 일관성 있는 자료로 재구성했다.

이 작업에 수많은 밤낮을 보내고 나서 마침내 이 거대한 미궁에서 빠져나왔을 때, 우리가 만들어낸 기적이 어떤 것인지 가늠할 수 있었다. 이 자료는 삼페르 대통령뿐만 아니라 콜롬비아 정계 전체에 원자폭탄이었던 것이다. 우리가 기대했던 그 이상의 것들이 모두 거기 들어 있었다. 대통령에게 치명적인 증언들 이외에도 선거 비밀회계, 의원들과 그 유권자들의 지지를 확보하기 위해 각 의원에게 지불된 금액의 증거들이 드러났다. 그렇게 해서 콜롬비아만의 피라미드형 부패시스템의 전모가 처음으로 구체적인 수치와 함께 드러났다. 의원들은 삼페르 후보에게 영수증을 써주었고, 이 영수증들이 바로 우리 눈 앞에 있었다. 여기서 우리가 확인한 사실은, 이제 삼페르 대통령을 '재판'하려는 의원들 대부분이 이 영수증에 서명한 사람들이라는 것이었다. 투명하고 도덕적인 정치를 소리 높여 주장하는 이 사람들은 자신들이 고발하겠다고 나선 자의 불법적인 돈을 받은 자들이었다. 삼페르 대통령이 그들을 손아귀에 쥐고 있는데, 누가 보아도 대통령과 공모자인 그들이 어떻게 그를 재단할 것인가? 이 자료야말로 소송을 폭파하고 우리 정치시스템의 지저분한 속내를 국민들에게 폭로하는 무기였다.

나로서는 TV 화면을 통해 소송을 지켜볼 수백만 국민들에게 '설득력' 있는 발언문을 만들어내야만 했다. 그러나 그것은 어려운, 거의 불가능한 내기였다. 회계장부를 가지고 명연설문을 만들 수는 없지 않은가 말이다. 일단 공모자들에 의해 무죄 판정을 받게 되면 삼페르 대통령의 작전은 다음과 같이 될 것이라는 사실을 깨달았다. "보십시오. 그들은 수사자료를 충분히 파헤칠 시간이 있었지만, 나에 대한 비난거리는 하나도 찾아내지 못했습니다. 이것이야말로 내 무죄를 입증하는 최고의 증거가 아니겠습니까?" 나는 그의 행로를 가로막고, 자신의 게임에 스스로 말려들게 하고 싶었다. 그래, 바로 이거야.

5월 22일 개시된 소송은, 미국의 '수혜국 자격 박탈' 이후에 예상되었던 것으로, 대통령을 중심으로 대열을 좁히라는 선동적인 구호일 뿐이었다. '양키놈들'이 대통령을 쫓아내고 자신들이 내세운 인물을 들어 앉혀 콜롬비아를 모욕하려는 것이라고 비분강개했다. 삼페르 대통령은 클라라와 내가 시행한 방대한 자료작업 소문을 들었던 것일까? 나는 단식투쟁 이후, 늘 감시당하고, 미행당하고 있다는 구체적인 느낌을 갖고 있었다. 나중에 증거를 얻게 되었지만, 실제로 경찰들이 24시간 나의 일거수 일투족을 감시했고 전화를 도청했다.

6월 11일에 내가 발언하기로 되어 있었다. 그 열흘 전, 아파트 경비원이 평소처럼 내 우편물 뭉치를 내밀었다. 의회에서 돌아오는 길이었고, 여덟 시가 되어가고 있었다. 그때 난 얼른 가서 수도 없이 다듬은 발언문을 다시 한 번 더 다듬을 생각만을 하고 있었다. 엘리베이터 안에서—나는 9층에 살았다—우편물을 대충 훑어보았다. 고지서와 광고 전단들 사이에 손으로 쓴 편지가 한 통 있었다. 나는 이런 편지를 제일 먼저 뜯어보는 습관이 있다. 일반적으로 가족이나 친구들이 보낸 애정 어린 편지들이기 때문이다. 집 열쇠를 꺼내 문을 열고 현관 불을 켰다. 멜라니와 로렌소가 오늘 밤은 아빠 집에서 보내기로 해서 집은 조용했다. 그 편지 봉투에서 무언가가 툭 떨어졌고 기계적으로 그것을 주워들고는 현관에서부터 편지를 읽기 시작했다. 그것은 욕설과 저주로 가득 찬 편지였고, 마지막 문장은 내 숨을 멎게 했다. 앞으로 내가 하는 짓에 우리 아이들이 대가를 치를 것이라는 경고였다. 처음이었다. 지금까지 부패와 투쟁을 벌여왔지만, 한 번도 우리 아이들이 언급된 적은 없었다. 그때서야, 조금 전에 주운 것을 쳐다볼 생각이 들었다. 사진이었다. 토막 살인을 당한 어린아이의 사진!

처음에는 공포가 아니라 분노가 치밀었다. 나는 분노에 떨면서 어리석게도 그 끔찍한 사진을 찢어서 휴지통에 던지고 발로 짓이겼다. 다시 숨을 가다듬고, 마치 아무 일도 없었던 것처럼, 내가 아무것도 보지 않은 것처럼, 몇 초간이나마 살기 위해서였다. 그들은 날 협박하지 않을 거야. 하지만 이어서, 이러면 안 되는데 내가 왜 이러지, 완전히 무책임한 일이야. 곧 정신이 들었다. 그 인간들은 사람을 죽여, 진짜로. 최근 몇 달 동안, 세르파 장관의 기사, 고메스, 몬토야, 산타크루스, 그밖에도 여럿이 살해되었어. 경찰이 찍어서 언론에 대대적으로 보도되었던 죽은 이들의 얼굴이 내 머릿속을 스쳐 지나갔다. 맙소사! 다시 휴지통을 뒤졌다. 애들 아빠 파브리스를 부르자, 얼른, 얼른!

"나야! 아이들 옆에 있어?"

"저녁 먹는데, 바꾸어줄까?"

"아니, 괜찮아. 파브리스, 지금 만나야겠어. 정말 급한 일이야. 전화로는 말할 수 없어."

"골치 아픈 일이 생긴 거야?"

"그래 맞아. 아이들이 잠자리에 들면 전화해, 내가 나갈게."

우리는 그리 멀지 않은 곳에 살고 있었다. 파브리스가 근무하는 프랑스 대사관과 아이들이 다니는 프랑스 학교 근처였다. 멜라니는 열 살이었고, 롤리는 이제 여덟 살이 될 참이었다.

"잉그리드, 내일 아이들을 출국시켜야겠어. 우리 어머니한테 전화할게. 파리 샤를 드골 공항에 아이들을 데리러 나오실 거야."

그래, 그거야, 바로 내일 아이들을 프랑스로 보내는 거야. 이런 악몽 속에서 단 하루도 지체할 수 없었다. 그날 밤, 우리는 아이들 가방을 챙겼고, 프랑스 대사관에도 통보해두었다. 대사관은 내일 새벽 호위대를 보내주기로 했다. 오후 비행기로 파리로 떠나는 아이들은 그때까지 대사관에서 보호하기로 했다.

잠에서 깨어난 아이들은 어리둥절한 모습이었다. 책이랑 공책이랑 다 놔두고, 선생님과 친구들에게 작별 인사도 없이 떠나야 한다고 어떻게 설명해 줄까? 도둑놈처럼 도망쳐야 한다고 말이다. 하지만 애매한 핑계를 대자 아이들은 더 묻지 않았다. 의회에서 벌어지고 있는 일 때문에 며칠 동안 프랑스에 있는 것이 더 안전하단다. 말보다 내가 설쳐대는 것이 더 나았다. 자, 얼른, 서둘러야 해. 대사관 아저씨들이 밖에서 기다리고 있거든. 보름 뒤에 우리 다시 차분히 얘기하자꾸나. 그리고 할머니한테 뽀뽀해드려야 된다, 너희가 오는 걸 할머니가 얼마나 좋아하시는데.

나는 이제 곧 할머니 집에 가 있을 아이들을 생각하니 마음이 놓였다. 파리에 도착해 비행기에서 내리자마자 할머니가 아이들을 껴안은 모습과 6월의 햇살 아래 빛나는 파리의 거리들이며 애들 할머니가 사는 한적한 시골에 있는 아이들 방을 그려보니 마음속에서 미소가 번지기까지 했다. 그러나 아이들의 출발은 여자로서, 어머니로서의 내 인생에 첫 번째 경고였다. 내 정치활동이 가족들에게 심각한 여파를 미친 것은 이번이 처음이었다. 지금까지는, 단식투쟁 동안 로렌소가 탈진했던 것만 빼고는 공개 토의의 격렬한 폭력성으로부터 내 가족들을 지킬 수 있었다. 그러나 앞으로는 나의 공적인 활동이 내게 가장 소중한 사람들의 삶을 심각하게 흔들어놓을 수도 있다는 것을 무시할 수 없었다.

하지만 우선은 멜라니와 로렌소가 안전하게 대피했다는 사실에 나는 힘이 났다. 이제는 날 죽이는 것 말고는—그들은 날 죽이지는 않았다—내 발언을 막기 위해 아무 짓도 할 수 없을 터였다. 발언을 여드레 앞두고 나는 엄청난 압박감을 느끼고 있었다. 많은 국민들이 나를 기다리고 있었다. 이른바, '삼페르 대통령 소송'은 온 국민들이 제일 좋아하는 연속극이 되었다. 국민들은 오후 다섯 시부터 한밤중까지 TV 앞에 붙어 있었다. 국민들은 전국의 길 모퉁이에서 쉬쉬하며 얘기하는 내용을 누군가가 마침내 큰 소리로 밝히기를 미친 듯 열망하고 있었고, 전반적인 견해에 의하면, 그 누군가는 바로 나일 수밖에 없었다. 나는 이 국민들과의 약속에 시달렸다. '소송'의 결과에 대해서는 아무런 기대도 없었지만, 내가 국민들에게 희망을 불어넣어 줄 수 있다면 국민들은 이번 속임수를 간파하리라는 확신이 있었다.

"후안 카를로스, 사람들에게 보내는 일종의 눈짓 같은 상징을 하나만 찾아줄래? 로고 같은 거 말이야. 국민들하고 나 사이에 단번에 공감이 이루어져야 하거든."

건축가에서 광고업자로 변신한 남편은 이 열에 들뜬 날들 동안 나의 가장 가까운 조언자였다. 예민하고 신중한 남편은 상대의 말을 대단히 진지하게 들어줄 줄 알았다.

"무슨 말인지 알겠어. 생각해보고 내일 한두 가지 안을 보여줄게."

이튿날, 후안 카를로스가 코끼리 그림을 보여주자 나는 웃음을 터뜨렸다. 맞아, 이거야! 얼마 전부터, 어느 기자의 질문에 보고타 대주교가 날 선 대답을 한 것이 장안의 화제였다. "삼페르 대통령이 선거 전에 들어온 막대한 선거자금을 정말 몰랐을 것이라고 생각하십니까?" 대주교가 대답했다. "코끼리 한 놈이 내 집에 들어왔는데 안 보긴 어렵지 않겠어요?"

"후안 카를로스, 기막힌 아이디어야! 훌륭해! 6월 11일 발언 때, 코끼리 배지를 달고 나갈래."

"내가 맡을게. 다들 코끼리만 보게 될 거야. 걱정 말라구."

이제 의회에서 가장 청취율이 높은 발언 시간대—오후 5시에서 8시—를 얻어내야 했다. 그러나 요구하기도 전에 극렬 삼페르 지지파로 구성된 하원 위원회가 내게 그런 선물을 할 리가 없다는 느낌이 들었다. 아니나 다를까, 6월 11일 아침, 출근하기 전에 내가 정오에 예정된 발언 의원 명단에 올라가 있다는 연락을 받았다. 정말이지, 해도 너무한, 깔아뭉개기 작전이었다. 나를 우습게 아는 걸까? 좋아, 그렇다면 나도 오후 네 시 전에는 의회에 출석하지 않겠어. 그때까지 종적을 감추어버리기로 했다. 모든 언론이 내 발언을 그날의 하이라이트로 예고했기 때문에 할 수 없이 내가 선택한 시간을 줄 수밖에 없으리라…….

나를 찾느라고 다들 야단법석이었다. 시간이 흐를수록, 그들 입장에선 최악의 시간대에 내가 TV 화면에 등장하리라는 것이 점점 명백해져 갔다. 하원 위원회는 할 수 없이 휴회를 선언했다. 내겐 오히려 잘된 일이었다. 의회가 재개되면 내가 맨 처음 발언하게 될 것이기 때문이었다. 내가 도착하자 의사당 복도에서부터 신경질적인 반응들을 보였다.

"대체 자기가 누구라고 착각하는 거요? 온 나라가 당신 스케줄에 맞추어야 한다는 거요? 아무도 당신을 거들떠보지도 않아요."

"날 거들떠보지 않는다니 좋으시겠군요. 하지만 다섯 시 전에는 발언하지 않을 겁니다. 그런 줄 아십시오."

하원 위원회는 울화통을 참느라 안간힘이었다. 그러나 극도로 흥분한 언론이 사방에 있었기 때문에 위원회는 날 어떻게 할 수가 없었다.

"좋소. 다섯 시에 발언하시오. 하지만 한 시간을 넘길 수 없습니다."

"미안하지만 안 되겠는데요. 다섯 시에 시작해서 세 시간 동안 발언할 겁니다. 지금까지 다들 원하는 시간만큼 발언했고, 의회 규정상 위원회가 내 발언시간을 제한할 권한은 없으니까요."

위원장은 나를 죽일 듯이 노려보더니 문을 쾅 닫고 나가버렸다. 나는 그들의 격분한 몸짓과 증오에 찬 언사에 충격을 받은 것이 아니라, 오히려 재미있다는 생각이 들었다. 이상한 일이었다. 불면과 흥분 상태에서 몇 주를 보낸 나는 갑자기 일종의 희열을 맛보며 붕 떠 있는 느낌이었다. 나는 콜롬비아 국민들을 생각했다. 그들과 함께 나는 우리 모두가 겪는 불행에 대해 진지한 대화를 계속했고, 그들과 함께 나는 모든 어려움에도 불구하고 끝없이 썩어들어가는 정치권력의 우두머리들을 넘어서서 미래를 건설하고 있었다.

정확히 다섯 시가 되자 나는 연단으로 올라갔다. 노기로 벌겋게 달아오른 의원 무리들과 선명한 차이를 드러낼 수 있도록, 나는 티셔츠에 파란 색 치마와 재킷을 입었다. 모든 카메라가 나한테 집중되자 나는 재킷을 벗었고, 그러자 티셔츠 위에 인쇄된 후안 카를로스의 코끼리 그림이 나타났다. 그림 밑에는 '오로지 진실만을!'이라는 문구가 큼직하게 새겨져 있었다. 이제 내 발언의 요지가 주어진 셈이었다. 의원들 얼굴에 경악의 빛이 역력했다. 살기등등한, 그러나 무방비 상태의 경악이었다. 나는 곧장 말문을 열었다. 국민들이 지금 동시에 보고 있는 이 티셔츠가 몇 달 안에 시중에 온통 깔릴 것이라고. 시민들마저도 삼페르 대통령과 이 엉터리 소송이 투명하다고 주장하는 의원들을 조롱할 것이라고.

나는 콜롬비아가 겪고 있는 난파의 위험을 나 자신의 순진함을 들어가며 설명했다. 그것도, 멜라니와 로렌소에게 설명해주듯이 아주 쉬운 말로.

"저는 삼페르 대통령의 정치 동료였습니다. 아시다시피, 저는 선거 때 그를 지지했습니다. 마피아가 그의 선거자금을 댔다는 소문이 돌기 시작했을 때, 저는 웃어넘겼습니다. 이런, 새 대통령에게 원한을 품은 정적들이 이성을 잃었구나! 그런 중상 모략을 누가 믿었겠습니까? 대통령은 마피아의 음모라고 했고, 순진한 일개 졸병이었던 저는 대통령의 말을 믿었습니다. 망할 놈의 마피아는 아무것도 존중하지 않는구나! 심지어 대통령궁도 우습게 보는구나! 그리고 뭐라고? 양키들이 이 음모에 가담했다고? 콜롬비아의 수혜국 자격을 박탈하겠다고? 대통령은 양키가 우리나라의 자주성에 겁을 내는 것이라고 침착하게 단언했습니다. 저는 다시 대통령의 말에 전적으로 찬동했습니다. 그런데 보십시오. 수많은 사람들이 그를 비난했고, 수많은 위협적인 자료들이 여기저기서 돌출했습니다. 그때까지도 저는 우리 대통령을 믿고 싶었을 따름입니다. 그러나 대통령은 갑자기 음모설을 취소하고, 잘 들여다보니 마피아가 자신의 선거자금을 댄 것 같지만 자기는 몰랐다고 잡아뗐습니다. 대통령의 가장 가까운 동지들은 대통령이 알았다고 하는데, 자신만은 몰랐다고 했습니다. 자신은 눈처럼 깨끗하다고, 자신은 완전히 모르는 상태에서 수백만 페소를 선거에 썼다고 합니다. 이 말씀을 드리는 까닭은, 저처럼 순진한 사람도 이 주장을 무조건 받아들이기가 어려웠기 때문입니다. 더욱이 다른 증거자료들이 입수되었습니다. 보십시오. 자료들이 제 손안에 있습니다. 여러분 모두가 판단할 수 있도록 카메라에 보여드리겠습니다."

몇 시간 동안 나는 대통령의 유죄를 입증하는 부인할 수 없는 증거들을 국민들 앞에 제시했다. 클라라와 함께 재구성한 증언, 영수증, 사진, 편지, 연설문들 등의 미로 같은 자료들을 보여주었다. 대통령이 되기 위해 어떤 것도 마다 않는, 한 인간의 음습한 이야기를 국민들에게 들려주었다. 오래 전부터 로드리게스 형제와 결탁한 그는, 너무나 기강이 해이해서 아무런 양심의 거리낌도 없는 사회 코드에 따라서 행동하고 있다고 확신했다. 국민들을 기만하고, 국가를 우롱한 정치 지도자의 이야기를 내가 들려준 것이다. 나는 계속했다.

"이 자료의 발견은 제게 엄청난 일격입니다. 다행히도 우리는 민주 국가에 살고 있고, 대통령이 어수룩하게 자기 정당화를 시도하는 동안 사법부는 맡은 바 임무를 꾸준히 하고 있습니다. 사법부의 독립을 인정하는 대통령이라면 증거불충분으로 무죄 판결을 받을 수도 있었습니다. 그러나 삼페르 대통령은 소송을 배후 조종하고, 조사위원회를 매수하기까지 했습니다. 이 사람을 계속 신뢰할 수 있었다면 얼마나 좋았겠습니까! 그렇지만, 첫 번째 암살사건에서 전 피가 얼어붙었습니다. 증언하러 가던 내무장관 기사를 누가 죽였습니까? 그가 영원히 침묵하기를 바란 사람은 누굽니까? 알 수 없는 것은, 경찰이 아무 용의자도 체포하지 않았다는 겁니다. 경찰이 용의자를 수색하기는 한 겁니까? 그런 것 같지 않습니다. 이어서, 신원을 알 수 없는 암살범들에게 증인들이 한 사람씩 죽어갔습니다. 조금 전에 대통령이 거짓말을 하고 있다는 증거들을 여러분께 보여드렸습니다. 그러나 제일 중대한 것은 대통령의 거짓말이 아닙니다. 제일 중대한 것은 이제 우리가 대통령이 범죄자이며 살인범이라는 확신을 갖게 되었다는 것입니다."

장내에 죽음과도 같은 침묵이 흘렀다. 이제까지 단 한 번도 이런 단어들이 입 밖으로 나온 적이 없었다. 나마저도 숨을 쉴 수가 없었다. 메인 목으로 내가 계속 말을 이었다.

"제가 이런 혹독한 비난을 하는 것이 얼마나 어려운 일인지 국민 여러분은 짐작하실 줄 압니다. 소송이라고 우리에게 제시된 이 속임수의 진실을 저 혼자서 밝히는 것은 무거운 짐이기 때문입니다. 여러분이 화면을 통해 보고 있는 이 아연실색해진 의원들은 몇 시간 후, 대통령에게 무죄 판결을 내릴 것입니다. 이유를 아십니까? 대통령을 구해야만 자신들의 목숨을 구할 수 있기 때문입니다. 자, 지금 내 앞에 앉아 있는 이 의원을 보십시오. 저는 그가 삼페르 대통령에게 서명해준 영수증을 갖고 있습니다. 수백만 페소를 받았던 것입니다. 여러분 눈 앞에서 단언하건대, 만일 이 의원이 정신을 차려 대통령의 유죄를 고발한다면 내일 아침이면 그는 이미 산 목숨이 아닐 것입니

208

다. 우리들 콜롬비아 국민들은 사전에 조작된 쇼를 무력하게 볼 수밖에 없는 관객입니다. 오늘 밤, 우리나라는 심연 저 구렁텅이에서 단말마의 고통을 겪을 것입니다. 그렇지만 전 알고 있습니다. 행복해지려는 우리들의 열망이, 우리가 너무나 오래 전부터 겪고 있는 죽음의 어지러운 유혹을 물리치고 승리할 날이 반드시 올 것을! 전 확신합니다."

말을 마치자, 콜롬비아 의회 내에서 보기 드문, 희한한 일이 벌어졌다. 놀랍게도, 내가 자리로 돌아와 앉을 때까지도 의원들의 침묵이 계속된 것이었다. 툭하면 욕설과 주먹을 내두르는 이 사람들이 잠시나마 의욕을 상실하기라도 한 듯 보였다. 보수당 의석에서 몇몇 의원이 일어나 내게 악수를 청했지만, 경악으로 입이 마비된 듯 아무 말 없는 침묵의 악수였다.

그날 새벽 두 시, 삼페르 대통령은 투표 결과 43 대 111 로 공식적인 무죄 판결을 받았다.

그렇지만 이 날부터, 이 투표 결과가 국민의 뜻이 아님을 입증하려는 듯, 내가 길에 나설 때마다 사람들이 다가와서 포옹하고, 격려의 말을 던졌다.

"잉그리드, 우리가 있어요. 힘내세요. 계속 싸우세요."

후안 카를로스의 코끼리 그림이 그려진 티셔츠를 5,000장도 넘게 나누어줄 수 있었다!

의회 회기 종료를 1주일 남기고 나는 한 가지 생각밖에 없었다. 롤리와 멜라니를 다시 보는 것이었다. 의회 토의의 흥분이 가시자, 내 잘못으로 아이들이 가정이라는 울타리 밖으로 쫓겨났다는 죄책감에 나는 가슴이 부서지는 것 같았다. 6월 말이 되자, 단란한 아침식사와 뜨거운 여름 바람을 맞으며 산책하기, 한없이 긴 여름날 오후의 여유를 꿈꾸며 후안 카를로스와 나는 프랑스행 비행기에 올라탔다. 나는 기진맥진해 있었고, 팽팽히 곤두선 신경줄이 끊어질 것만 같았다. 단식투쟁 이후 5개월이 흘렀고, 그사이 단 하루도 쉴 새가 없었던 것이다.

일상의 안온함을 이제 막 되찾은 지 1주일도 되지 않았을 때, 변호사로부터 온 전화 한 통이 나를 불안의 구렁텅이로 몰아넣었다. 얽히고 설킨 갈릴-콜트 사건에서 나를 건져냈던 콜롬비아 법정의 노대가 시에라, 그런 대가가 심각한 우려를 표명했다.

"잉그리드, 한시 바삐 귀국해야겠네. 정말 유감이지만."

"대체 무슨 일이 있나요?"

"그들이 자네에 대한 소송을 꾸몄어. 직권 남용죄로."

"예? 그게 무슨 말이에요?"

"대통령궁에서 직접 고소했다네. 자네한테 치명타가 될지도 몰라. 의원직을 상실할 수도 있어."

"말도 안 되는 얘기예요! 무슨 직권 남용죄라는 건가요? 난 한 번도 청탁 같은 걸 한 적이 없어요."

"전화로 얘기할 순 없으니까, 제일 빠른 비행기로 당장 와요. 기다리겠네."

함께 여행하려고 호텔까지 예약했던 우리들, 아이들과 내겐 가슴 찢어지는 이별이었다. 모든 계획이 수포로 돌아간 것이었다. 다행히

너그럽고 자상한 아이들 친할머니가 손자들을 두 팔 벌려 받아주셨다. 언제나 세심하고 신중한 후안 카를로스는, 여름 휴가 초라 표 구하기가 제일 어려운 때였지만 보고타행 비행기표 두 장을 구해주었다. 이런 순간에 그가 없었더라면 나는 용기를 잃었을 것이다.

돌아가는 길은 끝나지 않을 것 같았다. 비행기 안에서 나는 아무것도 삼킬 수가 없었고 잠도 잘 수 없었다. 내가 언제, 무슨 직권을 남용하는 죄를 지었을까? 대통령궁이 이런 음모를 꾸며낼 수 있었던 것은 무슨 거리가 있다는 얘긴데……. 까닭을 알 수 없어 절망에 빠진 나는 머리가 터질 것만 같았다.

내가 걸린 소송의 심각성을 시에라 변호사가 과장한 것이 아니라는 걸 곧 알 수 있었다. 공항에서부터 기자들이 대기하고 있었던 것이다! 무슨 이유로 나를 고소했는지 알 수 없었기 때문에 기자들에게 답변할 수 없었던 나는 공항 안전요원들의 안내로 비상출구를 통해 공항을 빠져나왔다.

"자네, 대통령 임기 초기에 삼페르 대통령을 만난 적이 있지? 기억나나?"

책상 위에 두 손을 짚고 시에라가 침착하게 말문을 열었다.

물론이었다. 미국 당국이 녹음했다는, 로드리게스 형제가 삼페르 대통령을 칭송하는 내용의 테이프가 인구에 회자될 당시였다. 앞서 얘기한 것처럼, 대통령은 내게 농을 던진 적이 있었다. "잉그리드 의원, 큰소리로 얘기하지 말아요. 양키놈들이 이 방에 도청장치를 설치했거든."

"물론, 다 기억하고 있어요. 삼페르 대통령 임기 초에 있었던, 의전

상 예방이었죠."

"무슨 얘기들을 나누었지?"

"별 얘기 안 했어요. 자유당 의원들을 전부 접견하는 일종의 상견
례였어요."

"아니야. 대통령궁은 자네가 그 기회를 이용해 자네 아버지에 대한
선처를 부탁했다고 단언하고 있어."

"무슨 소리예요? 그건 허위 날조예요. 전 아무것도 부탁하지 않았
어요!"

"잉그리드, 자네 아버지 얘기를 꺼냈나, 안 꺼냈나?"

그때서야, 내가 20년 전부터 인상되지 않아 터무니없이 적은, 아버
지의 퇴직연금을 언급했던 사실이 떠올랐다.

"꺼냈어요. 하지만 삼페르 대통령이 아버지 안부를 물어보기에 돈
문제가 조금 있다고 대답했던 것 같아요."

"그것 보게나! 재판에 회부당하기에는 충분한 사유지."

"하지만 말도 안 되는 얘기에요! 대통령이 아버지를 언급하지 않았
다면 절대로 제가 먼저 말하진 않았을 테니까요."

"잠깐만. 바로 거기에 내가 잘 포착할 수 없는 무언가가 있네. 삼페
르 대통령이 왜 자네 아버지 안부를 물어보았을까?"

"그거야, 대통령이 우리 부모님의 오랜 지인이니까 그렇지요!"

"그래? 그걸 왜 이제야 밝히나?"

"모르셨어요?"

"그러면, 상황은 완전히 달라지지, 잉그리드. 자네가 아버지의 금
전 상황을 언급하게 된 것이 청탁이 아니라, 순수한 우정의 발로인

걸 분명하게 입증할 수만 있다면, 판사들의 생각을 뒤바꿀 수 있을 거야. 아니면, 자네를 비난하는 대통령이 옳은 게 되고. 솔직히 말하는데, 그러면 굉장히 어려운 싸움이 될 거야."

"아니, 우정을 어떻게 입증하죠?"

"불가능한 일을 한번 해보자는 거지. 자네 부모님과 삼페르 대통령의 교분을 입증할 최소한의 단서라도 갖다주게나. 불가능해 보이겠지만 최선을 다하게. 또 시간이 없으니 서둘러야 하네."

나는 좌절감에 미칠 듯한 심정이 되어 집으로 돌아왔고, 나를 도와줄 수 있는 유일한 사람, 어머니에게 전화했다.

내 말을 듣더니 어머니가 말을 꺼냈다.

"상황이 그렇다니 내가 비밀을 한 가지 가르쳐주마."

어머니는 우리 부모님과 삼페르 대통령 간의 특별한 교분이 어떤 정황에서 맺어졌는지 들려주었다. 아버지가 유네스코 주재 콜롬비아 대사로 계실 때 우리는 포슈 가에 살고 있었다. 삼페르 대통령의 부친 안드레스 삼페르는 아버지의 부하 직원으로, 알코올 중독과 금전 문제에 시달리는 심약한 사람이었다. 우울증에 빠진 그는 어느 날 아침, 욕조에서 손목을 그어 자살을 시도했다. 다행히도 수위가 그를 발견했고, 연락할 곳을 찾다가 우연히 우리 부모님의 전화번호를 보게 되었다. 달려간 어머니는 안드레스 삼페르에게 응급조치를 해주고 병원으로 데려갔다. 고통받는 이들을 보살필 줄 알았던 어머니는 연이어 며칠 동안 몇 시간씩 그의 침상을 지키면서 기운을 북돋아주고 보살펴주었다. 부모님이 얼마나 호의를 보여주었는가 하면, 장래의 대통령의 부친이 퇴원하게 되자 포슈 가에 있는 우리 집에서 몸을 추스르게 해줄 정도였다. 어머니는 그에게 연민 가득한, 진실한 우정을 품고 있었다. 그는 우리 집에서 두 달을 보냈다. 아무 기억도 남아 있지는 않지만, 나도 분명히 그를 보았을 것이었다. 이어서 그는 보고타로 귀환했고, 그 뒤 어머니는 그와 간간이 우정 어린 서신을 나누었다는 것이다.

이렇게 해서 나를 늘 착잡하게 하던 미스터리, 그러니까 안드레스의 아들이자 교활한 정치꾼인 대통령과 어머니 간의 교분이 밝혀지게 되었다.

"그랬군요. 하지만 이 얘기를 입증할 증거들이 꼭 있어야 해요, 엄마. 그러지 않으면 판사들이 이 얘기를 믿지 않을 거예요."

"증거라고? 어디 생각 좀 해보자……. 네가 찾는 게 어딘가 있을 거야. 안드레스가 죽었을 때, 내가 에르네스토에게 조의문을 보냈고, 그의 답신을 받은 기억이 난다. 그 편지에서 부친의 옛날 얘기를 했던 것 같은데……. 어디 있을 거야. 찾아보고 한 시간 뒤에 전화하마."

30분 뒤, 전화 벨이 울렸다.

"얘야, 찾았다! 1988년 4월 18일자 편지야. 읽어주마. '친애하는 욜란다, 아버님께서 떠나셨을 때 보내주신 진실한 조의문에 감사드립니다. 그분이 파리에서 어려운 시절을 보낼 때 당신께서 보여주신 우정과 도움을 그분은 평생 잊지 않으셨습니다. 저희 역시 아버님의 추억을 기리면서 영원히 잊지 않을 것입니다. 저희 가족들과 저의 이름으로 보내는 가장 따뜻하고 열렬한 우정을 받아주시기 바랍니다. 에르네스토 삼페르.'"

소송일이 되자, 다시 기자들이 몰려들었고, 판사들은 무표정한 얼굴이었다. 모두 다 삼페르 대통령파인 듯했다. 갑자기 난 끔찍한 공포에 사로잡혔다. 어떻게 온갖 정부 기구에 맞서 혼자서 싸울 것인가? 내 얼굴에서 극심한 공포를 읽었는지, 할아버지 변호사가 다정하게 내 손을 잡았다.

"잉그리드, 용기를 내. 괜찮을 거야. 내가 옆에 있을 테니까."

삼페르 대통령의 고소는 외견상 완벽했다. 그는 나를 모른다고, 그저 많은 의원들 가운데 한 사람일 뿐이라고 주장했다. 그래서 내가 아버지를 위해 선처를 부탁했을 때 놀랐다는 것이다. 삼페르 대통령은 심하게 밀고 나갔다. 자신의 소송 당시, 자신을 반대하고 나선 유일한 의원이 나였는데, 자기가 내 청탁을 거부했기 때문에 내가 앙심을 품고 반대했다는 것이다. 그리고는 마지막 순간까지, 즉 의회에서 소송이 개시될 때까지 아버지를 도와달라고 자기를 괴롭혔다고 했다. 그러나 헛일이었고, 그래서 자신을 음해하기 위한 집착적인 분노가 생겼다는, 있을 수 없는 주장을 펼쳤다.

기자들은 말할 것도 없이 광분했다. 베탄쿠르 의원의 감추어진 동기는 복수였다! 정치윤리에 대한 그럴싸한 훈계 뒤에 감추어진 것은 복수였다. 저 혼자 깨끗한 척하더니 제일 썩어빠진 정치인보다 더 나을게 없었다.

그러나 고소 내용을 입증하려고 과도한 욕심을 부린 나머지, 삼페르 대통령은 실수를 저질렀다. 나는 그것을 꼬투리 삼아 변론에 나섰다. 내가 대통령을 괴롭혔다고? 그랬다 치자. 그렇다면, 내가 1995년 8월 이후, 즉 소송 개시 1년 전부터 대통령의 초대를 모두 거절한 유일한 의원이라는 사실을 어떻게 설명할 것인가? 대통령에게 보낸 신랄한 답장을 몇 통 보관하고 있던 나는 1996년 4월 자의 답장을 공개했다.

"대통령 각하, 오는 25일 개최될 업무 오찬에 초대해주셔서 감사합니다. 그러나 우리 의원들이 각하가 기소된 소송의 결론을 내리기 전에는 이러한 초대에 앞으로도 응할 수 없음을 알려드립니다. 잉그리드 베탄쿠르."

내가 청탁꾼치고는 좀 냉담하게 대한 게 아니었을까?

이어서 나는 이 사건의 핵심으로 들어갔다. 즉, 부모님과 삼페르 집안 사이의 우정과, 대통령이 아버지의 안부를 예의상 물어본 이유를 설명하는 일이었다. 대통령의 아버지 안드레스 삼페르의 비극적인 이야기를 들려주자 좌중은 놀랐다. 그리고 마지막으로 장차 대통령이 될 에르네스토가 어머니에게 보낸 편지를 낭독했다.

"이런데도, 대통령께서는 날 모른다고 주장하시겠습니까?"

내 시선을 피하는 듯하는 판사들을 향해서, 갑자기 기가 꺾인 나는 작은 소리로 덧붙였다.

"제게 이런 소송을 건다는 것은 수치스러운 일입니다. 이 나라 정치에서는 진정한 의미에서 반대 의견을 고수하는 것만 해도 대단히 어려운 일입니다. 하물며 법까지 우리를 가로막고 나선다면 어떻게 민주 정치에 이를 수 있겠습니까?"

그때, 검사 측 대표가 일어났다. 까다로워 보이는 여검사가 일어서자 나는 최악의 것을 예상했다. 난 속이 꽉 막히고 머리는 찌근거려서 그녀의 논고를 따라갈 수 없을 정도였다. 나를 엄습하는 바닥 없는 절망 속으로 빠져드는 것 말고는 다른 것에 집중할 수가 없었다. 그런데 꿈 같은 일이 벌어졌다. 뭐라고? 지금 저 검사가 무슨 얘기를 하는 거지?

"본 법정은 이런 따위 속임수에 말려들지 말아야 했습니다. 이 소송 자료에는 초라하기 짝이 없는 험담만이 들어 있고, 잉그리드 베탄쿠르 의원은 이 자료들의 허구성을 완벽히 입증했습니다."

나는 눈을 들었다. 나만큼이나 놀란 노변호사가 미소를 짓고 있었다. 기자들의 눈빛도 완전히 달라져서 이제는 우리를 호의적인 시선으로 바라보았다. 내가 지금 이기고 있단 말인가, 정말? 조그만 체구의 여검사가 분개해서 결론을 내렸다.

"따라서 나는 이 소송을 지체 없이 종결시키고 다시는 거론하지 말 것을 요청합니다!"

동시에 재판이 끝났고, 사람들은 일어나기 시작했다. 언론이 말 그대로 우리를 덮치는데, 판사 가운데 여자 판사 세 사람이 동료들과 떨어져 내게로 오더니 당당하게 악수를 청했다.

"의원님께 얼마나 공감하고 있는지 꼭 말씀드리고 싶었습니다."

그 가운데 한 사람이 속삭였다.

1996년 7월 20일, 기진맥진했지만 어쨌든 무사히 이 소송에서 빠져나온 지 나흘 뒤에 의회가 재개되었다. 이때는 하원과 상원이 함께 의회에 모여 대통령의 연설을 청취하는 것이 콜롬비아 의회의 전통이다. 삼페르 대통령에게는 '명예로운 날'이었다. 자신의 소송 종결 이후 5주가 지났고, 이제 그는 고개를 높이 들고 국민의 대표들 앞에 서는 것이었다. 그리고 내게는 잊을 수 없는 '초상날' 이었다. 이론적으로 따지면 나는 자유당 의석에 앉아야 했지만, 거의 모든 당원들이 삼페르 대통령을 지지했기 때문에 나는 그들과 함께 앉는 것을 거부했다. 더욱이, 내가 지나가면 대부분 의원들은 고개를 돌렸다. 이번에는 의사당 제일 앞에 앉을 작정이었다.

갑자기 군화와 구령 소리가 들리더니 대통령이 입장했고, 우리는 기립했다. 삼페르 대통령은 엄숙하게 연단에 올라서더니 인사한 다음 동작을 멈추고 차려 자세를 취했다. 이윽고 국가 첫 구절이 울려 퍼졌다. 그가 눈으로 나를 찾았을까? 아마 그랬을지도 모른다. 어쨌든 나는 그의 시선을 찾아 눈을 고정했고, 우리는 차려 자세를 한 의원들 머리 위로 서로를 노려보았다. 거의 10년 전 대서양 연안 출장에서 실없이 사람들을 웃기던 그의 이미지가 떠올랐다. 이제 그의 눈빛에는 장난기도, 난봉꾼의 기색도 없었고, 오직 금속성의 집요하고 뿌리깊은 증오심만이 들어 있었다. 그 순간, 내가 그의 광적인 야망 때문에 희생된 사람들의 이름으로 그를 심판하고 있음을 그가 알기를 바랐다. '우리 아이들을 죽이겠다는 협박이 당신 짓이라는 걸 나는 알고 있어.' 나는 침묵 속에서 그에게 말했다. 이 말 없는 눈싸움은 이루 말할 수 없이 격렬했다. 마치 울려퍼지는 국가가 시간을 정지시키기라도 한 것 같았다. 하지만 나는 이런 말도 했다. '난 당신 개인을 증오하지 않아, 어쩔 수 없이 우리 사이에는 사적인 감정이 흐르지만, 그런 연민에 난 관심 없어.' 그가 국민들과 역사 앞에 선 죄인으로서 나의 심판을 받고 있음을 깨닫기를 바랐다. 이 점이 본질적인 것이고, 우리 둘의 개인적 대립보다 훨씬 더 중요한 것임을 그가 깨닫기를 바랐다. 그가 깨달을 능력이 있다면 말이다.

담화를 마치자마자, 삼페르 대통령은 대통령 관저인 나리뇨 궁에서 의원들을 위한 칵테일 파티를 열었다. 양원이 자리잡은 의사당과 나리뇨 궁은 공원을 사이에 두고 있었다. 그날 밤, 모든 동료의원들이 공원을 지나 신나게 대통령 관저로 향하는 것을 보면서 나는 극도의 절망감을 느꼈다. 그들은 국민들이 보는 앞에서 진실을 은폐하고 자신들의 목숨을 건지기 위해 날뛰더니, 이제는 위엄도 없이 패거리 가운데 가장 부패한 자의 집으로 배당금을 챙기러 가는 것이었다. 나는 반대 방향으로 돌아서서 볼리바르 광장으로 향했다. 얼어붙을 듯 추운, 칼날 같은 산바람에 보고타 거리가 텅텅 비는 그런 밤이었다. 낮 동안은 그렇게도 활기 넘치는 광장에 사람 하나 없었다. 내 개인 차량과 내무장관이 최근에 내어준 경호 차량만이 광장 오른쪽에 주차해 있었다. 의사당 계단을 내려와 발길을 재촉했다. 내 개인 기사 알렉스에게는 맹목적인 신뢰를 갖고 있었지만, 경찰 소속의 경호원들에게는 반신반의하고 있었다. 그래서 그들만의 차량을 따로 마련해서 더 이상 내 차에 동승하지 않도록 조처를 취한 지 얼마 되지 않은 때였다. 혹시나 내 대화 내용을 들을까 의심스러웠기 때문이었다. 옷깃을 세우고 가는 동안 나를 본 알렉스가 시동을 걸고 전조등을 켰다.

대성당이 있는 언덕배기를 올라가다가 우회전해서 산 펠리페 데 네리 거리로 들어섰다. 우리 뒤를 따라오는 경호 차량의 불빛이 우리 차 안을 환히 비추고 있었다. 보고타에서 제일 볼 거리가 많은 칸델라리아 역사지구의 거리는 완전히 텅 비어 있었다. 그러나 이상하게도, 우리가 대학 건물 앞에서 좌회전을 하려는데 어떤 차량이 진로를 막았다. 내가 화를 냈다.

"아니, 웃기는 사람이네! 하고 많은 자리 중에서 왜 우리 앞에 차를 세우는 거야?"

기사 알렉스도 당황한 기색이었다. 우리는 꼼짝도 할 수가 없었다.

나는 초조해졌다. 피곤한 데다 우울한 기분이어서 빨리 집에 들어가고 싶을 뿐이었다. 최상의 해결책은 후진해서 그 전 길을 타는 것이었다. 그런데 이번에는 또 다른 차량이 우리들의 후진을 막고 서 있는 것이 아닌가?

"제기랄! 후진도 못 하잖아."

알렉스, 그가 '상황'을 파악했다. 내 차는 소형이었지만 다행히도 사륜구동차였다. 알렉스가 갑자기 방향을 바꾸더니 엔진을 가동시키고 전조등을 모두 켠 채 인도로 뛰어들었다. 그리고는 대학 건물 구석과 우리를 가로막은 차 사이의 좁은 길로 달려들었다. 무사히 빠져나온 우리는 산프란시스코 거리를 전속력으로 질주했다. 그때서야 난 비로소 상황을 파악했다. 총소리가 들렸을 때, 우리는 이미 멀리 벗어나서 보고타의 샹젤리제, 셉티마 대로에 접어들었다. 그리고 나서, 경호차량도 무사히 빠져나온 것을 확인하고 나는 안도의 한숨을 내쉬었다.

우리는 아슬아슬하게 모면했지만, 날 죽이려던 살인청부업자들이 다시 찾아나설 것은 뻔한 일이었다. 그러나 여전히 난 설마 나를 죽이려는 게 아니라, 겁을 주려는 거겠지, 하고 믿었다.

잠시 후, 나는 두 차량을 멈추어 세웠다.

"지금 발생한 사건에 대해서 함구하세요. 알았죠? 단 한마디도 새어나가면 안 됩니다. 알려지지 않기를 바라요."

경호원들은 결국 내 말을 듣지 않았지만, 경찰 외부로는 유출되지 않았다.

나는 현실을 직시하지 않으려 했고, 내 마음 깊은 곳에서는 그 이유를 알고 있었다. 우리 가족이 이 사실을 알게 되면, 파브리스가 이를 알게 되면, 멜라니와 로렌소가 다시는 보고타에 돌아오지 못할 것이기 때문이었다. 아이들은 8월 말에 돌아올 예정이었고, 나는 그날만을 기다리며 살고 있었다.

9

1996년 9월 초 개학을 맞아 멜라니와 로렌소는 마치 아무 일도 없었던 것처럼 다시 보고타 프랑스 학교를 다녔다. 하지만 아이들에게 이번 학년은 이전과는 아주 다른 해가 될 것이었다. 아이들 아버지가 이제는 콜롬비아에 살지 않았기에. 파브리스는 뉴질랜드 오클랜드로 발령받아 지난 여름에 떠났다. 이제부터 아이들에겐 집이 하나, 내 집뿐이었고, 위험이 닥쳤을 때 파브리스가 순식간에 달려올 수 없게 되었다. 그러나 우리는 도피처, 성소 하나를 얻은 셈이었다. 보고타에서 사는 것이 도저히 불가능해진다면 아이들에겐 오클랜드가 있는 것이다. 파브리스나 내가 이 점을 분명하게 표명하지는 않았지만, 당연히 우리는 그런 생각을 하고 있었다. 토막난 어린아이 사진을 동봉한 협박 편지 이후로, 파브리스는 멜라니와 로렌소가 보고타에 있다는 상상만으로도 괴로워했다.

하지만 동시에 그는 아이들을 내게서 떨어지게 할 수도 없었다. 나는 그의 불안과 마음고생을 알고 있었다. 나 역시도, 아이들에게 닥칠지 모르는 위험을 의식하고 있었지만, 아이들과 떨어진다는 것은 내 인간적 능력을 넘어서는 일이었다. 나는 국가와 정치에 엄청나게 많은 것을 바쳤다고 생각하고 있었지만, 아직은, 아직까지는 가정생활까지 희생할 마음의 준비가 되어 있지 않았다.

그해 1996년 가을은 형언하기 어려운 불안 속에서 시작되었다. 멜라니와 로렌소를 잃지 않으려고 구사일생으로 살아난 7월 20일의 테러사건을 감추었고, 이제 나는 이 무책임한 행동의 대가를 치르고 있었다. 아이들 걱정에 늘 불안에 떨게 된 것이었다. 거의 동물적 본능이었다. 문어 한 마리가 발로 내 배를 때려부수더니 이제 내 가슴을 찢어놓는 것이었다. 나는 내 안에 이 문어를 품고 살았고 단 한순간도 잊어버릴 수가 없었다. 심지어 밤이 되어 아이들이 잠옷을 입고 바로 내 옆에 있을 때조차도, 후안 카를로스가 현관문의 자물쇠를 확인해줄 때조차도, 다정해야 할 그런 순간에조차도 나는 무서웠다.

더욱이 나는 삼페르 대통령과 마지막 전투를 벌이기 위해 칩거하는 중이었다. 대통령의 유죄를 입증하는 모든 증거들을 국민들에게 보여줄 책을 집필하는 일이었다. 고독이 불안을 얼마나 증폭시킬 수 있는가를 매 순간 가늠했고, 낯선 소리 하나에도 신경이 곤두섰다. 그렇지만 행진해야 하고, 아직 진실일 수 있는 것을 구해야 한다는 필연성에 사로잡혀 나는 글을 써나갔다. 나는, 의원들이 낙태시켜버린 '삼페르 대통령 소송'이 콜롬비아 역사에서 제 자리를 찾도록, 콜롬비아 국민들이 그들에게 가해졌던 비열한 속임수를 잊지 않도록,

국민들이 내가 석 달 전, 하원 연단에서 TV 카메라가 지켜보는 가운데 흔들어 보여주었던 치명적인 자료들을 활자로 보유할 수 있도록 책을 써나갔다. 나는 시앙스포 재학 시절 들었던 엘렌 카레르 당코스(프랑스의 정치사가)의 강연을 기억하고 있었다. 당코스는 전체주의 체제가 어떤 방식으로 역사를 다시 쓰게 되는지를 예리한 통찰력으로 설파했다. 그는 체제에 맞춘 집단적 기억상실증을 이용한다고 했다. 그 지적은 그 어떤 것보다도 더 나를 두렵게 했다. 우리 모두를 유혹하는 비열한 안도감의 욕구는 결국 우리들의 종말을 의미하는 것으로 보였다. 그렇게 암담하고, 그렇게 위협적인 시기에 나는 생각했다. 정 그들이 나를 죽여야겠다면, 그들이 나를 죽이기 전에 내가 벌여야 할 전투는 바로, 이 마지막 농간, 이 마지막 모욕을 저지하는 것이라고.

나는 거의 외출도 하지 않고 집에 틀어박혀 작업에 집중했다. 이 책이 국민들과 또한 내 가족들, 멜라니와 로렌소를 위한 구원의 담보라도 되는 것처럼 책이 어서 나오기를 미친 듯이 바라면서 열에 들뜬 상태로 밤낮 없이 글을 썼다. 이 책이 어떤 의미에서 그렇게 연약한 사람들을 보호해준단 말인가? 왜? 나로선 대답할 수 없는 질문이었다. 하지만 강렬한 직감, 확신, 그리고 완수해야 한다는 의무감은 내게 계속해나가게 하는 힘을 주었다.

잠이 오지 않았다. 자리에 눕자마자 내 의식은 깨어나, 테러를 당했을 때 도망칠 시나리오를 지치지도 않고 짜대고 있었다. 말했던 것처럼 우리 집은 산 중턱의 막다른 골목 끝에 있었고, 암살범들의 잠복장소로는 이상적인 무대였다. 살인자들이 층계에서 돌출하면 어떻게 도망칠까? 아이들을 어떻게 구할까? 처음에는 밧줄을 써서 아랫집 베란다로 도피할까 생각했다. 그런데 생각해보니 밧줄은 더 불안스러웠다. 오히려 줄사다리가 훨씬 더 마음 든든하게 보였다. 그래, 내일 아침 당장 줄사다리를 사자. 줄사다리를 사서 언제든지 사용할 수 있게 매달아 놓았더니, 이제는 운동화가 고민이었다. 맞아, 각자 운동화가 있어야 해, 베란다 유리창 앞에 항상 준비해두어야지. 아이들이 맨발로 사다리에 올라탔다가 미끄러지면 어쩌지, 그러면 절대로 안 되는데. 오, 맙소사. 만일 지붕을 타고 들어오면 어떡하지? 무기도 없이 이러고 있을 순 없어. 권총이나 경기관총을 하나 구입해야겠다. 총 쏘는 것도 배워야지, 후안 카를로스가 가르쳐줄 거야. 현관 왼쪽에 총을 걸어두어야지. 로렌소, 이거 절대로 만지면 안 된다, 알았지? 아주 위험한 거야, 아주 위험해. 이게 대체 무슨 일인가? 나는 헛소리를 하고 있었다. 내가 지금 미쳐가는 걸까?

12월 12일, 책은 『그는 알고 있었다』라는 제목으로 출간되었다. '삼페르 대통령은 자신의 선거자금에 들어간 수백만 페소가 마피아로부터 나온 것을 알고 있었다'. 같은 날, 시내 한 서점에서 저자 사인회를 마련했다. 그 서점은 대통령궁에서 직선 거리로 겨우 수백 미터밖에 떨어져 있지 않았다. 사람들이 과연 올까? 책의 출간을 보도했던 언론들, 사진기자와 카메라맨들이 신원이 밝혀질 위험을 무릅쓰고 과연 올까? 테러 사건에도 대비해야 했다. 직원들이 나를 서점 맨 구석 벽에 등을 붙이고 앉게 했고, 무장 경호원들이 출입구 두 곳을 감시했다. 다른 경호원들은 서점 내부에 은밀하게 잠복하고 있었다. 사람들이 몰려오더니 아직 닫혀 있는 출입문에 밀집해 있었다.

용감한 시민들은 거기 왔다는 자부심에 넘쳤다. 그들을 보면서 우리는 복잡한 안전 조치를 다 잊어버렸다. 모여든 군중의 대기 행렬은 인도에까지 늘어섰다. 카메라를 들고 와서 나와 함께 사진을 찍겠다는 사람들도 많았다. 다들 나를 얼싸안고 격려해주었다. 비로소 내가 빛을 되찾은 느낌, 오랜만에 처음으로 그윽한 삶의 기쁨을 맛보는 순간이었다. 그 사람들은 나를 자유롭게 해주었고, 감옥의 문을 열어주었다. 그들은 내 말을 들었다고, 그들도 알고 있다고, 나를 지지한다고 했다. 놀랍게도 나는 그들이 보여준 신뢰에 너무나 감동한 나머지, 다시금 우리가 이길 수 있다고, 도둑놈, 사기꾼, 범죄자들이 콜롬비아를 영원히 지배할 수는 없다고 믿게 되었다.

책이 나오고 나서, 나는 의회 활동을 재개했다. 할 수 없는 상황으로 의회 업무를 소홀히 했던 만큼, 나는 몇 배 더 열심히 일했다. 회기가 끝나가고, 긴 크리스마스 휴가가 다가오고 있어서 서둘러야 했다. 의사당과 면담이 줄지어 있는 의원 사무실 사이를 쉴 새 없이 뛰어다녔다.

미친 듯 돌아가던 어느 날, 면담을 그럭저럭 마무리하고 전체 의회로 달려갈 채비를 하고 있는데 비서관이 집무실 문을 살짝 열었다.

"의원님을 급히 뵙겠다는 분이 있습니다. 남자분인데요…….

"약속이 있었나요?"

"아니요, 그런데 꼭 만나야 한다고 우기는군요."

나를 죽이기로 했던 사람들이 이 메신저를 내게 보내는 것이 좋겠다고 결정한 이유를 나중에 알게 되었다. 그리고 로드리게스 형제와의 만남을 다시 떠올리면서 거기서 징표를 찾게 되었다. 나는 직감적으로 그들은 사실 나를 죽일 의도가 없었고, 오히려 정반대로 내가 어떻게든 살아 있기를 바라고 있음을 알아차렸다. 마치 자기들이 만들어낸 이 악몽 같은 세상에서 나 같은 개인들이 살아남아야 자신들과 또 후손들을 위해 그들이 꿈꾸던 세상을 확보하게 되기라도 하는 것처럼 말이다.

메신저는 말했다.

"의원님 가족이 위험에 처해 있습니다."

이번에는 나도 더 이상 식구들을 속일 수가 없었다. 이 책 머리에서 얘기했던 것처럼, 그날 밤으로 우리는 도피할 준비를 했다. 6개월 만에 두 번째로 멜라니와 로렌소는 콜롬비아를 황망히 떠나야만 했던 것이다. 그러나 이번에는 아이들이 오랫동안 돌아오지 못하리라는 확신이 들었다. 이렇게 아이들이 떠나게 되자 나는 몇 달간 겪었던 공포와 죄책감에서 조금 벗어날 수 있었다. 아이들 없이 어떻게 살 수 있을지, 아직은 생각하고 싶지 않았다. 다행히 후안 카를로스가 내 곁에서 나를 달래줄 거라 믿었다. 파브리스는 오클랜드 공항에서 우리들을 맞았다. 거친 폭풍우를 지나고 있지만 우리는 아직까지 잘 버티고 있구나. 이제 어른이 된 세바스티앵도 그곳에 있었다. 그는 멜라니와 로렌소를 세심히 보살피는 오빠이자 형이었다. 세바스티앵도 온 세계를 돌아다니면서 어려운 변화와 적응의 시기를 겪었던 만큼, 아이들을 잘 이해했고, 수호천사처럼 아이들을 지켜주었다.

오클랜드에서 보낸 이 두 달, 내가 아이들과 함께 보낸 이 마지막 두 달을 생각할 때면, 나는 마치 중형을 선고받은 여자였다고 밖에는 달리 생각할 수가 없다. 수감 전, 엄마 없는 고통을 겪지 않도록, 아니 엄마를 잊지 않도록 하려는 미친 듯한 희망을 가지고, 마지막 자유의 시간을 어떻게든 잘 활용해서 가족들의 일상생활을 챙겨주고, 가장 세심한 부분까지, 가장 무의미한 부분까지 가족과 함께 하려고 애쓰는 그런 여자 죄수였다. 우리는 다같이 아이들 방을 꾸몄고, 집에서 학교까지 길을 반복해 걸어보았고, 1년 동안 필요한 책과 공책, 학용품, 또 옷들을 함께 사러 다녔다. "멜라니, 한 치수 큰 걸로 해. 금방 키가 클 거야." 이렇게 우리는 수많은 기억거리들을 함께 만들어나갔다. 내 마음 깊은 곳에서 이런 소리가 들려왔다.

"잉그리드, 멜라니를 잘 기억해두어야 해. 그러지 않으면 몇 달 안가서 넌 그 애 모습을 떠올릴 수 없게 될 거야. 잘 보아두고, 모든 것을 잘 새겨두어야 해. 바지 모양이며, 블라우스 색깔이며……."

1997년 2월 중순, 후안 카를로스와 나는 다시 보고타로 돌아와야 했다. 이제부터는 정말 힘든 시간이 될 것임을 우리 둘 다 예감하고 있었다. 후안 카를로스가 이 상황을 한마디로 요약해주었다. 나에게 청혼한 것이었다. 날 사랑해서, 끝까지 날 따를 마음의 준비를 하고 나와 함께 하겠다는 것을 어떻게 이보다 더 잘 표현할 수 있었겠는가? 우리는 둘 다 이미 한 번 결혼했던 사람들이었고, 정상적인 상황에서라면 결혼이라는 형식에 연연하지 않을 사람들이었다. 하지만 우리가 가로지르는 상황이 정상적인 상황이 아니었던 만큼, 그날, 후안 카를로스의 청혼은 나를 감동시켰다.

우리는 보고타로 돌아오는 길에, 태평양 한복판에서 폴리네시아 전통 혼례를 치렀다. 느린 카누 리듬에 맞추어 신랑이 파도 속에서 솟아나오는, 시간을 초월한 성스러운 결혼식이었고, 마치 인간이 순수성을 배반하기 이전, 시초의 삶으로 하루 만에 거슬러올라 가는 은 총을 입은 것 같았다. 하루, 아니 정확히는 3일 만에 우리는 시인들이 노래했던 이 섬들을 떠나 격동하는 진짜 삶, 우리들의 삶, 콜롬비아인들의 삶 속으로 되돌아왔다.

대통령의 잘못으로—유엔 총회에 참석하려던 삼페르 대통령은 미국 입국 비자를 거절당하게 되었다—다른 국가들로부터 소외당한 콜롬비아는, 1997년 3월 우리가 도착했을 때, 새로운 선거라는 희망을 향해 이미 눈길을 돌리고 있었다. 1년여 후에 대선이 치러질 예정이었다. 콜롬비아 대통령 임기는 4년 단임제라서, 우리는 머지않아 삼페르 대통령을 '처치' 할 수 있을 것으로 확신했다. 그렇다고 해서 우리 자신의 존엄성을 되찾으리라는 확신이 있었을까? 아니었다. 삼페르 대통령은 퇴임 후 자신의 보신책을 강구하고 있었기 때문이다. 그는 일개 시민으로 돌아가면 소송을 피할 수 없으리라는 것을 알고 있었다. '8000번 소송' 은 그의 최측근 협력자들, 특히 메디나 회계 담당관과 보테로 전 국방장관에 대한 수사를 계속하고 있었다. 따라서 그는 권력을 쥐고 있는 동안 법적 장치에 결정적인 제동을 걸어야만 했다. 더 나아가, 권력에 있을 동안 축적한 부를 가지고 편안히 살려면 그는 자신의 후계자를 확정해놓아야 했다. 인구에 회자되는 이름은 주인만큼 부패한 충복 중의 충복, 세르파 내무장관이었다. 세르파가 삼페르 대통령의 뒤를 잇는다면, 틀림없이 삼페르 대통령은 편안한 은퇴생활을 영위할 수 있을 것이었다.

나는 '8000번 소송' 이 무산되어가는 것을 무기력하게 지켜보아야만 했다. 내가 무기력할 수밖에 없었던 이유는 삼페르의 책략이 완벽했기 때문이었다. '8000번 소송'의 상징은 발디비에소 검사였다. 삼페르 대통령은 자유당이 발디비에소를 대선 후보로 내세우도록 막후에서 조종한 것이었다! 사실, 대선 후보 지명 유혹에 버틸 수 있는 강심장은 드물다. 더욱이 여론조사 결과, 압도적 다수로 선출될 거라고 부추기는 데야 말할 것도 없다. 발디비에소는 유혹에 넘어갔고, 검사직을 사퇴한 뒤 선거에 뛰어들었다. 물론 그것은 그의 권리라 할 수 있었다. 하지만 그는 삼페르 대통령이 쳐놓은 함정을 알아차리지 못했다. 형편없는 연사에 정치가로는 낙제점이었던 발디비에소는 그동안 쌓아왔던 국민의 신임을 몇 달 만에 전부 잃어버리고 정치 무대에서 사라졌다. 그러자 자유당의 진짜 후보였던 세르파가 각광을 받으며 등장했다. 그사이에도, 삼페르 대통령은 발디비에소 대신 다른 인물을 다시 자유당 후보로 밀고 있었다. 다름 아닌 '8000번 소송'에서 그에게 충성을 바쳤던 변호사 중의 한 사람이었다! 어떻게 될 것인지는 뻔한 일이었다.

세르파의 승리를 다지기 위해 삼페르 대통령은 임기 만료 18개월 동안 '엘 살토 소시알', 사회적 도약 운동을 발진시켰다. 내용만 보자면 나무랄 데 없는 조치였지만, 실상은 내무장관을 대통령에 당선시키기 위해 유권자들의 표를 긁어모으기 위한 저의가 깔린 조치였다. 일례로, 정부는 극빈자 층에 의료진찰표를 배급했는데, 이 표를 이용해서 이 계층의 인구조사를 실시하고 자료를 만들고, '제대로 투표할 것'을 조건으로 진찰표를 나누어준 것이었다. 마찬가지로 각 가정에 학용품 구입표를 나누어줌으로써 그 혜택을 받기 위해 무엇이든 다하는 유권자들을 확보했다. 은퇴한 노인들은 식량표를 써서 결집시켰다.

이면을 살펴보면, '엘 살토 소시알' 운동은 삼페르-세르파 2인조가 세르파의 대선자금으로 막대한 국고를 횡령하는 호재가 된 셈이었다. 두 사람은 국가 재정을 말 그대로 강탈했고, 이 강도질을 고발하는 것이 1997년 내내 주요한 내 임무가 되었다.

다시 나는, 정부의 갑작스러운 사회보장 정책에 어떤 저의가 숨어 있는지 국민들에게 알려주려는 유일한, 거의 유일한 의원이 되었다. 모든 것이 궁핍한 국민들에게 오늘 정부가 약속하는 약간의 선심이 내일이면 독 묻은 선물이라는 것을 어떻게 납득시킬 것인가? 이 선심쓰기는 그들이 겪는 극빈과 소외 상태를 전혀 해결해줄 수 없다는 것을, 해결은커녕 투표 다음 날부터 자신들이 메워놓아야 할 어마어마한 국고 횡령의 핑계라는 것을 어떻게 납득시킬 것인가? 내 운신의 폭은 좁았다. 발언에 나설 때마다, 나는 무조건 반대하는 사람으로, 가난한 동네에서 애타게 기다리는 사회적 원조를 거부하는 사람으로 보일 위험을 감수해야 했다.

1997년 가을, 삼페르 대통령과 그 일파가 수없이 거부해온 끝에 마약밀매범 인도에 관한 토의가 다시 무대 전면으로 돌아왔다. 짜증이 난 미국의 압력은 대단했다. 삼페르 대통령의 범인 인도 반대 입장을 공식 표명할 수 없었던 것이, 그렇게 되면 대통령이 칼리 카르텔의 선거자금을 받았다고 계속 비난하는 국제 여론을 격화시킬 것이기 때문이었다. 그래서 삼페르 대통령은 의회 표결을 통한 인도협정 재개에 찬성한다고 발표하면서도 여전히 감옥에 있는 자신의 '파트

너', 로드리게스 형제를 염두에 두고 있었다. 이들을 미국에 인도한다는 것은 대통령에겐 있을 수 없는 일이었다. 그들간의 비밀 협약을 배신하는 것은 자신이 단시일 내에 사형 선고를 받는 것과 같은 얘기였다. 그러면 어떻게 로드리게스 형제를 구하면서 자신도 목숨을 건질 것인가? 간단했다. 인도협정 불소급 원칙을 선포함으로써 이미 수감된 범죄자들의 협정 적용 가능성을 배제시키는 것이었다.

로드리게스의 자금을 받았던 절대 다수의 의원들은 불소급 원칙이라는 요술방망이가 있어 안도할 수 있었다. 그들 역시도, 로드리게스 형제가 미국에 인도되면 죽은 목숨이나 마찬가지인 셈이었다. 토의가 개시되자, 마약밀매범에 관한 토의 때면 늘 그랬던 것처럼 전원이 참석한 의사당에서 인도협정을 전적으로 예외 없이 소급 적용할 것을 나 혼자 주장했다. 내가 책에서 폭로해 카르텔과의 관계가 명백히 드러난 이 의원들은 가슴에 손을 얹은 채 후안무치하게도, 양키 제국주의와의 투쟁을 외쳐가며 소급 적용을 반대하는 '비분강개'를 토했다. 나는 미제국주의 운운하는 건 핑계라고 외쳐댔고, 이 격렬한 언쟁을 통해 나는, 가장 청렴한 의원들을 포함해 모든 의원들이 마약밀매단에 대해 엄청난 두려움을 갖고 있음을 간파할 수 있었다. 더욱이 가장 광범한 협정 이행, 즉 로드리게스 형제를 미국 감옥으로 보내는 것에 찬성한 의원은 나와 두 사람뿐이었다.

삼페르 대통령은 외견상 하찮은 조항을 의회에 제출함으로써 과거를 청산하려고 했다. 교도소 과밀문제를 해결한다는 핑계를 대고 '자택에서 잔기를 채우도록' 하는 조항이었다. 이 관대한 조치가 경미한 범죄자에게 적용되리라고 예상했으나 아니었다. 그것은 무슨 까닭인지 일정한 범주의 지능범들에게만 적용되는 것이었다. 자세히 들여 다보니, 그것은 여러 유형의 부정축재, 특히 '8000번 소'송의 피고들이 저지른 범법 행위와 관련된 것이었다.

격분한 나는 이 안을 부결시키기 위해 포효했다. 대부분 의원들이었던 '8000번 소송'의 피고들은 처벌도 받기 전에 자기 동료들에 의해 석방될 판이었다. 결국, 내 요구는 관철되었다. 언론이 들고 일어난 덕택에 이 안은 마지막 순간, 상원에서 부결되었다.

1997년은 내가 살아내야 했던 가장 고통스러운 해였다. 부패한 정부의 검은 돈 세탁과 국가 제도 그 자체에 의한 제도 파괴자들의 구제를 무력감 속에 지켜보아야 했다. 모든 정부 조직이 뼛속까지 썩었다는 증거였다. 삼페르 대통령의 뒤를 이을 최적의 후계자로 부상하는 후보가 그의 복제인간인 세르파인데, 우리가 무슨 치유의 희망을 가질 수 있겠는가? 처음으로 나는 내가 벌이는 투쟁의 존재 이유에 대해 나 자신에게 물었다. 이 투쟁을 위해 나의 모든 것을 바쳤기 때문에 나는 자문했다. 무슨 이득을 위해 투쟁하는 것인가? 나의 희생이 콜롬비아에 어떤 이득을 가져다줄 것인가? 콜롬비아는 돌이킬 수 없는 나락에 빠져들고 있었고, 나는 조국을 구해내는 것이 아니라 조국의 불행 속으로 함께 끌려들어 가는 느낌이었다.

어떤 날은 완전한 절망감 속에 의회를 나오곤 했다. 낙담해 돌아온 나를 기다리는 것은 소름끼칠 만큼 정적이 감도는 텅 빈 아파트뿐이었다. 후안 카를로스는 늦게 귀가했다. 나는 아이들 방에 가서 아이들 침대 위에 걸터 앉았다. 아이들이 아끼던 물건들을 어루만지거나 베개를 바로 놓곤 했다. 어떨 때는 아이들이 했던 말 한마디한마디, 몸짓 하나하나를 떠올리고 미소를 지을 수 있었지만, 어떤 날은 눈물을 쏟으면서 침대에 엎드려 이유를 따져 보았다. 가족과 함께 하는 지고한 행복을 나는 왜 스스로 깨버렸을까? 정치를 개혁하고 진로를 제시하기 위해서? 그러나 나는 아무것도 개혁하지 못했고, 권력은 마냥 똑같은 인물들의 손아귀에 들어 있었다. 마치 나는 존재하지도 않았던 것처럼 말이다. 나는 낭패감과 좌절감에 시달려야 했다. 내가 어떻게 그럴 수가 있었을까? 내가 있는 힘을 다해 맞서 싸우는 이 사람들은 멜라니의 미소 한 번, 로렌소의 머리카락 한 올만큼의 가치도 없는 자들인데……. 그러나 나는 망설임 없이 아이들을 내어주고 이 인간들을 선택한 것이었다. 아이들을 오클랜드에 두고 올 때, 나는 단 한순간도 나의 투쟁의 의미에 대해 회의하지 않았다. 그 뒤로 벌써 여섯 달, 여덟 달이 흘렀지만 콜롬비아를 횡행하는 폭력과 나에 대한 협박은 진정될 기미가 보이지 않았고 다시 아이들과 함께 살 엄두를 낼 수가 없었다. 결국 아이들은 앞으로 계속 나와 떨어져서 자라게 될까? 뼈저린 슬픔이 나를 엄습했다. 아이들을 위해서 샀고 아이들을 위해 꾸몄던 아파트, 내 곁에 없는 아이들의 추억이 방문마다 서려 있는 아파트 안을 뱅뱅 돌았다.

전화 통화는 아이들이 너무나도 멀리, 세상 반대편에 있다는 느낌만을 더하게 했다. 어느 일요일, 보고타에서 함께 보내던 일요일을 사무치게 그리워하면서 아이들에게 전화를 걸었지만, 그곳은 월요일, 학교가 시작되는 날이었고, 늦게 일어난 아이들은 1분도 통화할 시간이 없었다. 마치 우리가 같은 지구에 살지 않는 듯이, 우리들의 길은 어긋날 수밖에 없는 것처럼 여겨졌다. 그렇게 여러 달이 지나면서 이제는 뭐라고 할 얘기도 떠오르지 않았고, 내 말이 마음에 와 닿지 않는 아이들이 그저 건성으로 대답하는 것을 느꼈다. 우리들의 대화는 전화선을 타고 들려오는 시들한 옛 노래가 되어버렸다.

"아, 내 예쁜 강아지 롤리야, 네 목소리 들으니까 너무 좋구나! 잘 지내지? 학교도 잘 다니구?"

"응, 엄마. 근데 나 지금 학교 가야 되는데……."

"엄마 보고 싶지 않니? 롤리야, 엄마가 없어서 슬픈 건 아니지?"

"오늘 시합이 있어. 지금 거기 가는 거예요."

"무슨 시합인데? 아가야."

"당연히 축구 시합이지, 엄마는!"

"그래. 이젠 축구도 하는구나."

"벌써 오래 전부턴데. 아빠가 얘기 안 했어요?"

"아니, 했어. 미안……. 정말 학교 잘 다니는 거지?"

"그럼요. 금방 물어보았잖아요."

로렌소는 짜증을 부리게까지 되었다.

"엄만 왜 맨날 똑같은 것만 물어보는 거예요? '학교 잘 다니지?, 학교 잘 다니지?' 난 잘 다녀요. 맨날 똑같은 얘기만 하고, 이젠 짜증나."

그날, 난 내가 하는 전화가 우리 서로에게 고통일 뿐이라는 것을 깨달았다. 이제 우리는 서로 나눌 얘기도 없었다. 나는 아이들의 친구도, 관심사도 이제는 알 수가 없었고, 아이들은 아이들대로 엄마가 뛰어든 정치투쟁을 이해하기에는 너무 어렸다. 이제 나는 숨어서 울어야 했다.

그러나 롤리의 짜증에 처음에는 고통스러웠지만, 다시 나는 위안을 얻었다. 그것은 롤리가 크고 있다는, 왕성한 삶의 의욕을 가지고 신나게 잘 크고 있다는 신호였고, 나 없이도 잘 지내고 있다는 증거였다. 다행이었다!

어쩌면 엄마에게 가장 고통스러운 일은 아이들이 엄마가 없어도 행복하게 잘 자라고 있음을 인정하는 것일지도 모른다. 나는 그 사실을 인정했고, 그래야만 했다. 그러나 이따금씩 고통이 나를 집어삼켰고, 그럴 때면 1만 킬로미터나 떨어져 있음에도 아이들의 여러 가지 일상사에 미친 듯이 매달렸다. 멜라니가 피아노를 배우기 시작했고, 선생님이 뛰어난 재능이 있다고 했다는 소식을 들었을 때, 나는 곧장 우리 집에 피아노를 들여놓아야 한다고 믿었다. 열에 들떠서 그 비싼 것을 사러 나선 나는 마침내 나도 딸의 교육에 한몫 한다는 흥분 속에 전문업체를 다 둘러보고 정보를 구하러 다니곤 했던 것이었다.

멜라니는 열한 살이었다. 이제 곧 사춘기에 접어들어 여자가 되어갈 텐데, 엄마 없이 그 시기를 거친다는 것이 내게는 불가능해 보였다. 얼마나 이 생각에 시달렸는지 황당무계한 꿈을 꾸기도 했다. "여러분, 멜라니가 돌아올 수 있게 우리나라가 이 난국을 벗어나야만 해요. 절대적으로요, 빨리요, 빨리!" 황당무계했지만 처절한 내 심정을 요약하는 꿈이었다.

콜롬비아는 악순환을 거듭하고 있었지만, 아이들과 나는 인터넷을 발견했다. 이제 얼굴도 못 보는 전화통화, 아득하고도 절망적인 대화는 끝이었다. 우리는 이제 컴퓨터 화면을 통해 서로 웃는 모습을 보면서 얘기할 수 있었다. 잊혀졌던 일체감이 다시 우리 눈 앞에 살아 났다. 우리의 시간표는 일상이 되어버린 이 인터넷 통화에 맞추어졌 다. 나는 오후 2시에서 3시 사이에 인터넷을 열었고, 자동적으로 의 회 오후회기에는 지각하게 되었다. 아이들과 연결이 되면, 곧바로 축 구 유니폼을 입은 롤리가 보였고, 멜라니는 방에서 자기 친구들 사진 과 좋아하는 책들을 보여주었다. 멜라니의 열두 번째 생일에 나는 진 짜 생일파티를 준비했다. 나는 우리 부모님과 함께 보고타 우리 집에 있는 멜라니의 방을 풍선으로 가득 채우고, 케익을 주문했다. 화면에 나타난 멜라니가 놀라면서 환한 웃음을 터뜨리는 것이 보였다. 우리 어머니가 열두 개의 촛불 위로 팔을 내밀면서 멜라니에게 말했다.

"예쁜아, 내가 촛불을 불게, 너도 같이 부는 거다?"

멜라니와 로렌소는 파브리스가 준비한 케이크를 가져왔고, 우리는 다 함께 맛있게 먹었다. 진짜로 다 함께. 터지는 웃음으로 하나가 된 우리는 이 순간만큼은 우리를 갈라놓는 대양을 잊어버리고 있었다.

이어서 우리 아이들은 아스트리드 언니의 아이들, 이종 사촌들을 알게 되었고, 새로운 인연을 맺게 되었다. 아이들이 오클랜드로 떠나 기 직전에 태어난 아나스타시아가 얼마나 컸는지 보고 싶다고 해서, 우리는 아나스타시아를 데려다놓고 두 시간도 넘게 즐거운 시간을 보냈다. 동생 스타니슬라스가 태어나자 인터넷으로 아기를 보여주었 더니, 멜라니는 감동하고, 롤리는 신기해하는 것을 화면으로 볼 수 있었다.

이 인공적인 근접감이 때로는 어려운 순간을 만들어내기도 했다. 마치 만질 수 있을 듯이 아이들이 바로 여기 있는데도, 아이들에게 무슨 일이 닥치면 나는 아무것도 해줄 수가 없었으니. 하루는, 파브리스가 프랑스에 가서 없는 것을 알고 있던 만큼 더 초조한 마음으로 인터넷을 열었다. 내가 전적으로 신뢰하는 세이셸 출신의 보모가 아이들을 돌보고 있었지만 파브리스가 집을 비운 것이 영 불안했다. 멜라니가 화면에 나타났고 겉으로는 즐거워 보였지만, 어딘지 당황한 기색이었다.

"혼자 있니? 로렌소는?"

"걘 지금 바빠요."

"바쁘다고? 불러줄래, 엄마가 1초라도 볼 수 있게!"

"글쎄, 걔가요, 엄마가 자길 보지 않았으면 좋겠대요."

"뭐, 너 미쳤니? 그게 무슨 소리야! 롤리야, 얼른 컴퓨터 앞으로 와."

"엄마, 롤리가 오기 싫대요."

"멜라니, 제발! 가서 동생 데려와, 응? 대체 무슨 일이냐 이게."

로렌소가 나타나자 나는 기절하는 줄 알았다. 알아볼 수 없게 퉁퉁 부은 롤리의 얼굴은 붉은 반점으로 뒤덮여 있었고, 미슐랭 타이어 인형처럼 온몸이 다 부어 있었다.

"롤리! 이게 무슨 일이니? 대체 무슨 일이 있었던 거야?"

"알러지예요. 리즈 아줌마하고 병원에 갔다 왔어요."

"어느 의사? 아주 심각한 병일 수도 있어. 롤리야, 리즈 아줌마 얼른 바꾸어주렴."

"……."

"리즈, 내 말 잘 들어요. 택시 타고 곧장 종합병원으로 달려가요. 동네 의사한테 가지 말구요. 아무것도 할 수 없을 거예요. 응급실로

가요. 얼른 나가요. 갔다 와서 곧장 전화해주는 거 잊지 말구요. 내가 다 알아야 하니까요."

그리고 나서 나는 보고타에 앉아 지구 전체를 다 들쑤셔 일으켰다. 오클랜드에 있는 파브리스의 비서, 파브리스의 파리 사무실, 보고타의 알러지 전문의 세 사람, 오클랜드 종합병원, 그리고 다시 파리……. 롤리는 틀림없이 신부전(腎不全)이야. 의사들은 애매하게 말하지만 내 짐작이 맞을 거야. 내 가슴은 터질 듯 쿵쾅거렸고, 불안과 무력감에 미친 듯 소리지르고 싶었다.

그날, 나는 전화통에 붙어 살았고, 롤리가 위험에서 벗어나 치료받고 있으며 더 이상 걱정할 것 없다는 의사들의 확언을 들을 때까지 나는 아무것도 할 수 없었다.

1998년 여름, 마침내 우리 가족 모두가 미국에서 모였다. 1년 반 동안 헤어져 있다가 처음으로 함께 보내는 이 휴가를 나는 밤낮으로 생각해오고 있었다. 죄책감을 느끼는 부모들이 다 그런 것처럼, 많은 선물들이 내가 줄 수 없었던 사랑을 요술처럼 전부 대치하리라는 확신과 흥분 속에 이 휴가를 준비했다. 보고타의 최고급 가게에서 아이들 옷과 선물을 사면서 이렇게 근사한 선물에 환하게 웃을 아이들의 얼굴을 떠올렸다. 나는 넘치는 사랑과 커다란 여행가방 두 개를 들고 미국으로 향했다. 열 살 난 롤리는 아직 어린아이였다. 롤리에겐 모든 것이 순조로웠다. 내가 준비해간 모든 게 롤리를 기쁘게 했다. 그러나 멜라니는 내가 무언가를 놓쳐버렸다는 것을 금방 감지했다. 딸은 내가 선물꾸러미를 풀어갈수록 점점 더 어이없어하는, 짜증 섞인 표정으로 나를 쳐다보았다. 넘치는 애정을 주체 못 한 내가 속도 모르고 멜라니의 짜증을 돋우었다.

"이거 좀 볼래? 예쁜아. 분명히 네 맘에 꼭 들 거야."

멜라니가 쳐다보더니, 쏘아붙쳤다.

"엄마, 잠깐만. 내가 곰 인형 그림 티셔츠를 입지 않은 지가 벌써 언젠데요! 엄만 그것도 몰라요? 난 이제요, 난 이제……"

후안 카를로스가 부드럽게 나섰다.

"맞아. 멜라니는 우리가 생각했던 것보다 훨씬 더 어른이야, 잉그리드."

그러자 갑자기 나는 멜라니를 있는 그대로 보게 되었다. 더 이상 내 온 힘을 다해 붙잡았던 그 어린아이가 아니었다. 순간 나는 당황했고, 절망스러웠다. 멜라니가 나 없이 어른이 되어간다는 것, 이번에는 그 애가 나를 길섶에 버린다는 것에 나는 너무나 큰 상실감을 맛보았다.

그러나 그러는 사이, 콜롬비아는 다시 내 삶에서 거대한 자리를 차지했고, 내가 벌이는 투쟁의 유용성에 대해 어떤 회의도 갖지 않게 되었다. 그러는 사이, 나는 상원의원으로 뽑혔고, 창당도 했다. 나는 생각했다. 만일 내가 언젠가 이 나라에 공정하고 개방적이고 고결한 민주주의를 뿌리내릴 수 있다면 우리 아이들의 행복에 나름대로 기여하는 것이 될 거라고.

10

1998년이 밝아왔다. 3월에 있
을 의원 선거에서 나는 상원에 도전하기로 했다. 콜롬비아에서는 상
원의원이 하원의원보다 더 큰 권위를 갖고 있다. 내 정견을 더 널리
알리고, 계속 투쟁해나가기 위해 나는 좀 더 많은 권위가 필요했다.
다만, 더 이상 자유당 유니폼을 걸치고 싶지 않았다. 삼페르, 세르파
등 부패로 국민들을 짓누르는 자들이 우글대는 자유당은 나의 세찬
공격에도 불구하고 4년 전에 당의 정치윤리 강령을 작성했던 나를
감히 탈당시키지 못했다. 나를 탈당시키는 것은 곧 그 정당에 정치윤
리가 설 자리가 없음을 자백하는 것이었기 때문이다. 이 당을 떠날
굳은 결심을 했지만, 그렇다고 해서 자유당보다 더 나을 게 없는 보
수당으로 입당하고 싶지는 않았다. 자유당과 보수당과는 다른 것을
만들어내야 할, 나와 같은 생각을 가진 사람들이 모일 수 있는 다른

정치적 모임을 창설해야 할 시점이었다. 그들을 위해, 그들의 이름을 걸고 상원의원이 되고 싶었다.

어느 날 저녁, 후안 카를로스가 내 말을 받았다.

"흔히들 그걸 정당이라고 부르지. 잉그리드, 지금 당신이 처한 입지에서는 당신만의 정당을 만들지 않고는 계속해나갈 수 없어. 보라구, 당신은 늘 혼자 싸우잖아……."

"정당 창설에는 5만 명의 서명이 필요한데, 보름 동안 그 서명을 받아내는 건 불가능한 일이야!"

"그건 모르는 일이지. 당신을 지지하는 사람들하고 잘 연구해보면 무슨 수가 생길지도. 서둘러야 해. 당신이 나선다면 나도 함께 하겠어. 난 그 생각에 대찬성이야. 그리고 4년 간의 삼페르 대통령 임기가 끝나는 지금이 적기야. 아니면 영영 기회는 오지 않을 거야."

지금 아니면 영원히 오지 않을 기회. 그날 밤으로 우리 집에 모인 핵심 지지자들 스무 사람도 같은 의견이었다. 이 발상에 고무된 우리에겐 보름 동안 전국에서 5만 명의 서명을 받는 것이 비현실적인 일로 여겨지지 않았다. 각 도시마다 우리는 헌신적인 친구들을 갖고 있었고 그들을 동원해 필요한 행정절차를 밟도록 하는 것은 우리가 하기 나름이었다. 투표권을 가진 모든 성인은 서명할 권리가 있다. 이제 자원봉사자들의 끈기와 나의 인기도가 관건이었다. 나에 대해 이미 긍정적 이미지를 가진 사람만이 서명에 참여할 것이기 때문이었다.

그것은 대성공이었다! 한 달 뒤―행정부는 다행히도 마감일자를 연기했다―우리는 7만 명의 서명을 제출했다. 이제 길이 트였고, 정당을 창설하는 일만이 남았다.

　이 소식은 단숨에 후안 카를로스를 사로잡았고, 그는 내가 기대했던 것 이상으로 적극성을 보였다. 자신의 광고회사와 진행 중인 사업, 고객들을 모두 접어두고 창당 작업에 뛰어들었다. 그것은 환상적이었지만 또 터무니없는 시도기도 했다. 얻어낸 서명과 우리가 창당을 서두르는 것을 본 정치권의 증오(!) 말고는 당 설립에 필요한 것이 우리에겐 아무것도 없었기 때문이었다. 운동원도, 사무실도 없었고, 특히 돈이 없었다. 그러나 후안 카를로스는 이를 다 무시했다. 자신과 나, 그리고 4년 전부터 나를 지지하는 사람들에 대한 신뢰가 있었고, 우리가 깃발을 세우고 나면 우리와 합류하러 올 사람들에 대한 신뢰가 있었다. 깃발 얘기가 나왔으니 말인데, 우리가 맨 먼저 해야 할 일은 달려와 우리와 함께 미래를 꿈꾸고 건설하고 싶은 욕망을 불러일으킬 수 있는 색깔과 이름, 정체성을 부여하는 일이었다.

　"후안 카를로스, 우리의 정체성과 소망을 한마디로 요약하는 단어가 뭐가 있을까? 기존의 것들을 상기시키는 것 말고. 무슨 노동자당이니 민중당이니 하는 것 말고. 어딘지 좀 처량하고 우울해 보이잖아."

　차를 타고 시장에서 돌아오는 길에 갑자기 후안 카를로스가 운전대를 쳤다.

　"잉그리드, 생각났어! 그거야, 그거. '산소'!"

　행복한 발견에 감탄한 그가 갓길에 차를 세웠고 나도 곧 이 단어에 매료되었다.

　"맞아. 그거야, 바로 그거야! 산소! 모든 걸 다 말해주는 단어야. 우선 환경친화를 상징하고, 또 다른 당이 숨통을 막는 당이라면 우리는 희망을 상징하는 거야. 생명력 가득한 희망을. 공기처럼 가볍고 신선한, 멋진 단어야."

흥분한 그가 덧붙였다.

"산소, 그건 바로 당신이야. 벌써부터 선거포스터가 눈앞에 그려지는데……. 극도로 단순한 문구를 넣어야 해. '잉그리드, 우리의 산소.' 우리나라 전체가 통통에서 허우적대고 있고, 숨을 쉴 수도, 희망이나 꿈을 가질 수도 없게 되어버렸어. 삼페르 대통령이 우리를 그 속에 머리 끝까지 처박아 넣은 거지. 포스터는 하늘의 이미지를 가져야 해. 희망, 투명성, 젊음의 상징인 파란 하늘을 배경으로 서있는 당신의 사진을 보여주는 거야."

그날, 후안 카를로스는 사무실에서 밤을 새고 이튿날 아침, 내 선거포스터 초안을 들고 왔다. 쪽빛 하늘에 내 사진을 넣고, '잉그리드, 우리의 산소'라는 구호를 써놓은 포스터였다. 그는 '산소'(oxigeno), 이 단어를 가지고 우리 당의 로고를 만들었다. 자주색 공을 가지고 기뻐서 통통 뛰는 노란색 꼬마인형이었다. x를 꼬마인형으로 그려넣고 i 위의 점을 공으로 만들었다.

우리 당은 이제 면모를 갖추게 되었고, 운동원들과 의원후보들을 모집할 수 있었다. 우리는 모든 대도시에서 하원의원과 상원의원 후보를 낼 의향이었다. 내가 의회에서 날강도들과 맞서 혼자 싸우는 것을 보다 지친 후안 카를로스는 다음 회기부터는 강력한 그룹을 결성해야 한다는 거의 강박적인 생각을 갖고 있었다.

파란 하늘을 배경으로 한 포스터는 '잉그리드, 우리의 산소' 로고

와 함께 전국을 뒤덮었고, 지역에 따라 우리 당의 양원 후보명단은 제일 좋은 장소에 게시되기도 했다. 후안 카를로스가 고안한 유니폼—우리 당원들은 자기 눈동자 색깔에 따라 각각 다른 색으로 된 반소매 폴로셔츠를 입었다—을 입은 우리 당의 선거전은 다른 정당들과 확연히 구별되었다.

콜롬비아에서는 후보들이 공식 선거전을 별로 중요하게 여기지 않았다. 왜냐하면 중요한 것은 다 뒷구멍으로 이루어졌기 때문이었다. 그들에게 중요한 것은 선심 공세에 공약을 남발하면서 지역별로 표를 매수하는 것이었다. 서가를 배경으로 근엄하게 차려입은 후보들의 포스터 따위는 아무 상관도 없었다.

그러나 이번은 달랐다. 선거전 결과, 그들의 전략은 우리보다 반세기는 뒤진 것으로 드러난 것이었다! 일부 공고장소에 그들과 우리의 포스터가 나란히 붙어 있는 경우, 너무나 선명한 대조에 사람들은 웃곤 했다. 우리 당의 편안한 스타일은 경쟁후보들의 구태의연하고 딱딱한 이미지를 더 부각시킨 효과를 보았다.

이어서, 4년 전 거리에서 배부했던, 부패에 맞선 콘돔과 같은 맥락에서 후안 카를로스는 돈 안 드는 홍보물 두 가지를 착안해냈다. 바로 위생마스크와 풍선이었다. 우리 당 후보들은 이 두 가지 상징물로 자신들의 선거구를 뒤덮었다. 위생마스크 현 정치가 얼마나 썩은 냄새가 나는지를, 풍선은 깨끗한 세상을 향한 우리의 열망이 얼마나 큰가를 말없이 보여주었다.

홍보용 티셔츠를 준비하는 일이 남아 있었다. 이 홍보물은 전통적으로 각 정당이 주민들에게 배포하는 필수 품목이었고, 걸칠 것 하나 없는 주민들에게는 종종 반가운 선물이 아닐 수 없었다. 후안 카를로스는 우리 당의 이미지에 걸맞게 선명하고, 현대적이고, 감각적인—얼마나 멋있는지, 나는 지금도 늘 입고 다닌다—티셔츠를 고안했다. 그러나 2,000장 이상을 찍을 돈이 없었다. 이는 경쟁후보들이 트럭으로 살포하는 티셔츠 숫자에 비하면 가소롭기 짝이 없는 숫자였다. 참모 회의를 열어 신속하게 결정해야 했다.

"중국제 밀수품을 사면 분명히 같은 값으로 열 배 이상을 구할 수 있을 것입니다."

한 사람이 슬며시 좌중을 떠보는 것이었다.

내가 일갈했다.

"농담이시겠죠! 상기시키건대, 우리의 정치투쟁은 본질적으로 부패와 싸우기 위한 것입니다. 섬유업계와 의논해서 가격을 타협해 봅시다. 아니면, 그냥 2,000장으로 가는 겁니다."

우리는 결국 1,000장 정도밖에 만들지 못했다. 그러나 역설적으로 우리들의 엄정한 원칙으로 해서 10만 장을 찍은 것보다 더 많은 표를 얻게 되었다. 왜냐하면 아주 우스운 일이 벌어진 것이었다. 투표를 한 달 가량 남겨두고, 삼페르 정부의 정책 때문에 판로가 막힌 콜롬비아 섬유업계는 콜롬비아 기간산업 가운데 하나인 이 분야에 대한 후보들의 정책을 알아보기 위해 후보들을 대상으로 광범한 설문조사를 펼쳤다. 다들 여러 공약들을 내걸고 나서자, 섬유업계는 아주 노련하게, 후보들이 실제로는 어떤 식으로 행동하는지 조사에 나섰다. 그런데 그들이 발견한 것은, '산소당'을 제외한 모든 당이 아시아에서 밀수입한 티셔츠를 사들인 것이었다. 투표 열흘 전, 기존 정당이 모두 연루된 이 스캔들은 신문 1면을 장식했고, 우리는 물론 쾌재를 불렀다. 내가 선거 마지막 역주 구간에서 정신 없이 뛰고 있을 때 라디오에서 흘러나온, 가슴 찡하게 만드는 해설들 가운데 하나를 아직도 기억하고 있다.

"잉그리드 베탕쿠르 의원의 선거공약을 우리는 믿을 수 있습니다. 뽑히기도 전에 그녀는 공약을 실행하고 있기 때문입니다. 산소당 후보는 단 한 사람도 밀수품에 의존하지 않았습니다. 산소당 티셔츠는 100퍼센트 콜롬비아 제품인 것입니다!"

선거 마지막 두 주일은 우리 당 후보들의 지지 요청을 받고 전국을 누비고 다녔다. 열광시키는 동시에 진이 빠지는 고된 일정이었다. 나는 처음으로 전국 유세를 경험하는 것이었다. 바랑키야, 칼리, 메데인, 포파얀, 쿠쿠타 등 도처에서 코에 위생마스크를 걸치고 환호하는 군중들이 나를 얼싸안고 풍선에 파묻혀 사진을 찍었다.

나는 우리 당에 동조하는 호의적인 지지자들 앞에서 연설했다. 그들은 나를, 우리 당을 믿었다. 집회가 열릴 때마다 우리가 세를 넓혀가고 있음을 느꼈다.

그래, 국민들은 다시 신뢰감을 찾아가고 있어, 나는 확신했다.

그렇지만 실제로 얼마나 많은 사람들이 우리를 찍을까? 장중한 상원 문을 열 수 있을 만큼 충분히 많은 사람들이 모여들까? 어떤 밤은, 열대의 해안지방과 냉랭한 고산지방을 끊임없이 왕복하느라 감기로 앓으면서 호텔 방에 혼자 웅크리고 앉아 있노라면, 자신이 없었다. 아무리 우리에게 동조하는 지지자들이라 하더라도, 부패한 정치인들이 제 자리에 가만히 앉아 수백만 페소를 뿌려가며 매수하는 지역과 비교할 때 이 지지자들은 어떤 무게를 지니고 있을까? 민주적 선거를 하겠다고 혼자 나선 나는 웃음거리가 아닐까? 순진하고 가소로운 짓은 아닐까?

역시 상원 의석을 노리던 하원의장이 복도에서 내게 던졌던 말이 아직도 생생했다.

"잉그리드, 하원의원이면 당신은 운이 좋았던 거요. 하지만 상원을 꿈꾸는 모양인데, 절대로 안 될 겁니다. 상원은 백전노장 대정치인들만이 들어가는데요. 내 선거구 산탄데르를 보세요. 난 그곳을 내 주머니 속처럼 훤히 꿰고 있는데, 몇 표나 얻을 수 있을 것 같소? 어림잡아 최대한 3,000표가 나올 겁니다. 그것도 대단한 거지만. 전국에 걸쳐 다 그런 결과가 나올 겁니다(콜롬비아에서 하원의원은 각 지역구 단위로 선출되지만, 상원의원은 전국 단위로 선출됨). 착각하지 마세요. 총 25만 표만 얻어도 대성공이겠지만, 당신이 상원에 들어갈 수는 없어요. 불가능한 일이지, 불가능해."

그는 수 년 전부터 상원 입성을 준비하고 있었고, 어떤 식으로 준비하는지 나는 알고 있었다. 물론 그도 감추지 않았다. 여행 한 건당 500표를 교환조건으로 지역 유지들에게 의회 경비를 남용해 세계여행을 시켜주는 것이었다. 그 다음, 유권자들이 자신의 보스, 그러니까 하원의장을 찍도록 설득시킬 싸구려 선물을 찾아내는 것은 유지들 몫이었다.

그러나 나는 선거 공약과 희망에 찬 연설을, 검은 돈이 아니라 정책만을 제시했다. 그 외에 다른 것은 티셔츠 한 장, 샌드위치 한 조각 제공하지 않았다. 만일 내가 아이들을 먹여 살릴 것이 없었다면, 나 역시도 베탄쿠르가 아니라 다른 후보를 찍고 그 대가로 온 식구를 위한 무료급식권이나 부업자리를 얻지 않았을까? 어떤 날은 아무도 믿을 수가 없었고, 나 자신마저도 믿을 수가 없었다.

마침내 대망의 날이 다가왔지만, 또다시 비가 내렸다. 불길한 전조였다.

투표가 개시되자 우리는 후안 카를로스와 함께 보고타의 투표소들을 둘러보았다. 『엘 티엠포』지의 사진기자가 우리와 동행했다. 일요일이라 한산한 거리는 을씨년스러웠다. 나는 불안했고, 처음 몇 군데 투표소를 방문해도 마음이 놓이지가 않았다. 사람들은 인사도, 미소도 보내지 않았고, 나를 알아보지도 못하는 것 같았다. '젠장, 전국이 다 이런 식이면, 끝장난 거야.' 난 속으로 생각했다. 사진기자를 슬쩍 훔쳐보니 시간낭비라고 생각하는 표정이 역력했다. 참담한 오전이었다. 후안 카를로스 역시 근심스러운 표정이었고, 늘 그렇듯이 현실을 부인하려 들지 않았다.

쇠진하고, 국제무대에서 실추한 콜롬비아가 절실히 위상을 회복할 필요가 있는 이 시점에서 우리는 좌초하는 것인가? 우리 아닌 어느 누가 이 나라에 마지막 기회를 줄 수 있을 것인가?

오후 4시에 투표가 마감되었고, 곧이어 라디오는 첫 번째 개표 결과에 따라 보고타 선거 결과를 예측하기 시작했다. 아니나 다를까, 우리가 예감했던 최악의 상황이 확인되었다. 나는 상원 후보 대열에 거명되지도 않은 것이다.

낙담한 후안 카를로스와 나는 서로 바라볼 뿐 한마디도 나눌 수가 없었다. 아무 말 없이 그는 전국 개표 결과를 수합하는 중앙 선거본부로 차를 몰았다. 그곳에서라면 적어도 수치화된 나의 난파 상황을 시간별로 알 수 있기 때문이었다.

라디오에서 나오는 개표 상황 뉴스는 계속 실망스러운 것이었다. 우리는 조용히 본부 안으로 들어갔고, 단말기가 설치된 거대한 홀에는 기자 10여 명이 모여 있었다. 컴퓨터 화면에서는 도시별, 투표소별로 결과가 나오고 있었다.

사람들이 운집해 있는 곳에서 몇 미터 떨어진 엘리베이터 앞에 자리를 잡았다. 마음 같아서는 2층에 있는 좀 조용한 사무실에 틀어박혀 있고 싶었다.

그런데 갑자기 어느 기자가 나를 보더니, 이어서 많은 기자들이 우리를 향해 달려왔다. 사진기자, 카메라맨들이 쇄도해서 조명을 비추더니 나에게 마이크를 내밀었다.

"첫 번째 결과에 대해서 어떻게 생각하십니까?"

"아직 결과를 보지 못했습니다. 방금 라디오를 들었는데, 글쎄요……."

"의원님은 유력 후보 세 사람 중에서 선두를 달리고 있습니다."

"아니, 내가 세 사람에 끼었다고요?"

"현재, 의원님은 전국적으로 최다표를 얻고 있습니다. 어떻게 생각하십니까?"

후안 카를로스와 나는 놀라서 쳐다보았다.

"잠깐만요. 저는 아직 모르는 얘기입니다. 곧 돌아오겠습니다. 어디에 개표 결과가 나와 있죠? 알아볼 시간을 주십시오."

기자들이 길을 비켜섰고, 사람들에 이끌려 나는 화면 앞으로 갔다.

화면에는 현재 시간, 최다표를 얻고 있는 후보들의 명단이 올라와 있었다.

놀라서 나는 그 자리에 굳어버렸다. 나는 3등도, 2등도 아닌 1등이었다! 의심의 여지 없이 화면 맨 상단에 내 이름이 있었다. 나는 감동에 목이 메었다. 후안 카를로스를 껴안고 싶었고, 몇 달 전부터 밤낮없이 나와 함께 싸운 사람들과 부둥켜안고 울고 싶었다.

이제 우린 이긴 거야, 콜롬비아는 이긴 거야!

4년 동안 침묵하던 콜롬비아가 삼페르 대통령과 그를 사면해준 의회를 웅변적으로 부인하는 것이었다. 우리와 나를 믿고 있다는 것, 다시 신뢰감을 되찾았다는 것을 보여주고 있었다. 나는 호흡을 가다듬었다. 지금 우리 눈 앞에 벌어지는 것은 가차없는 한 판의 정치 시합이고, 이제 나는 당수라는 것을 상기하려 애썼다.

"여러분,"

약간 상기된 어조로 내가 말했다.

"지금 다섯 시 반밖에 되지 않았습니다. 상황은 완전히 역전될 수도 있습니다. 숫자가 말을 하도록 조금만 기다리기로 하지요."

나를 암살하려 했던 사람들이 내가 이렇게 압승을 거두도록 그냥 내버려두지 않을 거라는 느낌이 들었다. 갑자기 이 1등 자리가 그들과 그들이 구현하는 정치시스템으로서는 너무나 부당하고 모욕적인 것으로 보일 거라는 생각이 들었다. 처음에 느꼈던 행복감은 끔찍한 불안으로 사라져버렸다. 그들은 모든 걸 다 통제하고 있고, 개표원 대부분을 장악하고 있어. 확신컨대, 그들은 내가 승리하게 그냥 두진 않을 거야.

251

기자들에게 필요한 순간에 다시 오겠노라고 약속하고 후안 카를로스에게로 갔다. 이제 나는 도시별 개표 상황을 지켜볼 작정이었다. 마우스를 누르기만 하면 컴퓨터에서는 각 후보의 실시간 누적 득표 수가 나왔다. 우리는 컴퓨터 앞에 앉았다.

여섯 시가 되었다. 아무 돌출 사건도 없이 30분이 흐른 것이다. 그런데 돌연, 칼리 시의 통계 수치가 멈추어버렸다. 다른 지역의 수치는 다 움직이고 있는데, 이상하게도 칼리 시의 수치만 정지해버린 것이었다.

"후안 카를로스, 우리 올라가서 중앙 개표본부장을 만나요. 정상이 아니야, 무언가 음모가 있어. 마치 우연인 것처럼 칼리 개표 상황만 멈추어버리다니……."

본부장은 직원 20여 명에 둘러싸여 있었다.

"대체 무슨 일입니까? 칼리에서 이제 개표 결과가 전송되지 않는군요."

"그렇습니까? 잠깐만……. 정말 그렇군요."

"이유를 알고 싶습니다."

"곧장 알아보겠습니다, 의원님."

나는 그가 통화하는 것을 지켜보았고, 그는 고개를 끄덕이더니 수화기를 내려놓았다.

"전기 고장이라는군요. 염려하실 것 없습니다."

"전기 고장이요?"

"케이블이 뽑혀나간 모양입니다, 의원님. 그 지역에 강풍이 몰아치고 있답니다."

나는 휴대전화를 꺼냈다. 애써 물어볼 필요도 없이 칼리 현장에 있는 당원을 불렀다.

"에두아르도, 잉그리드예요. 무슨 일이죠?"

"개표본부를 폐쇄해버렸어요. 아무도 못 들어가게 하고 있습니다."

"전기 고장이라는데, 그게 무슨 얘긴가요?"

"고장이요? 그런 일 없습니다. 전깃불은 완벽하게 가동되고 있습니다."

"폭풍우나 강풍이 몰아치나요?"

"바람 한 점 없습니다. 왜 그런 걸 물어보시죠?"

전화를 끊은 나는 폭발했다.

"보세요, 칼리에는 바람도, 전기 고장도 없습니다. 분명히 부정행위를 감추려는 수작입니다. 미리 얘기해두는데, 개표 결과 전송이 중단되기 전까지 나는 선두에 있었어요. 재개되고 나서 내 집표수가 떨어지면 기자들에게 알리겠습니다."

그는 다시 전화를 걸고 야단법석을 떨었다. 내가 자기 사무실에 있다고 말하는 것이 들렸다. 그도 한 패인가? 알 수 없었지만, 이 사람을 신뢰할 수도 없었다.

20분 뒤 다시 칼리 개표 결과 전송이 재개되었을 때, 추세는 완전히 뒤바뀌어 있었다. 보도가 중단된 시각에 1만 5,000표를 얻었던 나는 그 시각 뒤에는 단 한 표도 더 얻지 못했다. 반면 다른 후보들의 득표수는 당연히 늘어날 수밖에 없었다.

한 달 후, 중앙 개표본부 직원들이 비밀 유지를 조건으로 내게 다음 사실을 들려주었다. 그날 저녁, 일부 공무원들의 공모로 내게서

약 4만 표를 빼내갔으며, 본부장 사무실에 올라가 항의하지 않았더라면 나는 상원 진출에 지장이 있었을 것이라고 알려주었다.

그러나 내가 상원에 진출하는 데는 아무런 지장도 없었다. 지장은 커녕, 부정행위가 있었는데도, 개표가 마감되었을 때 나는 전국 최다표를 얻었다. 엄청난 승리였다. 우리 선거본부로 돌아갔더니 당원과 내 지지자들이 환호하고 있었다. 당사는 환히 불을 밝혔고, 사람들은 길거리 저 끝까지 북적이며 운집해 있었다. 내가 도착하자 함성이 터져 나왔고, 많은 사람들이 눈물을 흘리며 나에게 달려들어 포옹하고 껴안았다. 사람들이 내 길을 터주어야만 했고 건물 안으로 들어가는 데 엄청난 시간이 걸렸다. 나 또한 이 남녀 지지자들에게, 우리를 지지하기 위해 싸운, 승리의 소식을 듣고 사방에서 달려온 그들에게 감사의 말을 전하고 싶었기 때문이었다. 드디어 내가 홀에 들어서자 악사들이―누가 불렀는지, 자발적으로 모인 것인지는 모르지만―국가를 연주하기 시작했다. 부모님이 와 있었다. 어머니는 내 품에 안겨 눈물을 흘렸다. 잠시 후, 콜롬비아 민요가 연주되기 시작하자, 감동으로 뻣뻣하게 굳어 있던 아버지가 팔을 내밀었다.

"애야, 나랑 춤추자꾸나. 우리가 이 무도회를 시작하자."

즉흥적으로 서민적인 잔치가 벌어졌고, 잔치는 새벽까지 이어졌다. 그날 밤, 나는 근 25년간 보지 못했던 프랑스 학교 동창들을 많이 만났다. 내가 가슴 깊이 사랑하는 이 국민들이 이번에는 내가 나라의 운명에 힘이 될 수 있음을 인정한다는 뜻인 것 같았다. 마지막으로 뉴질랜드에 있는 파브리스와 통화했고, 그도 감동했다.

"아이들하고 1초만 통화할게요. 여기 보고타에 있었으면 얼마나 좋았을까……."

"지금은 학교에 있는 시간이잖소, 잉그리드!"

"참, 그렇지. 내가 아직도 정신이 없네요."

"학교에 곧장 전화해서 이 기쁜 소식을 알려주리다. 아이들이 엄마 전화를 무척 기다리고 있거든."

우리는 8년 전, 로스앤젤레스에서 헤어졌다. 이제 이혼의 상처는 아물었고, 우리는 서로의 길을 다져나가면서 도중에 길을 잃고 방황하지 않았다. 내겐 이것 또한 승리였다. 파브리스는 이 세상에서 가장 훌륭한 아버지였고, 다시 나의 소중한 길동무가 된 것이었다.

이튿날, 나는 모든 언론의 머릿기사를 장식했다. 산소당의 승리, 특히 나의 압승은 이번 선거의 가장 놀라운 결과였다. 피할 도리 없이, 나는 본격적인 표 몰이에 돌입한 대통령 선거 후보들에게 중요한 관건이 되어갔다.

11 대선 승리를 움켜쥘 가능성이 있는 후보는 두 사람이었다. 한 사람은 삼페르의 충실한 공모자인 자유당 후보 세르파였고, 한 사람은 보수당 후보 파스트라나였다. 4년 전 삼페르에게 패한 불운아 파스트라나는 로드리게스 형제가 삼페르 대통령을 치켜세우는 내용의 녹음테이프를 공개했다가 해외로 도피해야 했다. 그 당시, 콜롬비아 국민들은 신임 대통령 삼페르의 청렴 결백을 믿고 싶은 나머지 다시 스캔들이 터져나오게 한 파스트라나를 추방했던 것이다. 파스트라나는 긴 유배생활을 마치고 보고타에 돌아왔고, 이제 많은 국민들은 단 한 가지 그의 잘못은 너무 일찍 옳은 주장을 편 것이라는 데 동의하고 있었다. 많은 국민들은 그에게 채무감을 갖고 있었다. 그것이 세르파를 눌러 이기는 데 충분한 이유가 될 것인가? 그렇게 보이지는 않았다. 임기 내내 삼페르 대통령이

강화한 마피아식의 충성관계 덕택에 그가 지명한 후계자는 여론조사에서 앞서갈 수 있었다.

두 후보 모두에게 산소당은 중요한 변수였다. 정치판도에서 무시할 수 없는 세력이 된 우리 당은 이 결투의 심판역을 맡고, 우리가 열망하는 정치참여를 교환조건으로 둘 중 한 사람의 승리를 확보해 줄 수 있었다.

상원의원에 선출된 이튿날, 나는 파스트라나의 전화를 받았다.

"의원님, 조용히 만나서 얘기합시다. 우리가 함께 일할 수 있을 거라고 확신해요."

"나는 잘 모르겠어요. 기존 정당과 연합할 경우, 우리 당은 국민의 신용을 잃을 위험이 있어요. 그런 걸 감수하면서도 우리가 연합한다면, 우리나라 정치에 근본적인 변화를 일으킨다는 반대급부가 있어야만 하는데, 후보님이 그런 변화를 주도할 준비가 되었는지 나는 확신이 들지 않습니다."

"서로 얘기를 해 봅시다. 나는 근본적인 쇄신을 할 준비가 되어 있어요. 우리는 적어도 한 가지 점에는 동의하고 있어요. 콜롬비아가 계속 이렇게 해나갈 수는 없다는 점 말이요."

우리 집에서 비공식적인 첫 번째 회동 약속을 잡았다. 파스트라나는 무리수를 두고 있는 게 아니었다. 우리 당이 부패의 화신인 세르파와는 어떤 거래도 하지 않을 것임을 그는 잘 알고 있었던 것이다. 더욱이 우리 둘은 이러저러한 인연들로 맺어져 있었다. 파스트라나는 1994년 대선에서 그의 홍보를 맡은 내 남편 후안 카를로스의 오랜 친구였다. 또한 그의 형 후안 카를로스 파스트라나는 나와 가장 친한 지인들 가운데 한 사람이었다. 우리는 내가 시앙스포 정치학교에 재학 중이던 1980년대 초, 파리에서 알게 되었다. 뛰어난 언론인이었던 그는 그 당시, 주로 독일 자금을 가지고 콜롬비아 민주주의 재단 창설을 준비하는 중이었다. 마지막으로 파스트라나의 부친 미사엘 파스트라나는 1970년에서 1974년까지 대통령을 지낸 분으로 우리 아버지의 절친한 벗이었고, 내가 어렸을 때 우리 집에서 자주 보던 어른이기도 했다.

약속한 날 저녁, 조금 늦게 집에 들어와 보니 파스트라나 후보와 내 남편 후안 카를로스가 거실에 편안히 앉아서 재미난 얘기들을 하고 있었다.

"지금 당신이 나와 합류할 수 있게 해달라고 당신 남편을 설득하는 중이었어요."

파스트라나가 경쾌한 어조로 인사를 던졌다.

후안 카를로스가 펄쩍 뛰었다.

"거짓말이야, 잉그리드! 난 누구도 중재하지 않아. 둘이서 얘기하라고. 파스트라나, 자넬 위해 난 아무것도 할 수 없어, 미안."

그리고 나서 후안 카를로스는 사라졌다.

그러자 파스트라나가 심각한 어조로 말했다.

"잉그리드, 세르파를 막아야 해요. 당신은 여론에 상당한 영향력을 끼치고 있고, 나는 당신의 도움이 필요해요."

"나도 잘 알고는 있지만 우리 두 정당간에는 차이점도 아주 많아요. 특히 표를 매수하는 악습이 그렇죠. 보수당 사람들은 그 짓을 하지만 우리 당은 절대로 용납할 수 없어요. 우린 이 문제부터 풀어야 해요."

"잉그리드 의원, 나는 그 악습을 단절시키기 위해 싸우고 있어요. 나야말로 그런 뒷거래 때문에 고초를 당한 첫 번째 사람이요. 알겠지만, 1994년 대선에서 삼페르가 로드리게스의 돈으로 유권자 절반을 매수하지 않았다면 내가 이겼을 겁니다. 그런 매수 시스템의 희생자가 있다면 그건 바로 나예요. 사실, 우리 당 일부 의원들이 뼛속까지 부패한 건 부인할 수 없지만 내가 너무 갑자기 그들을 치고 나선다면 그들은 세르파에게 붙을 것이고 나는 결국 지게 되는 겁니다. 나를 믿으세요. 내가 대통령이 되려는 것은 바로 그런 유권자 매수 행위를 근절시키기 위해서예요. 당신의 도움이 필요해요."

"생각해보겠습니다. 어쨌든, 난 혼자가 아니에요. 당원들과 의논해보고 결정사항을 알려드리기로 하죠."

파스트라나는 기대감에 차서 돌아갔다. 그의 말은 설득력 있고, 허심탄회했으며, 형식상으로도 소박한 모습을 보여주었다. 선거전이 한창일 때였는데, 산소당원처럼 편한 차림으로 경호원도 없이 우리 집에 와서는 시간이 금쪽 같을 대선 후보가 장시간 앉아 있었던 것이다. 그는 자신이 찾아온 의도를 분명히 밝히고 간 셈이었다.

다음 날부터 산소당 내에서 격렬한 논의가 시작되었다. 파스트라나가 대통령이 된다면 근본적인 변화를 위해 임기 초 3개월 동안 어떤 일을 하기를 우리는 바라는가? 이 질문을 던져놓고, 토의와 논쟁을 거듭한 끝에 우리는 마침내 열 가지 조항으로 된 답변을 얻어냈다. 콜롬비아에 진정한 민주주의를 정착시키기 위해 시급히 공포해야 할 열 가지 개혁안으로 선거 개혁, 국가기구, 특히 사법부의 독립성을 보장하기 위한 헌법 개혁, 등등이었다. 우리는 의회가 완전히 부패했다는 깃을 알고 있었으므로 이 개혁안을 국민투표에 의해 채택할 것을 요구했다. 콜롬비아 국민들은 의원들과는 반대로 일체가 되어 이 개혁안을 지지할 것이라고 우린 확신했다.

초조했던 파스트라나는 나에게 자신의 휴대전화 번호까지 남겨놓고 내 답변을 기다리고 있었다. 개혁안이 정해지자 나는 그에게 전화했다.

"아, 잉그리드 의원! 결과가 나왔나요?"

"우리가 제안할 것이 있어요. 언제 오실 수 있지요?"

"오늘 저녁에 가겠소."

"좋아요. 일곱 시에 우리 집에서 봅시다."

나는 그에게 우리가 만든 개혁안을 제시했고, 그는 눈썹 한 번 꿈쩍 않고 즉각 찬성했다.

"전적으로 찬성입니다. 어쨌든 나도 이런 개혁을 할 생각이었으니까요."

"잠깐만요, 후보님. 애매한 찬성을 요구하는 게 아니에요. 우리는 이 열 가지 조항을 대통령 임기 초 3개월 이내에 국민투표에 부칠 것을 요구하는 겁니다."

"잘 알고 있어요. 다시 밝히지만, 나는 찬성입니다. 나아가 일을 분명히 해두기 위해, 우리가 국민들과 유권자들이 지켜보는 가운데 공식 협정을 맺을 것을 제안합니다."

며칠 후, 파스트라나는 우리의 협정 문안을 마무리하기 위해 자신의 최측근 두 사람을 내게 보냈다. 그 중 한 사람은 나중에 외무장관으로 지명된 기예르모 페르난데스 데 소토였다. 예정대로 파스트라

260

나의 임기 개시 30일 내에 열 개 조항을 의회에 제출하기로 했다. 의회가 이를 부결할 경우, 정부 수반은 3개월 이내에 국민투표에 부치기로 되어 있었다.

1998년 5월 6일, 엄청나게 많은 기자들과 TV 카메라가 지켜보는 가운데 파스트라나와 나는 이 협정에 서명했다.

이튿날부터 나는 파스트라나의 승리를 위해 전력을 다해 싸움에 뛰어들었다. 시간이 촉박했다. 대통령 선거 1차 투표까지는 한 달밖에 남지 않았고, 세르파가 기세 등등 선두를 달리고 있었다.

파스트라나가 나를 동승시킨 만큼, 이제는 공동으로 대형 유세를 개최해야 했다. 그렇게 해서 나는 미친 듯 돌아가는 대통령 선거전의 실상을 발견할 수 있었다. 열광하는 지지자들, 촌각을 다투는 빠듯한 일정, 끊임없는 비행기 여행, 한밤중에 열리는 참모회의,……. 무엇보다도, 내가 유세장에서 연단에 서는 것만으로도 국민들은 희망을 품게 된다는 것을 깨달았다. 물론 사람들은 파스트라나에게 환호를 보냈지만, 내 이름을 연호할 때 그것은 완전히 다른 얘기였다. 장내 분위기는 공연장에서나 볼 수 있는 광적인 환호로 돌변했고, 진부한 연설에 지친 젊은 세대들은 나의 진실성, 희망, 고집스러운 순수함에 열광하는 것이 눈에 보였다. 물론, 당연히, 나는 자랑스러웠다. 하지만 그 환호에서 내가 얻은 것은 무엇보다도, 새로운 콜롬비아가 마약 밀매단에 영혼을 팔아먹은 낡은 콜롬비아를 내일이면 쓸어내리라는 확신이었다.

파스트라나 후보 진영에서는 나의 성공에 신경을 곤두세웠다. 그들은 결국 나를 배제시켰고, 파스트라나는 마지막 유세 집회들을 혼자서 끌고 갔다.

6월 7일 일요일, 1차 투표에서는 세르파가 우위를 차지했지만, 파스트라나보다 겨우 3만 표—356만 표 대 353만 표—를 더 얻은 정도였다. 가식적으로 개혁을 외치면서 기존의 양대정당을 이용하려던 노에미 사닌이 3위를 차지했다. 뜻밖에도 놀라운 기록을 세운 무소속 후보 사닌은 280만 표를 얻음으로써 앞으로의 대선에서 무소속 후보들에게 길을 열어주었다. 경제 대그룹의 선거자금을 받은 사닌은 좀 더 그럴싸한 모습으로 권력을 유지하기 위해 정치 지도층이 만들어낸 '트로이의 목마'였다. 달라져가는 풍향과 기존 정당의 쇠퇴를 감지한 부패한 정치인들에게 사닌은 국민들에게 팔 수 있는 매력적인 얼굴이었다. 그저 현상유지에 급급할 것이고, 자신을 지지하는 사람들의 특혜를 보장해줄 이 후보는 단 한 번도 국민의 손으로 뽑힌 적이 없는데도 2002년 대선에 재도전할 것이다.

선거에 늦게 나선 우리는 보름의 시간밖에 없었다. 파스트라나와 나는 힘을 배가하고 전국을 커버하기 위해 각자 자신의 위치에서 선거전을 벌여나가기로 결정했다. 나는 열성적으로 뛰었다. 지칠 줄 모르는 열성으로 나는 매일 저녁 집회에 모여든 군중에게 우리의 선거 협정을 조목조목 각인시켰다. 그러나 여론조사에서 파스트라나의 인기는 급락했다. 여론조사 수치가 떨어질수록 그의 유세는 힘을 잃어갔다. 망연자실해진 그는 대담했던 초심을 잃어버린 채 어떻게 해서든지 좀 더 많은 사람들과 합의만 보려 한다는 느낌을 주었다. 선거전에서는 치명적인 오류였다.

어느 날 아침, 공항으로 가는 길에 나는 더 이상 참을 수가 없어서 그에게 전화했다.

"후보님, 우린 이번 선거에서 패할 겁니다. 이유를 말씀드리죠. 당신은 우리의 무기였던 부패와의 투쟁을 더 이상 설파하지 않고 있어요. 아무것도, 심지어는 당신 자신마저도 믿지 못하게 된 듯한 인상을 주고 있습니다. 사람들이 당신 유세를 듣고 무슨 생각을 하는지 아세요? 질 것 같아 겁이 나서 전전긍긍하면서 사람들에게 동정을 구하는 전략을 쓰는구나, 이렇게들 생각하고 있어요. 하지만 유권자들은 당신에게 동정을 베풀 아무 이유가 없고, 더욱이 미적지근한 대통령은 더더욱 원치 않습니다. 우린 지금 국가 최상층부에서 조직된 4년간의 범죄에서 벗어나려 하고 있어요. 후보님, 당신이 나라를 다시 바른 길로 들어서게 할 능력과 용기가 있다는 것을 국민들에게 납득시키지 않으면, 국민들은 틀림없이 세르파를 선택할 거예요. 국민들은 적어도 누구랑 담판을 지어야 하는지는 알고 있고, 세르파는 국민의 반미 감정과 맹목적 국수주의를 능란하게 이용할 줄 알아요. 국민들에게 남아 있는 것이라곤 그게 전부니까요."

파스트라나는 내 말에 동의하면서 극도로 긴장하는 것 같았다. 그리고는 자신의 전략을 바꾸겠다고 내게 다짐했다. 그가 다시 전투에 나설 힘을 갖고 있을까? 대선을 판가름할 부동표를 탈환할 시간이 열흘도 남지 않은 때였다.

이틀 후, TV 유세에 모습을 드러낸 그는 완전히 다른 사람이 되어 있었다.

귀에 거스를 만큼 아슬아슬하게 공격적인 유세를 펼치면서, 파스트라나는 '유권자 매수 행위를 근절시키지 않는 한, 우리나라는 어떠한 진지한 계획도 세울 수 없기 때문에' 자신의 정책을 부패와의 가차없는 투쟁으로 요약했다. 후안 카를로스는 우리 협정의 열 가지 조항을 인쇄해서 여권 모양으로 만들었고, 우리는 이 홍보자료를 전국에 대대적으로 배포하고 있었다. 파스트라나는 TV 카메라 앞에서 이 자료를 흔들어대며 외쳤다.

"여기 우리들의 반부패 여권이 있습니다. 세계 속에서 우리 조국이 마땅히 누려야 할 위상을 되돌려줄 정책이 여기 있습니다. 제가 당선이 되면 국민투표를 통해 이 정책안을 여러분 앞에 제출할 것을 엄숙히 선언합니다."

선거전의 양상은 돌변했다. 부패와의 전쟁, 투명성 호소만이 인구에 회자되었고, 그에 비해 세르파의 국수주의적 선동은 내 주장에 공감하던 40대 이하 세대에게는 다소 황당하고 우스꽝스러운 반시대적 작태로 비쳐졌다.

1998년 6월 21일, 파스트라나는 세르파를 겨우 45만 표차로 누르고 대통령에 뽑혔다. 이 승리를 기념하는 사진은 얼싸안은 파스트라나와 내가 군중의 환호에 답하는 장면을 담고 있었다. 그는 나리뇨 궁의 주인답게 성장을 하고 있는 반면, 나는 청바지에 티셔츠 차림이었다. 그러나 환희에 넘치는 우리의 모습은 모든 계층을 뭉뚱그려 전국을 강타한 국민의 열광적 희망을 잘 드러내주고 있었다. 더욱이 수개월 전부터 여론조사는 국민의 실망도가 급상승하고 있음을 보여주고 있었는데, 대선 후 국민의 86퍼센트가 낙관적으로 전망한다고 밝혔다. 경제는 난국에 빠져 있었지만, 다시 희망이 싹트고 있었다. 국민들은 파스트라나 신임 대통령을 신뢰했고, 그가 약속을 지킬 것이라고 믿어 그를 따라나설 태세가 되어 있었다.

당시 나는 이 약속을 책임질 보증인임을 선명히 자각하고 있었다. 파스트라나 대통령이 승리한 것은 내가 그의 정책을 보증했기 때문이었고, 따라서 그의 철저한 약속 이행을 얻어내는 것도 내 몫이었다. 난 콜롬비아 국민들이 다시 한 번 더 기만당하는 것을 용인할 수 없을 거라고 생각했다. 그러나 그럴 위험이 커져갔다. 일단 대권을 잡은 파스트라나 대통령은 대립되는 두 격류 사이에 직면하게 되었다. 국민의 말 없는 희망과 어떤 종류의 개혁도 저지하려는 수구 정치권의 책략이었다. 산소당에서는 미리 이 상황을 예측해오고 있었고, 그래서 부패의 온상인 의회가 일련의 첫 조치들을 거부할 경우 국민투표에 부치도록 파스트라나에게 다짐을 받아둔 것이었다.

어느 자리에서 내가 가장 효율적으로 일할 수 있을 것인가? 산소당 지분으로 당연히 내게 장관직을 제안한 파스트라나 대통령의 바람대로 정부에 참여할 것인가, 아니면 정부에 가담하지 않고 자유로이 운신할 것인가? 장관직을 수락하면 충성을 이유로 어느 정도 입을 다물 수밖에 없다는 확신이 들어, 나는 장관직을 고사하기로 했다.

대통령은 의회에, 그리고 필요할 경우, 국민들에게 제출할 개혁법안을 작성할 위원회를 신속히 구성해야 했다. 나는 저명 법조인, 교수들과 함께 위원직을 흔쾌히 수락했다. 위원회에는 내 변호사였던 시에라, 4년 전 자유당 정치윤리 강령을 채택할 때 나를 지지했던 데라 카예도 있었다.

파스트라나 대통령이 내각을 구성했을 때, 위원회는 이미 한창 작업 중이었다. 이해할 수 없는 것은 신임 대통령이 내무장관으로—총

리직이 없는 나라에서는 가장 중요한 각료직이다—철저한 삼페르주의자인 마르티네스를 임명한 것이었다. 삼페르 정권의 법무장관으로, '마피아 미코'와의 투쟁에서 무력하게 대응하다가 사임한 후 주프랑스 콜롬비아 대사직을 얻었던 바로 그 사람이었다. 최고위직에서 파스트라나 대통령을 보좌하기 위해 그가 돌연 복귀한 것은 매우 불길한 전조였다. 내가 보기에 마르티네스는 성공을 위해서라면 극심한 모욕도 감수할 신념 없는 사람이었다. 위원회가 마무리해가던 개혁법안이 그에게 제출되고, 그는 내무장관 자격으로 의회에서 법안을 옹호해야 하는 만큼 그의 임명은 나를 불안하게 했다. 파스트라나 대통령이 지금 우리에게 덫을 치는 것인가? 처음부터 내가 은근히 두려워하던 배신의 첫 징조인가?

대통령에게 전화했다.

"왜 그 작자를 내무장관으로 임명했는지 이해가 안 됩니다. 대통령 임기의 초석이 될 개혁이 그의 손아귀에 들어갈 텐데. 그가 아무 신념도, 용기도 없다는 걸 잘 알고 있지 않나요?"

"잉그리드 의원, 날 믿어요. 나는 모든 진영의 의원들을 결집시킬 인물이 필요했고, 마르티네스가 바로 그 인물이에요. 그는 요령을 알고, 자유당과 보수당 양쪽에 친밀한 인물입니다. 개혁과 관련해서는 걱정하지 말아요. 내가 알아서 직접 이끌고 나가겠소."

그의 말에 나는 반쯤 안도할 수 있었지만, 돌아가는 사태는 내 불안을 가라앉히지 못했다. 실제로 얼마 안 가 마르티네스는 내무장관으로서 의당 자신이 참여하고 있는 개혁위원회를 은밀하게 배신하고 말았다. 국민투표 방안이 위원회의 지지를 얻자, 그는 기자들에게 국민투표는 있을 수 없다고 시사했다. 이는 명백히 의원들에게 슬쩍 손을 내미는 작태였고, 의원들은 그 손을 잡았다. 그들은 마르티네스가 개혁을 무산시키기 위해 그 자리에 기용된 걸 파악했고, 유권자 매수 행위가 존속되기 위해 하늘이 내려준 그 작자를 지지해야 한다고 파악했다.

위원회는 상황을 제대로 파악하지 못하고 있었다. 내무장관과 합의를 보려는 생각에 결정을 내리지 못하고 사안을 질질 끌고 있었다. 최종 기한이 지나버리고 9월이 왔고, 개혁법안은 아직도 의회에 제출되지 않고 있었다. 파스트라나 대통령은 너무나 지연시키다 보면 얻어놓은 신뢰를 잃어갈 것임을 잘 알고 있었다. 따라서 그는 9월 8일, TV를 통해 부패와의 전쟁을 재차 강조하고 의회가 법안을 부결할 경우 국민투표에 부치겠다는 선거공약을 재천명했다.

사람들은 그가 자신의 야망을 달성할 능력이 더 이상 없다는 것을 짐작할 수 있었고, 그에 대한 실망과 불신의 첫 징후들이 만평과 시중에 나도는 신랄한 비판을 통해 드러나기 시작했다.

사실, 그럴 만한 이유가 있었다. 대통령 담화가 있고 나서 내무장관은 국민투표를 반대하는 의원들을 부추기려 들었다. 그는 의원들에게 전부 아니면 전무—개혁을 찬성하거나 또는 거부하기—를 선택하라는 것은 있을 수 없는 일이며, 의원들이 개혁법안을 수정하고 재작성할 수 있어야 한다고 주장했다. 그것은 내가 파스트라나 대통령과 맺은 협정을 무효화시키고, 태동하기도 전에 반부패 개혁을 압살해버리는 짓이었다.

나는 다시 한 번 대통령에게 사태를 환기시켰다.

"지금 의회에서 벌어지고 있는 사태는 매우 심각합니다. 내무장관은 모든 사람을 조작하고 있고 우리 모두를 속이고 있어요. 위원회는 내분 직전입니다. 대통령께서 신속하게 나서지 않으면 개혁은 무산될 것이고, 그와 함께 우리의 대국민 공약도 무산될까 두렵습니다."

내 말을 듣고 대통령은 개혁위원회 위원 세 사람과 소모임을 제안했다. 자유당을 대표해 데 라 카예, 보수당의 시에라, 그리고 산소당에서는 내가 참석하는 4자 회동이었다. 회동은 9월 19일 카사 메디나 호텔에서 갖기로 했다.

권위는 잃었지만 그래도 사태를 수습하려는 우려와 의지를 갖춘 대통령을 축으로 한, 위기 관리 차원의 회동이 되리라고 나는 기대했다. 우리 네 사람은 서로를 잘 알고 있었으므로 단호하게 그러나 신뢰 속에서 본질적인 문제를 다룰 수 있을 거라고. 적어도 나는 그렇게 기대했다. 그런데 힘의 관계는 단번에 나를 불리한 입지로 몰아갔다. 파스트라나 대통령은 내게 시사했던 것처럼 혼자가 아니라, 각료 네 사람과 대통령 비서실장, 개인 보좌관까지 대동하고 나타난 것이었다. 순간적으로 나는 함정이 있음을 알아챘고, 불행히도 내 직감은 맞아떨어졌다.

대통령이 말했다.

"우리가 고려하고 있는 개혁이 모든 정당간의 합의에 의한 결실로서 의회의 동의를 얻기를 바랍니다. 국민투표는 없을 것입니다."

나는 그가 위원회 위원 세 사람만을 부른 이유를 즉각 파악했다. 전원이 참석한 위원회에서 그런 따위의 발언을 한다면 세찬 항의에 부딪혔을 것이기 때문이다.

그간의 친밀한 어투를 버리고 내가 말했다.

"대통령 각하, 각하는 지금 우리가 함께 서명한 협정을 부인하고 있습니다. 우리는 복지부동주의로 귀착될 것이 뻔한 정당간의 합의를 언급한 적은 한 번도 없습니다. 다만 국민들의 뜻을 묻는 국민투표만을 요구했습니다. 그런데 오늘 국민투표를 포기한다고 발표하시는 겁니까?"

이 말에 대통령의 낯빛이 시뻘게지더니, 내 말을 끊고 용수철처럼 튀어 일어났다. 일어선 채로 나를 노려보면서 주먹으로 탁자를 내려쳤다.

"감히 그런 어조로 말하는 것을 용납할 수 없소! 나는 기존 정당들과 부딪쳐가면서 개혁하는 것은 한 번도 고려해본 적이 없다는 걸 알아두시오! 더욱이, 내가 약속한 것은 정치개혁이었지, 나라를 국민투표 속으로 몰고 가는 것이 아니었소."

잊을 수 없는 끔찍한 장면이었다. 대통령 본인이 이성을 잃고 이마와 목에 핏줄을 세워가며 짐승처럼 소리를 질러대고 있는 것이다. 그의 수행원들은 그가 이런 소리를 내뱉도록 부추기는 것 같았고, 순간 나는 이 영화의 시나리오를 이해할 수 있었다. 대통령은 나와 대면하는 것을 두려워하고 있는 것이었다. 그렇지 않다면 이 수행원들을 끌고 왔을 리가 없다. 자기가 약속을 배반하고 있다는 사실을 완벽히 알고 있었고, 그래서 그렇게 화를 내는 것이었다. 물론 자기 자신에 대한 분노였고, 한 달 전부터 언론을 통해서 자기를 괴롭히는 나에 대한 분노기도 했다. 언론이 '잉그리드 투표'로 부르게 된 국민투표를 관철시키려는 나의 집요한 공격이 보도되지 않는 날은 단 하루도 없었다. 이런 매스컴을 통한 집중공격이 자신감에 넘치는 사람에게는 얼마나 호된 시련이었겠는가! 이 회동이 있기 1주일 전, 『세마나』지는 '잉그리드 개혁안'을 다룬 수십 번째 기사를 실어, 파스트라나 대통령을 줏대 없이 끌려 다니는 순진한 사람이라고 혹평한 적이 있었다. 그가 뒷걸음질을 치도록 몰아가는 데 이보다 더 효과적인 방법은 없었다.

허영심 많은 파스트라나 대통령은 격식 차리지 않는 나의 솔직한 어투를 못 견뎌했다. 어려서부터 은밀한 열등감을 품고 있던 터라 더욱 더 그랬다. 신통치 못한 학생이었던 그는 똑똑한 자기 형처럼 지성과 교양을 갖추기는커녕 그 근처에도 가지 못했다. 방송기자가 된 것도 부친 덕이었다. 오랫동안 TV 뉴스를 맡으면서 인기인이 된 덕에 별 어려움 없이 보고타 시장 자리를 얻게 된 그였다.

2002년까지 콜롬비아의 운명을 좌우하게 될 사람의 협량을 불행히도 확인해준, 그 터무니없이 고함지르는 장면을 목도하면서 내 머리를 스쳐갔던 생각들이다. 역사는 늘 되풀이되는 것인지? 나는 다시 두 번째로 기만당했다는 처참한 느낌을 받았다. 1994년에 나는 삼페르와 그의 사회문제에 관한 담론을 믿고 싶었다. 파스트라나 대신에 난 선뜻 내키지는 않으면서도 인물의 한계를 잘 알고 있는 삼페르를 택한 것이었다. 이번에는, 역시 큰 확신은 없었지만, 국민들이 보는 앞에서 서명한 협정을 믿고 세르파 대신 파스트라나를 지지했다. 우리나라에선 콜레라와 페스트밖에 선택의 여지가 없다고 주장하는 국민들 앞에서 말이다. 어떻게 그들이 틀렸다고 할 것인가?

약속을 지킬 수 없게 된 파스트라나 대통령은 1998년 9월 19일의 회합에서, 화가 나서 발을 동동 구르는 가련한 아이처럼 나를 모욕함으로써 자신의 무력감에서 벗어나려 한 것이었다.

"그 여자가 나를 배에 태웠다고들 하는데, 이 배의 선장은 바로 나요!"

장관들에게 이런 말을 하기도 했다. 나는 그가 자기 자존심에 난 상처를 치유하기 위해 그런 쇼가 필요했다고 확신하고 있다.

그러나 최악의 상황이 다가오고 있었다. 잠시 후 자리를 뜰 때가 되자, 자신의 쇼에 힘을 얻은 파스트라나 대통령은 관대한 척하느라고 나를 따로 불러내더니 어깨를 안으면서 말했다.

"잉그리드 의원, 걱정 말아요. 다 잘 될 겁니다. 두고보세요. 개혁, 우리가 꼭 하고 말 겁니다."

그날 저녁, 절망 속에 집에 돌아온 나는 현관문을 닫자마자 울음을 터뜨렸다. 마치 한 번도 울지 않은 사람처럼 분노의 울음을 멈출 수가 없었다. 나는 배신당하고, 이용당하고, 학대받은 느낌이었다. 선거전 도중 메데인에서 만났던 대학생들의 말이 떠올랐다. "의원님, 당신은 이용당할 거예요. 그 사람은 당신이 필요하지만, 다른 놈들만큼이나 부패한 자예요." 그런데 나는 그를 통해 우리가 탈출구를 찾을 수 있다고 믿고 싶은 나머지, 어리석게도 그도 역시 부패의 희생자라고 둘러대면서 파스트라나 대통령을 옹호했던 것이다.

내 정치 인생을 통틀어 가장 고통스러웠던 이 배신행위에서, 나라를 말아먹는 부패에서 콜롬비아를 구하고 싶다면 언젠가는 나도 정부 수반직에 도전해야만 한다는 확신이 생겨났다. 더 이상 기존의 수구 정치권과의 타협은 있을 수 없다는 확신이기도 했다.

다음 날부터 파스트라나는 '합의에 의한 개혁'의 정지작업을 위한 모든 정치 리더와의 면담을 조속히 시행할 것이라고 언론에 보도함으로써 자신의 입장 선회를 공식화했다. 이제 국민투표는 물 건너간 얘기가 되었고, 개혁위원회는 의원들의 성찰에 자료를 제공해주는 전문가 클럽으로 전락하게 되었다. 바야흐로 부패한 수구 정치인들이 무대 전면으로 복귀할 참이었다. 아직도 이를 믿지 못하는 사람들에게, 대통령의 첫 번째 면담대상자의 이름은 찬물을 끼얹는 효과가 있었다. 바로 세르파였다! 그렇게 부패 척결을 약속해놓고, 그렇게 국민들에게 기대를 품게 해놓고는 파스트라나 대통령이 이제 악마에 문을 열어준 것이다. 같은 날 나와 면담하겠다고 밝히면서 그는 대체 무얼 기대했던 것일까? 국민들을 속이려는 것인가, 아니면 더 이상 기대할 필요도 없는 개혁을 위한 담보를 얻기 위한 것인가?

면담은 9월 25일로 정해졌다. 카사 메디나 호텔에서 파스트라나 대통령이 나를 모욕했던 방식에 충격을 받은 산소당 참모들은 이번에는 전원이 나와 동행하기로 결정했다. 우리가 나리뇨 궁에 도착했을 때 세르파와 사닌이 대통령 집무실에 있었던 만큼 더욱 우리의 단체행동은 풍파를 일으켰다. 파스트라나 대통령은 우리와의 접견을 거부했고, 따라서 우리는 후안 에르난데스 보좌관 사무실에서 대기하게 되었다.

내가 말했다.

"자, 그럼, 대통령께 우리 안부 인사를 전해주시죠. 안녕히 계세요."

"아니, 아닙니다. 잠깐만요. 이렇게 가시면 안 됩니다. 제가 다시 말씀드리겠습니다."

"기다릴 이유가 없어요. 개혁한다면서 대통령은 나와 협정을 맺었는데, 이제는 과거의 적들과 거래하고 있는 걸 보면 뻔하죠."

에르난데스는 추문이 터질 것을 예감했던 것이다. 기자 수십 명이 대통령궁 대문 앞에 밀집해 있었다.

상황을 파악한 대통령은 잠깐만 기다리라고 했다.

드디어 친절한 미소를 지으면서 그가 나타났다.

"잉그리드 의원! 잠깐만 들어와요. 할 얘기가 있어요."

우리는 머리를 맞대고 앉았다. 이것이 대통령과 가진 마지막 개인 면담이었다.

"지금 대통령께서 벌이는 일은 정말로 유감스럽습니다. 국민들에게 희망을 되찾아주었던 대통령께서 이제는 국민들과 대통령 자신을 잃어가고 있습니다. 우리가 꿈꾸었던 개혁법안을 절대로 의회는 동의하지 않을 겁니다. 대통령께선 지금 최악의 내기를 걸고 있다는 걸 아셔야 합니다. 최악의 적들과 연합하기 위해 대통령을 지지했던 사람들을 배신하고 있다는 걸 말입니다."

"아니요, 잉그리드 의원. 내 입장을 이해해주세요. 나는 나라의 화합을 바라고 있습니다."

"국민들이 대통령께 요구한 건 그게 아닙니다. 날강도들과 합의를 끌어내기 위해 그 자리에 앉아 계신 게 아니에요. 반대로 완전히 썩어빠진 정치권과 절연하라고 국민들이 그 자리에 뽑아준 겁니다. 우리는 유럽국가들처럼 의원들이 일정한 자질을 갖춘 그런 민주국가가 아닙니다. 여긴 콜롬비아예요."

이제 우리의 단절은 돌이킬 수 없는 것이 되었다. 그러나 일어서는 나를 배웅하면서 파스트라나 대통령은 덧붙였다.

"잉그리드 의원, 하나만 부탁할게요. 밖에 나가서, 나와 단절했다는 것을 발표하지 말아주시오."

"그럼 제가 어떻게 하기를 바라는 겁니까? 우리가 계속 함께 일한다고 할까요? 아니죠, 대통령께서는 우리를 떠났지만 우리는 국민투표를 수호하기 위해 계속 싸울 거라고 발표하겠습니다."

"날 원망하진 않겠지요."

"저 개인적으로는 원망하지 않습니다. 하지만 나라를 생각하면 예, 정말 많이 원망스럽군요. 대통령께선 우리가 어떤 역사적인 순간을 겪었는지 깨닫지 못했습니다."

대통령과 헤어지면서 다시는 보지 않을 것을 나는 알고 있었다. 물론 나는 슬펐다. 하지만 큰 소리로 말해야 한다고 나는 확신했다.

밖에서는 기자들이 초조히 기다리고 있었다. 수없이 많은 기자들이 북적대고 있었다.

"우리는 방금, 대통령과 맺었던 선거 협정을 단절했습니다. 우리가 원하던 개혁은 가장 부패한 정치꾼들에게 놀잇감으로 던져졌습니다. 세르파와 사닌이 이쪽 문으로 들어가면서 우리는 저쪽 문으로 나왔습니다."

그로부터 18개월 뒤, 2000년 3월에 파스트라나 대통령은 자신도 수상쩍은 부패사건에 연루된 상태에서 선거공약을 지키겠다고 깜짝 뉴스를 발표했다. 그리고 국민투표를 통해, 의회 해산과 투표방식 쇄신을 포함한 대대적인 정치개혁을 시행하겠다고 발표했다. 당시 그는 여론조사에서 약 20퍼센트라는 가장 낮은 지지율을 기록하고 있었는데, 이 발표만으로도 20퍼센트 이상 인기도가 상승했다!

물론, 산소당 당수로서 나는 그의 조치를 지지했고, 이는 용기 있는 행위라고 장소를 가리지 않고 공표하고 다녔다. 그러나 자유당과 보수당은 즉각 공격에 나섰고, 두 달 후, 이 폭풍우 속에서 뱃머리를 유지할 수 없게 된 파스트라나 대통령은 다시 한 번 자신의 약속을 취소했다. 국민투표는 시행할 것이나 의회 해산은 없다고 발표되었다. 그것은 그가 부패에 굴복했다고 자백하는 셈이었다. 국민들은 이 점을 간파했고, 이 극적으로 변신을 거듭하는 대통령에 대한 지지도는 현재 15퍼센트를 넘지 않는다.

우리는 계속해서 국민투표를 위해 투쟁하고 있다. 헛된 기대를 품게 했던 이 개혁은 2002년 차기 대선에서 주요한 관건이 되리라는 것이 시간이 지나면서 점차 확실해지고 있다. 콜롬비아로서는 4년의 세월을 잃어버리는 셈이었다.

파스트라나 대통령이 아무 성과도 없는 엄숙한 선서를 이용한 것은 불행히도 이번이 처음이 아니었다. 대부분의 전임 대통령들처럼, 그 역시도 게릴라 조직이라는 비극적 소재를 이용했다. 콜롬비아의 정치 지도자들은 곤경에 처할 때마다 게릴라 조직들과의 평화협상을 구원의 깃발처럼 내흔들곤 했다.

선거전에서 공약했던 것처럼 파스트라나 대통령은 콜롬비아 혁명군(Fuerzas Armadas Revolucionarias de Colombia/FARC: 1966년 결성된 약 1만 명의 무장 병력을 가진 콜롬비아 내 최대 반군 게릴라 조직)과 평화협상을 개시했다. 대통령은 현재까지, 게릴라 두목들과도 대화할 수 있고, 그들이 맹목적인 괴물이 아니라 진지하게 사고하고 이상에 따라 움직이는 인간들이라는 인상을 국민들에게 심어주었다. 두 번째 긍정적인 그의 성과는 TV 카메라가 지켜보는 가운데 공개적인 평화협상을 실시함으로써 콜롬비아 내분에 관한 국제 여론을 환기시켰다는 점이다.

그러나 이 단계에서 '파스트라나 방식'의 취약성이 드러나기 시작했다. 전직 방송기자였던 대통령은 근본적인 성찰보다는 언제나 '매스컴 효과'에 더 큰 중요성을 부과하는 것 같았다.

우리는 단번에 이를 확인할 수 있었다. 당선의 도취감 속에서 평화를 위한 '역사적' 제스처를 염두에 두고 그가 FARC에 4만 2,000평방미터의 국토를 양도한 것이었다. 그 조건으로 정부가 FARC로부터 받은 것은? 아무것도 없었다. 이 주권의 포기는 철저히 장막 속에서 이루어져서, 취약해진 정부가 반군(叛軍) 게릴라의 총애를 얻으려 한다는 인상마저 줄 수 있었다.

여러 게릴라 조직의 지도자들은 냉정한 이성을 갖고 있다. 오랫동안 그들과 대담한 적이 있는 나는 그 사실을 알고 있다. 그들은 콜롬비아 정치지도자들이 선거를 겨냥해 평화협상을 이용한다는 것과 그들의 평화 의지는 전혀 장기적 전망에 근거한 것이 아님을 완벽하게 꿰뚫어보고 있다. 상황이 이렇기 때문에, 게릴라 조직들은 평화를 원하는 시늉만 하면 모든 것을 다 얻을 수 있는 것이다. 그러나 그들은 평화협상과 동시에 전쟁을 준비하거나 계속하고 있다. 예를 들면, 2000년 봄, FARC는 자신들의 통치구역 내로 1만 개의 병기를 밀반입하려고 한 적이 있었다! 이 스캔들로 해서 페루 밀반입 조직의 정체가 폭로되었고, 당시 알베르토 후지모리 페루 대통령이 실추하는 계기가 되었다.

마치 정치지도자들과 게릴라 조직들이, 나라는 피폐되지만 그들의 권력을 지속시켜 주고 치부토록 해주는 내전 상태를 유지시키기 위해 서로 돕고 있는 것처럼 보인다. 게릴라 조직의 지도자들은 민중의 이름으로 벌이는 자신들의 투쟁이 역설적으로 민중을 억압하는 정치권과 또 그 정치권이 호강을 누리게 하는 부패 체제를 강화시킨다는 얘기를 듣기 싫어한다. 그렇지만, 나는 그들에게 이 점을 설파했고, 그들은 내 생각을 알고 있다. 이렇게 해서 나는 그들과 소원하지만 솔직하고 오해의 여지가 없는 관계를 유지하고 있다.

나는 진정한 평화협상을 개시하기 위한 첫째 조건은 양측이 각각 자신의 출발점이 어디인지 분명하게 밝히는 데 있다는 확신을 갖게 되었다. 현재로서는 협상은 전혀 성공할 가망이 없다. 처음부터 잘못된 것이기 때문이다. 양측의 목표는 결론에 도달하는 것이 아니라, 시간을 벌려는 것이다. 그렇게 함으로써 자신들이 군사적으로 상대방을 제압할 수 있고, 이를 통해 결정적인 승리를 획득할 수 있다고 협상 당사자 양측은 각각 확신하고 있다. 결국 모두가 다 거짓말을 하면서 모두가 다 믿는 척하는 셈이다.

사실, 협상을 통한 평화를 진정으로 갈망하는 사람은 국민들밖에 없다. 바로 그들이 자신의 부모형제를 매일매일 땅에 묻고 있기 때문이다. 따라서 협상에 성공하기 위해서는 분쟁의 강도를 현실적으로 축소시킬 방도를 추구해야 한다. 1년에 3만 명이 죽어나가는 것은 아무리 생각해도 너무 한 일이다. 협상 테이블에 앉아서, 평화를 원한다고 사방에 외치는 것만으로는 해결책이 나오지 않는다.

아울러 우리가 말하고, 우리가 원하는 평화가 어떤 것인지를 알아야만 한다. 이 평화는 부패에 굴복한 무능하고 독단적인 정부의 평화가 될 수는 없다. 더욱이 현 정부는 극우 민병대의 승리를 너무나 쉽게 받아들이고 있다. 이들이 자신에게 유용하기 때문에, 열흘마다 벌어지는 잔혹한 학살의 대가로 얻어지는 것이라 할지라도 국가 전복의 조짐을 억제해주기 때문에 이를 용인하고 있는 것이다.

또한 마약거래에 대해, 그리고 마약밀매단과 게릴라 조직들의 너무나 밀접한 관계에 대해 명철한 의식을 가지고 솔직하게 대화하지 않는 한 이 평화는 얻어질 수 없다. 아직까지 밝혀지지 않은 마약밀매단과 극우 민병대 사이의 관계도 밝혀야 한다. 결국, 정부는 1980년대 말, 게릴라와의 현지 전투를 위해 조직된 콜롬비아 연합자위군(Autodefensas Unidas de Colombia/AUC: 콜롬비아의 극우 민병대)과 거리를 두지 않는 한 게릴라 조직들과 당당하게 협상한다고 주장할 수 없다. AUC가 정부의 은밀한 무장세력으로 보여지는 한, 정부는 인권과 민주주의 재확립에 대해 게릴라 조직들과 논의할 자격도, 신용도 갖지 못하게 될 것이다.

마찬가지로, 게릴라 조직들은 아무리 사소한 것이라 하더라도 마약밀매단과의 관계를 유지하는 한, 자신들의 이상을 거창하게 내세울 수 없을 것이다. 이 점에 대한 양측의 확고한 다짐은 모든 평화협상의 필수 불가결한 조건이다.

1990년대 초 내가 콜롬비아에 돌아왔을 때는 희망의 상징이던 갈란이 암살된 직후였다. 수십 년간의 폭력과 부패에 시달린 조국은 마약밀매단의 일상적인 테러행위, 가슴 아프게도 그 유명했던 '폭탄 테러전'으로 또다시 방화, 살육의 공포를 맛보아야 했다. 대선 후보였던 갈란은 우리나라의 구원은 정치윤리에 있다고 단언했다. 부패가 콜롬비아 국민들이 겪는 엄청난 불행의 근원이라고 그는 거듭 강조했다. 그가 옳다는 것을 알고 있었지만 그때 나는 서른도 채 되지 않았고, 아무런 정치 경험도 없었다. 이제 나는 동 터오는 새벽의 첫 햇살도 보지 못한 채 죽어간 모든 사람들을 기리며 투쟁에 다시 나섰다. 우리들 콜롬비아 국민들에게 새벽이 저기, 바로 저기 다가오고 있기 때문이다.

우리는 지금까지 여정의 반을 걸어왔다. "얘야, 이제 나는 베탄쿠르 장관이 아니라 잉그리드의 아버지다!"라는 아버지의 말을 들을 때, 나는 그분의 자부심을 듣는다. 그것은 일세기 동안의 위선과 배신을 거친 다음 나를 믿으면서 조금씩 신뢰를 되찾아 가는 한 국가의 자부심과 메아리를 이룬다.

나는 결코 이 모든 이들의 신뢰를 저버리지 않을 것이다.

콜롬비아는 이제껏 당파의 정치꾼들만을 머리에 이고 있었다. 진정한 정치지도자들은 모두 암살되었다. 이 보잘것없는 사람들은 치부하기 위해 당선되고, 물러나면 다른 하늘 아래서 인생을 향락으로 보낸다. 삼페르 전 대통령이 현재 어디 사는지 아는가? 스페인 마드리드의 부촌에 살고 있다. 그들은 결코 조국을 믿은 적이 없으며, 또 국민들에게 근본적인 경멸감을 품고 있다.

나는 그들과 정반대다. 조국에서 살 권리를 얻기 위해 인생에서 가장 고통스러운 선택을 했을 만큼 나는 콜롬비아를 사랑한다. 나는 우리 국민들을 사랑한다. 100여 년 전부터 가장 잔혹한 폭력의 희생자였던 이들이 용기와 열정이라는 보물을 가슴속에 감추고 있음을 알기 때문이다. 콜롬비아의 집단적인 광기는 세계가 듣기를 거부하는 절박한 구조 요청의 외침이다.

콜롬비아의 광기는 날강도 정부, 무법자 정부를 더 이상 견딜 수 없게 된 자들의 외침이며 하지만 또한 우리의 수치기도 하다. 나라를 방화, 살육으로 몰아가는 좌익 게릴라, 극우 민병대, 마약밀매단, 폭력 조직들은 자신들이 불신하는 무능한 정부보다 더 야만적이다.

그런데도 대다수의 국민들은 악마와의 계약에 서명하기를 거부했다. 일상적인 지옥을 살아야 하지만 우리들은 희망을 잃지 않았다. 우리들, 콜롬비아 국민들은 평화와 조화, 그리고 정의를 꿈꾸고, 우리들에게 남은 천국의 단편들을 잃지 않기 위해 아이들에게 천진난만하게 살도록 가르치고 있다.

이런 보물들을 가지고 있으니, 내가 꿈꾸는, 우리 모두가 꿈꾸는 콜롬비아를 건설하는 일은 어렵지 않을 것이다. 10년 간 나는 많은 것을 배웠고, 이 사명을 성공적으로 완수할 만큼 충분한 힘이 있다고 믿는다. 만일 우리가 죽음에 바치는 그 믿을 수 없는 에너지를 노동, 생산, 창조, 오락, 가정에 투자할 수 있다면 얼마나 멋진 나라가 될 것인가. 콜롬비아 국민 사이에는 서로를 이어줄 연대조직이나 이에 상응하는 마땅한 네트워크가 하나도 없다. 우리는 고립된 채, 서로를 경계하면서 살고 있다. 우리나라의 사회조직은 근본적으로 병들어 있다. 콜롬비아에서 뛰어난 구조와 성능을 자랑하는 유일한 조직은

'마약', '부패', '조직 범죄'로 불리는 것들밖에 없다. 이 힘의 관계를 전복시켜서 검은 세상을 하얗게 만들어놓아야 한다.

내가 그 일을 하고 싶다.

10년 전부터 내가 이끌어온 투쟁이 아무 반향도 없었다면 감히 이런 맹세를 표명하지 못했을 것이다. 그러나 나는 두 번에 걸쳐 압도적인 지지로 당선되었고, 이제는 부패를 종식시킬 능력을 갖추었다고 믿는다. 또한 이제 와 확인하는 바지만, 나를 증오하는 바로 그 정치인들이 자신들의 정책 수립을 위해 내게 도움을 요청하는 것은 내가 국민들에게 신뢰감을 주고 그들처럼 매수되지 않는다는 것을 알기 때문이다. 어떤 의미에서, 나는 그들이 자신들도 달라질 수 있다는 것을 생각하게 만들고 있고, 미래의 콜롬비아를 상상하게 만들고 있다.

이 단계에 이르렀으니, 나도 역시 암살될 것인가? 죽음에 대해서 나는, 관객을 위해 죽음을 늘 발밑에 두고 살아가는 줄타기 곡예사와 같은 운명을 갖고 있다. 우리는 둘 다 위험한 직업을 갖고 있고, 그에 따르는 위험을 알고 있지만 완벽을 추구하는 열정이 언제나 두려움을 이겨낸다는 점에서 또한 그렇다. 나는 치열하게 삶을 사랑하며, 죽고 싶지 않다. 내가 콜롬비아에서 이루려는 모든 것은 내 나라에서 행복하게 늙어가기 위해서고, 내가 사랑하는 모든 이에게 불행이 닥칠까 두려워하지 않으면서 내 땅에 살 권리를 얻기 위해서다.

옮기고 나서

　외신을 타고 들려오는 콜롬비아 소식의 헤드라인은 '대규모 지진 발생', '콜롬비아 정부군-반군 충돌', '마약과의 전쟁' 등이 대부분이다. 하지만 이것만으로 콜롬비아를 제대로 이해할 수 있을까.

　'장학퀴즈' 식으로 말하면 콜롬비아는 남아메리카 북서부에 있는 나라로 베네수엘라, 브라질, 페루, 에콰도르, 파나마와 국경을 접하고 있는 나라다. 수치로 풀면, 중남미 33개 국가 중에서 땅덩이가 다섯 번째로 크며, 인구는 세 번째다. 우리와 놓고 볼 때, 면적은 남한의 12배나 되지만, 인구는 우리보다 조금 적다. 콜롬비아는 세계 제 2, 3위의 커피, 설탕 생산국이고 세계 최대의 에메랄드 매장량을 자랑하는 나라, 네덜란드에 이어 가장 많은 화훼를 수출하는 '꽃의 나라'기도 하다. 자원뿐이랴. 콜롬비아는 『백 년 동안의 고독』으로 노벨 문학상을 받은 마르케스와 세계적인 화가 보테로를 배출한 예술의 나라, 또한 놀랍게도 이미 1910년에 사형제도를 폐지한 나라기도 하다. 뿐만 아니라 우리나라와도 각별한 인연이 있다. 콜롬비아는 중남미 지역에서 유일하게 6·25에 참전한 나라다. 그러니까 우리한테는 '혈맹'이라는 말이 된다. 이 나라에 대한 객관적인 정보는 이쯤에서 잠시 접어두고, 다시 현실에 눈을 돌려보면 콜롬비아의 이미지는 여전히 암울하다.

　얼마 전 안타깝게도 콜롬비아의 이미지를 한 번 더 어둡게 하는 일이 있었다. 2002년 2월 23일, 반군 게릴라 콜롬비아 혁명군(FARC)이 5월 26일 치러질 예정인 대통령 선거의 야당 후보 잉그리드 베탄쿠르를 납치했다는 외신이 타전되었다. 2001년 12월, 대통령 선거에 출마하기 위해 상원의원직을 사임한 베탄쿠르는 반군 포로와의 교환 석방을 주장하는 게릴라 측의 볼모로 이 책이 국내에 소개된 현재까지도 억류되어 있는 상황이고, 국제사면위원회(앰네스티)를 비롯한 여러 시민 인권단체들이 국제적인 비폭력 석방운동을 전개하고 있다(더 알고 싶은 독자들은 www.betancourt.info 를 참조하기 바란다).

이 납치 사건의 아이러니는 베탄쿠르가 게릴라와 정부 간의 평화협상을 재개하도록 지속적으로 정부를 비판했던 유일한 의원이라는 데 있다. 수차에 걸쳐 FARC 리더들과 만난 적이 있는—이런 만남의 시도 자체가 그 곳 콜롬비아에서는 목숨을 건 '내기'임을 상기시킬 필요가 있을까?—베탄쿠르는 양측이 진정한 평화의지를 가지고 협상에 참여할 것을 정치입문 초기부터 강력히 주장해온 중도좌파의 산소당 당수다. 독창적인 선거전으로 세간의 이목을 끌며 하원의원에 당선된 이후, 그녀의 변함없는 정치신조는 바로 '부패와의 투쟁'이다. 마약마피아, 게릴라, 내전으로 얽혀 있는 콜롬비아의 모든 문제는 부패한 정치에서 비롯되며, 어떤 대가를 치르고서라도 이 마약–마피아–부패정치 3박자의 악순환을 근절시키는 것만이 진정한 민주국가 확립의 초석이라고 베탄쿠르는 확신하고 있기 때문이다.

이 책은 용기 있는 콜롬비아 여성 정치인 잉그리드 베탄쿠르의 반생애 자서전이다. 이 때, '용기'는 진실을 밝히기 위해 죽음을 무릅쓰는—콜롬비아의 현실이 그렇다!—용기를 뜻한다. 동시에 여성, 정치인, 민주시민으로서 보여줄 수 있는 용기의 절정이기도 하다. 『뉴욕 타임스』가 '코스타 가브라스 영화의 시나리오처럼 손에 땀을 쥐게 하는 정치 스릴러물' 이라고 평한 이 책은 2001년, 프랑스와 유럽에서 3개월 이상 베스트셀러 목록 상위에 오르기도 했다. 어느 남미 국가 일개 정치인의 글이 콧대 높은 유럽인들을 흡인한 것은, 흔히 선거 때만 되면 나오는 홍보성, 과시성 책들과는 달리 이 책에는 한 인간의 진솔한 삶의 면면이 오롯이 녹아 들어 있고, 콜롬비아, 나아가 남미의 현실을 적나라하게 보여주기 때문이다. 이 책은 그 '미국'에서도 작년 12월 『Until Death Do Us Part: My Struggle to Reclaim Colombia』라는 제목으로 출간되어 많은 관심을 끌면서 현재도 '아마존' 등의 판매순위에서 윗자리를 차지하고 있다.

책에는 부르주아 계층의 선택받은 유년기를 거치면서도 조국 콜롬비아의 운명에 대해 고민하고, 자유분방한 청소년기를 거쳐, 부모의 이혼에 따른 상처와 자신의 이혼으로 인한 고통을 극복해나가는 과정, 정치에 입문하게 되는 동기와 과정, 치열했던 선거전과 당선, 의회에서 벌이는 투쟁과 실패의 모습 등이 그야말로 '솔직하게' 그려져 있다. 정치인의 책으로는 너무 솔직하다 싶을 정도다. 그러나 이 책의 변별성과 흡인력이 바로 거기에 있다. 또한 이 책이 나올 즈음, 삼페르 전 콜롬비아 대통령이 출간을 저지하기 위해 막후에서 압력을 행사했다는 사실은 이 책이 내포하는 진정성과 그 파장을 반증하는 셈이기도 하다.

콜롬비아 명문가에서 태어난 베탄쿠르는 전직 교육장관이었던 부친─안

타깝게도, 그는 딸이 납치된 지 꼭 한 달 후인 3월 23일 사랑하는 딸의 석방을 보지 못한 채 숨졌다—을 따라 콜롬비아와 유럽 등지를 오가며 유복한 어린 시절을 보냈다. 앞서 말한 마르케스, 보테로를 접하면서 자란 베탄쿠르는 〈일 포스티노〉의 시인 네루다가 '글벗'이라 부르며 아끼던 소녀였다. 그러나 이 '예외적인 행운'은 조국 콜롬비아에 갚아야 할 빚이라고 그녀는 늘 가슴 깊이 새겨 두고 있었다. 파리의 명문 정치학교인 시앙스포를 마친 뒤, 프랑스 외교관의 아내이자 두 아이의 어머니로 안온한 삶을 꾸려가던 베탄쿠르는, 보통의 시나리오대로라면 행복했어야 했다. 그러나 그것은 뭐랄까, 공허한 행복에 지나지 않았다. 조국의 현실과 괴리된 삶, 한 핏줄을 가진 사람들과 울고 웃으며 살아가고픈 강렬한 욕구를 억눌러가며 누리는 행복이란 기실 헛헛하기 짝이 없다. 더욱이 내 나라가 질곡에서 헤어나지 못할 때, 그 누구라도 자신의 행복을 온전하다 말할 수는 없을 터이다. 피는 물보다 진한 법일까? 콜롬비아를 구할 지도자로 추앙받던 정치인이 암살된 일을 계기로 베탄쿠르는 과감히 조국에 돌아가 현실과 부대끼기로 한다. 그 어려운 결심의 대가는 이혼과 그에 따른 고통이었다.

콜롬비아에 돌아온 후 정부 부처에서 실무를 익힌 베탄쿠르는 정부 최상층에서부터 일개 지역의원에 이르기까지, 끝 간 데 없이 부패가 만연해 있음을 목격하게 되고 '가슴에 솟는 분노'를 무기 삼아 맨주먹으로 정치에 뛰어든다. 부족한 자금과 조직을 메우기 위해서는 독창적인 선거전략이 필요했고, 이 젊은 여성 후보의 참신하고 투명한 정견과 직설적인 발언은 서민 대중의 폭넓은 지지를 얻어 하원, 상원에 진입하게 된다. 이후 그녀의 주요 의회활동은 삼페르 전 대통령의 마약 마피아 선거자금 수뢰를 고발하고, 무능하고 부패한 현 정부를 비판하는 등 부패 정치인과 공무원들을 가차없이 공격하는 부패와의 투쟁 그 자체였다. 당연히, 이 흔치 않은 용기의 표출로 그녀와 두 아이들은 암살 테러의 위협을 여러 차례 받았고, 그 후 아이들을 나라 밖으로 도피시켜야만 했다. 어머니에게 자식과 떨어져 살아야 하는 생이별의 고통보다 더 큰 형벌이 있을까? 베탄쿠르는 이 슬픔과 고통을 감수해가면서까지 더 큰 대의를 위해, 궁극적으로는 자신의 아이들과 모든 아이들, 자신과 모든 콜롬비아 국민들의 밝은 미래를 위해 부패와 투쟁을 꾸준히 벌여나가고 있는 것이다.

옳다는 걸 알기에 자신의 주장을 관철시키기 위해서는 보름간의 단식투쟁도, 죽음도 각오하는 불굴의 투사인 동시에 어찌 보면 이상주의자다운 순수함도 갖고 있는 그녀는 국제무대에서 '콜롬비아의 비둘기', '미세스 콜롬비아'로 불린다. 계란으로 바위치기. 아마 부패한 콜롬비아 정치인들은 이 말에 빗대가며 그녀의 외로운 투쟁을 코웃음치고 있을지도 모른다. 그러나 계란이 모여 바위를 부수게 될지는 아무도 예단하지 못한다. 수구세력과의 타협을 단호히 거절하고 단신으로 대선에 나선 베탄쿠르지만, 국가의 혼란상으로 가장 큰 타격을 입고 있고 무능한 정부에 환멸을 맛본 기업가 협회 등 콜롬비아 경제계가 이 혼란을 평정할 가장 유능한 후보로 베탄쿠르를 지지하고 나섰다는 것은 이런 점에서 자못 의미심장하다.

우리나라에서도 선거철이 다가오고 있다. 넘쳐 나는 선거 구호 속에서 바

286

른 정치, 정치인이란 무엇인가를 한 번쯤은 생각해 볼 때다. 굳이 선거가 아니더라도 이 책은 우리에게 다음 두 가지 점에서 의미가 있다 하겠다. 우선은 우리 역시 세계에 대한 관심과 시야를 넓혀 국제적 안목을 키우고 우리의 현실을 재조명해야 한다는 의미에서 남미 국가, 콜롬비아의 생생한 현실을 목도할 수 있다는 점이다. 독자들 각자가 두 나라, 두 현실을 충분히 비교할 수 있으리라 믿는다. 나머지 더 큰 의미는, 자신의 민주적 정치신념을 지키기 위해 모든 것을 투척하는 옹골찬 한 여성정치인의 삶과 투쟁은 그 자체로 감동적인 휴먼스토리고, 새 희망의 메시지라는 점에서 찾을 수 있다.

예정되었던 저자의 '한국어판 서문' —납치사건으로 무산되었다—에서 그녀는 우리와 많은 얘기를 나누고 싶었으리라. 그 서문을 접하지 못하는 아쉬움에 옮긴이의 말이 이리도 길어졌나 보다.

잉그리드 베탄쿠르가 하루 빨리 석방되어 튼실한 콜롬비아 정치를 위해 기여할 수 있기를, 그리고 뒤늦게라도 한국 독자와 만날 수 있기를 바란다.

2002년 5월
옮긴이